Wolfgang Eichler

Kommunikation und Leben

Ein Leitfaden zur besseren Verständigung und Konfliktlösung

Igel Verlag *Gesellschaft*

Bibliographische Information der Deutschen Bibliothek:

Die Deutsche Bibliothek verzeichnet diese Publikation in *der Deutschen Nationalbibliografie*; detaillierte bibliographische Daten sind im Internet über *http://dnb.ddb.de* abrufbar.

Wolfgang Eichler:
Kommunikation und Leben

1. Auflage 2008
ISBN 978-3-86815-008-7

© Igel Verlag GmbH, Hamburg, 2008 (www.igelverlag.com)
Alle Rechte vorbehalten

Vorwort: was will dieses Buch und wie ist es entstanden?

Wir leben in einer Kommunikations- und Wissensgesellschaft. Die Befähigung zur sach- und partnergerechten Kommunikation ist für eine aktive Teilhabe an einer demokratischen Gesellschaft, ein gutes Leben und befriedigende Beziehungen zu anderen eine Schlüsselqualifikation. Dennoch bereitet vielen die Kommunikation und der Umgang mit Mitmenschen Schwierigkeiten. Dieses Buch will in rationaler, anschaulicher Weise informieren und anregen, wie wir mit verbesserter Kommunikation
- ein bewusstes, besseres Leben führen können,
- im privaten und beruflichen Leben einen überlegteren Umgang miteinander haben können
- und konstruktiver Konflikte erfolgreich lösen.

Das Buch gibt kein Glücksversprechen, es gibt aber das nötige Wissen und einsichtige Überlegungen und Hilfen an die Hand, mit denen Sie Ihre Kommunikation mit sich und anderen verbessern können.

Das Buch wendet sich an
- alle Menschen, die ein persönliches Interesse haben,
- Kommunikations-, Personaltrainer/innen, Ausbilder/innen in Beruf und Schule, Auszubildende und Schülerinnen und Schüler der oberen Klassen.

Es thematisiert zunächst einmal Grundwissen über Kommunikation und Grundeinsichten von positivem sach- und partnergerechten Kommunikationsverhalten und leitet zum Nachdenken darüber an (Teil 1).

Es will diese Einsichten auf Lebens- und Kommunikationssituationen im privaten wie öffentlichen Bereich (Beziehungen, Beruf, Schule) übertragen, Regeln für gutes Kommunizieren anbieten und auf interessante Konzepte und Techniken hinweisen, samt einer Einführung in die praktische Rhetorik (Teil 2).

Es beschäftigt sich aber darüber hinaus auch mit konflikthafter Kommunikation, mit Konfliktarten und Konfliktstrategien und mit den Möglichkeiten, Konflikte im Leben und im Beruf positiv zu lösen (Teil 3).

Das Buch gliedert sich in darstellende Kapitel, auch mit Aufgaben und Übungen. Die Kapitel und Teile des Kurses sind zwar aufeinander aufgebaut, sie können aber auch einzeln und außerhalb der gegebenen Reihenfolge durchgearbeitet werden, wenn gewisse Vorkenntnisse vorhanden sind.

Das Buch hat eine Entstehungsgeschichte, die sich auch in der Autorschaft niederschlägt. Es ist die Neubearbeitung und Weiterentwicklung des mit einer Förderung des Bundesministeriums für Bildung und Forschung

Vorwort

(BMBF) bedachten Multimedia-Lernprogramms „Kommunikation und Konfliktlösung in der Schule". Manches musste für diesen Zweck ganz neu geschrieben werden (Teil 2), anderes konnte, mit deutlicher Überarbeitung und teilweiser Neuformulierung, bewahrt bleiben.

Ich danke besonders meinem Mitarbeiter in der Projektstelle, Herrn Prof. Dr. Johannes G. Pankau, für die Ausgangsformulierung des Kapitels 2.9., „Praktische Rhetorik", und vieles in Teil 3. Ich danke auch Frau Simone Hug für manche kluge Ergänzung und Frau Gabriele Lehmann für die Gestaltung von Graphiken, Abbildungen und Tabellen und nicht zuletzt Frau Constance Hoffmann für das endgültige Layout.

Oldenburg, den 17.12.07, Wolfgang Eichler

INHALTSVERZEICHNIS

TEIL 1: WISSEN UND NACHDENKEN ÜBER KOMMUNIKATION 10

1.1 WAS IST EIGENTLICH KOMMUNIKATION UND WAS SIND MÖGLICHE STÖRUNGEN? 10
1.2 KOMMUNIKATIONSMODELLE UND DIE WIRKLICHKEIT 12
1.3 DEM VOLK AUFS MAUL GESCHAUT: SPRICHWÖRTER UND REDENSARTEN 16
1.4 FÜNF GRUNDSÄTZLICHE ANNAHMEN ÜBER KOMMUNIKATIVES HANDELN UND BEZIEHUNGEN 24
   1.4.1 Ohne Kommunikation geht nichts! 25
   1.4.2 Beziehungen sind das Wesentliche in unserem Leben und bestimmen die Inhalte 26
   1.4.3 Es gibt oft kein „Du bist schuld!" – Über die „Interpunktion" / Interpretation von Ereignisfolgen 28
   1.4.4 Sprache und Körpersprache: Zwei Modi der Kommunikation, ihre Stärken und Schwächen 30
   1.4.5 Beziehungsmuster: Von Gleichheit, Ungleichheit, Konkurrenz und Zusammenwirken 35
1.5 AUF DEM FALSCHEN OHR ERWISCHT? DIE VIER SEITEN EINER NACHRICHT 38
1.6 KOMMUNIKATIONSSTILE: DIE MISCHUNG IST WICHTIG 42
   1.6.1 Was sind Kommunikationsstile? 42
   1.6.2 Der bedürftig-abhängige Stil 43
   1.6.3 Der helfende Stil 45
   1.6.4 Der selbstlose Stil 47
   1.6.5 Der aggressiv-entwertende Stil 48
   1.6.6 Der sich beweisende Stil 51
   1.6.7 Der bestimmend-kontrollierende Stil 53
   1.6.8 Der sich distanzierende Stil 55
   1.6.9 Der mitteilungsfreudig-dramatisierende Stil 58
   1.6.10 „Weiblicher" und „männlicher" Kommunikationsstil ... 59
   1.6.11 Forschungspositionen 60
   1.6.12 Probleme der unterschiedlichen Gesprächsstile 61
   1.6.13 Was kann getan werden, um diese Situation zu verändern? 61
1.7 DER ANDERE UND ICH, ICH UND DER ANDERE. SELBSTBILDER – FREMDBILDER 62
1.8 SELBSTKONZEPTE UND IHRE AUSWIRKUNGEN 66
1.9 KOMMUNIKATION ALS SPIEL. SPIELE DER ERWACHSENEN 79

TEIL 2: KONZEPTE UND PRAXIS GUTER KOMMUNIKATION 84

2.1 VOM SINN DES HANDELNS, EINSTELLUNGEN ZUM LEBEN UND IMMER GÜLTIGEN VERHALTENSMAXIMEN 84

    2.1.1. Jede Handlung macht oder hat einen Sinn *85*

    2.1.2 Manchmal ist der Sinn einer Handlung nicht unmittelbar erkennbar, dann hat das mit Beziehungen und / oder dem Selbstbild darin zu tun *85*

    2.1.3 Beziehungen rufen oft Widerstände hervor *87*

    2.1.4. Wir leben in verschiedenen, konstruierten Wirklichkeiten und es gibt Widersprüche *87*

    2.1.5 Du gestaltest dein Leben, auch wenn es nicht immer so scheint 89

    2.1.6 Versuche die Menschen zu lieben, auch wenn sie es dir nicht immer leicht machen *91*

    2.1.7 Lass geschehen, was du nicht beeinflussen kannst, auch wenn du manchmal kämpfen möchtest *91*

    2.1.8 Sei wahrhaftig, wann immer es geht, man erwartet es von dir ... 93

    2.1.9 Sei authentisch und entwickle (d)ein Gewissen *95*

    2.1.10 Sei wesentlich und rede nicht herum *96*

    2.1.11 Sei kooperativ und emphatisch zugewandt, mache das Leben nicht zu einem immerwährenden Kampf *97*

2.2 VON DER BEWUSSTHEIT FÜR GUTE KOMMUNIKATION. KONKRETE REGELN GUTER KOMMUNIKATION MITEINANDER VERABREDEN 99

    2.2.1 Von der Bewusstheit für gute Kommunikation *99*

        2.2.1.1 Voraussetzungen für das Zustandekommen von Kommunikation und für gelingende Kommunikation 99

        2.2.1.2 Die Facetten der Nachricht 100

        2.2.1.3 Die Beteiligten 101

    2.2.2 Gesprächsregeln für gute Kommunikation verabreden *103*

2.3 BEZIEHUNGEN AUFBAUEN UND PFLEGEN: EIN GUTES LEBEN IM BEZIEHUNGSNETZ 108

    2.3.1 Bedeutung von Beziehungen *108*

    2.3.2 Arten von Beziehungen *113*

    2.3.3 Das Beziehungsnetz: Beziehungen eingehen, halten und pflegen *114*

    2.3.4 Schwierigkeiten in Beziehungen *116*

2.4 KOMMUNIKATIONS- UND BEZIEHUNGSROLLEN UND DAS REDERECHT: BEZIEHUNGSSPIELE 122

    2.4.1 Gesellschaftliche Rollen und Rollenverhalten *122*

    2.4.2 Rollenspiel *126*

2.5 BESSER MITEINANDER UMGEHEN, ZWEI BEKANNTE KONZEPTE VON THOMAS GORDON UND RUTH C. COHN 128
   2.5.1 *Wer hat das Problem? Kommunikative Straßensperren und Türöffner – Das Konzept von Thomas Gordon zur Verbesserung der Kommunikation in Familie, Lerngruppe und Schule* 128
   2.5.2 *Störungen haben Vorrang! Das Konzept der Themenzentrierten Interaktion (TZI) von Ruth Cohn* 130
2.6 KOMMUNIKATION IN GRUPPEN: KOMMUNIKATIVE ARRANGEMENTS UND GESPRÄCHSFORMEN 133
   2.6.1 *Äußere Rahmen(-bedingungen): Sitzordnung und kommunikative Intentionen* 133
   2.6.2 *Institutionelle Gesprächsformen und Gesprächsrituale* 136
2.7 PRÄSENTATIONEN IN VERANSTALTUNGEN UND MODERATION VON GESPRÄCHEN 141
   2.7.1 *Präsentationsformen* 141
   2.7.2 *Moderation* 142
2.8 ARGUMENTIEREN UND MANIPULIEREN: RHETORISCHE SOZIALTECHNOLOGIE IN GESPRÄCHEN 145
   2.8.1 *Was heißt und wozu dient praktische rhetorische Sozialtechnologie?* 145
   2.8.2 *Die rhetorische Frage als Beispiel für ein rhetorisches Mittel* 146
   2.8.3 *Argumentieren* 147
2.9 KEINE ANGST VOR(M) REDEN: PRAKTISCHE RHETORIK 149
   2.9.1 *Klassische Rhetorik: Nur ganz wenige Bemerkungen zur Geschichte* 150
   2.9.2 *Inhalte und Ziele der klassischen Rhetorik* 150
   2.9.3 *Und jetzt das klassische Modell* 152
   2.9.4 *Moderne praktische Rhetorik: So reden Sie erfolgreich!* 154
   2.9.5 *Weitere Hinweise zur praktischen Rhetorik* 154

TEIL 3: UMGANG MIT KONFLIKTEN 164
   3.1 KONFLIKTE GIBT ES IMMER UND ÜBERALL: KONFLIKTTYPEN UND KONFLIKTPOTENTIAL 164
      3.1.1 *Was ist eigentlich ein Konflikt?* 164
      3.1.2 *Konflikttypen* 167
      3.1.3 *Konfliktpotential* 170
         3.1.3.1 Wo liegt Konfliktpotential? 170
         3.1.3.2 Konfliktpotential im Kommunikationsverhalten 171
         3.1.3.3 Konfliktpotential in den äußeren Rahmenbedingungen ... 172
         3.1.3.4 Das Problem der Differenz: Konfliktpotential zwischen den Geschlechtern und verschiedenen ethnischen Gruppen 173

3.1.3.5 Konfliktpotential, Ungleichheit (Asymmetrie) und mangelnde Kooperation der Partner/innen 173
3.2 KONFLIKTANLÄSSE UND KONFLIKTURSACHEN 176
   3.2.1 Konfliktanlässe *176*
   3.2.2 Ursachen von Konflikten *177*
   3.2.3 Zusammenfassung *180*
3.3 DAS IST DOCH KEIN KONFLIKT! SCHEINKONFLIKTE, LEBENSKONFLIKTE 180
   3.3.1 Scheinkonflikte *180*
   3.3.2 Konflikte und Charaktere: Lebenskonflikte und Personenkonflikte *182*
3.4 DESTRUKTIVE KONFLIKTVERLÄUFE: KONFLIKTESKALATION 184
   3.4.1 Konflikte analysieren und beeinflussen lernen *184*
   3.4.2 Eskalation von Konflikten *186*
   3.4.3 Negative Verhaltensweisen in Konflikten *187*
3.5 ENTARTETER UMGANG MIT KONFLIKTEN: MOBBING 189
   3.5.1 Wo gibt es Mobbing? *190*
   3.5.2 Mobbing als Gegenstand der Forschung *190*
   3.5.3 Erfahrungen mit Mobbing *191*
   3.5.4 Maßnahmen gegen Mobbing *193*
3.6 KONSTRUKTIVE KONFLIKTBEARBEITUNG – KEINE GEWINNER UND VERLIERER 196
3.7 WAS KANN ICH SELBST ZUR KONFLIKTLÖSUNG BEITRAGEN? 201
3.8 PROFESSIONELLE KONFLIKTBEARBEITUNG: STREITSCHLICHTER UND MEDIATION 205
   3.8.1 Die Bedeutung der Mediation in gesellschaftlichen Prozessen *205*
   3.8.2 Was ist Mediation? Grundideen und Prinzipien *205*
   3.8.3 Phasen der Mediation *206*
   3.8.4 Grenzen der Mediation *212*
   3.8.5 Mediation in der Schule *213*
3.9 HILFE IN PERSÖNLICHKEITSKONFLIKTEN: COACHING, SELBSTCOACHING AUCH DURCH ORIENTIERUNG AN LITERATUR 214
   3.9.1 Was ist Coaching? *214*
   3.9.2 Wann und warum kann Coaching sinnvoll sein? *214*
   3.9.3 Die Abgrenzung zur (Psycho-)Therapie *215*
   3.9.4 Ziele des Coachings *215*
   3.9.5 Wichtige Begriffe im Umfeld des Coaching *216*
   3.9.6 Grundsätze des Selbstcoachings, mit denen man die eigene Persönlichkeit entwickeln und die Leistung steigern kann *217*
   3.9.7 Umgang mit Literatur als Selbstcoaching *219*

Teil 1: Wissen und Nachdenken über Kommunikation

Im ersten Teil des Buches geht es um Grundwissen über das Miteinander-in-Verbindung-Treten von Menschen, Kommunikation, kommunikative Prozesse und Hintergründe von Verhalten in der Kommunikation. Wir gehen dabei von unmittelbar Einsichtigem zu immer komplexeren Dingen vor. Kommunikationsmodelle, Grundannahmen der Kommunikationstheorie kommen ebenso vor wie verschiedene Botschaften in einer Nachricht, Kommunikationsstile oder Selbst- und Fremdbilder. Sicher ist das Komplizierteste das Hin- und Herreichen von Botschaften, die Transaktion.

Sie müssen nicht alles nacheinander lesen – vielleicht wissen Sie ja auch schon vieles –, sondern können gezielt suchen.

1.1 Was ist eigentlich Kommunikation und was sind mögliche Störungen?

Kommunikation ist die menschliche Kontaktaufnahme und Interaktion mit dem Ziel, sich zu verständigen. Die immer wiederkehrende Formulierung *„Wir leben in einer Kommunikations- und Wissensgesellschaft"* und der enorme Aufschwung der modernen Kommunikations- und Informationstechnologien machen deutlich, dass unser gesellschaftliches Leben durch Kommunikation bestimmt ist. Nicht nur das öffentliche und berufliche Leben, sondern auch das private Leben in Familie, Partner- und Nachbarschaft ist von der **Lebensader Kommunikation** geprägt, verbunden mit Erfolgen und Misserfolgen darin. Menschen, die ihre Fähigkeit zur Kommunikation mit anderen, das Miteinander-Umgehen und die Verständigung mit anderen verlernt oder nicht gut gelernt haben oder gar davon ausgeschlossen werden, sind isoliert, ja **vom sozialen Tod bedroht** (siehe Kapitel 1.4.1, „Ohne Kommunikation geht nichts").

Den **Begriff Kommunikation** kann man enger – beschränkt auf die Kommunikation von Menschen mit Sprache oder Gesten – oder weiter fassen. Heutzutage wird er **sehr weit gefasst**: Selbst das „In-Verbindung-Treten" von Maschinen, Computern, Organen im Körper, Versenden von Paketen u. a. m. wird heute als Kommunikation bezeichnet. Wir sagen: „die Computer kommunizieren miteinander", „das Gehirn kommuniziert mit den Körperteilen" oder gar „Zellen kommunizieren". Wir beschränken uns im Folgenden auf die Kommunikation unter Menschen, geben aber der nichtsprachlichen Kommunikation auch großen Raum (siehe Kapitel 1.4.4, „Sprache und Körpersprache: Zwei Modi der Kommunikation, ihre Stärken und Schwächen").

Wir Menschen benutzen bei der Kommunikation **Zeichen**. Man unterscheidet **sprachliche Zeichen**, **Wörter** (einschließlich Wortformen und Wortbildungen) und **nicht-sprachliche Zeichen** wie **Mimik** (Gesichtsausdruck, Körperhaltung) und **Gestik**.

Mögliche Störungen der Kommunikation

Nicht selten gibt es in der Kommunikation Schwierigkeiten, insbesondere, wenn man sich nicht versteht (z. B. nicht die gleiche Sprache spricht) oder wenn es Schwierigkeiten in der Beziehung zum / zur Anderen gibt. Häufig sind die folgenden Tatbestände Ursachen für **Kommunikationsprobleme**:
- die **Unfähigkeit zuzuhören** und aufeinander einzugehen,
- die mangelhafte Fähigkeit, **sich in die oder den Andere/n hineinzuversetzen**,
- „**aus der Rolle fallen**" – sich nicht genug hineinfinden in die Rollenverteilung, die oft von außen vorgegeben ist und bestimmt, wer sich wie äußern kann und soll,
- **Missverständnisse und Sprachbarrieren** – durch verschiedene kulturelle Herkunft (Migration), Zugehörigkeit zu verschiedenen Ständen (Arbeiter – Wissenschaftler) und Dialekten (Preußen – Bayern),
- negative Erfahrungen mit der / dem Anderen, eine **schlechte Beziehung**,
- Angst oder ein **negatives Selbstbild**.

Was ist eigentlich ein Konflikt?

Konflikt wird im Duden, Rechtschreibung (1999) wie folgt beschrieben: „*Zusammenstoß, Zwiespalt, Widerstreit*".

Konflikte sind fester Bestandteil unseres Lebens, denn nicht immer (gar nicht einmal überwiegend) gehen die Interessen kommunizierender Menschen in eine Richtung, ja oft findet die Kommunikation gerade deshalb statt, um die eigene Meinung gegenüber anderen zu vertreten. Konflikthafte Kommunikation ist also nichts Ungewöhnliches oder gar Böses, aber der Umgang mit Konflikten ist entscheidend für das gute Gelingen von Beziehungen und von Projekten. Wir werden uns im dritten Teil des Kurses ausführlich mit Konflikten und dem Umgang mit ihnen befassen.

Teil 1: Wissen und Nachdenken über Kommunikation

1.2 Kommunikationsmodelle und die Wirklichkeit

„Es geht immer nach dem Kommunikationsmodell und niemals (nur) nach dem Kommunikationsmodell." *Wieso kann man so etwas sagen, das widerspricht sich doch!* Und dennoch ist die Aussage in ihrer Pointe richtig, dazu die folgende Erörterung:

Zu: „Es geht *immer* nach dem Kommunikationsmodell..."

Kommunikationsmodelle versuchen, die **komplexe Wirklichkeit der Kommunikation** dadurch zu **modellieren**, dass sie die wesentlichen Faktoren („Größen") in Kommunikationsprozessen zu erfassen suchen. Sie sind damit natürlich nur vereinfachende „Modelle" der Wirklichkeit, nicht diese Wirklichkeit selbst. Das älteste und zugleich einfachste ist das **informationstheoretische Kommunikationsmodell**, das aus der Nachrichtentechnik kommt und die Grundgrößen für die Übermittlung von Informationen angibt.

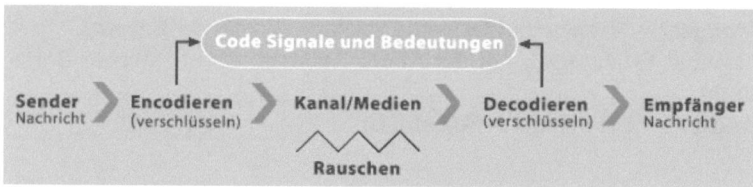

- Um kommunizieren zu können, müssen mindestens ein **Sender** (der eine Nachricht übermitteln will) und mindestens ein **Empfänger** (der zum Empfang bereit ist) vorhanden sein.
- Um Informationen austauschen zu können, muss sich der Sender eines **Kanals, z. B. der Schallwellen**, der Lichtwellen, der Rundfunkwellen oder eines elektrischen Kabels bedienen. Dieser wird manchmal auch Medium genannt.
- In diesen Kanal (vgl. die Kanäle beim Rundfunk, Fernsehen) werden **Signale** eingespeist. Dazu ist es notwendig, die Nachricht in die für den jeweiligen Kanal geeigneten Signale zu verschlüsseln, das nennt man „**encodieren**". Dazu bedient man sich eines (Verschlüsselungs-)**Codes**, wie bei Morsecodes, Geheimcodes, Flaggenalphabeten usw., der in etwa ein Verzeichnis von Signalen und Bedeutungen darstellt.
- Der Empfänger muss natürlich auch über den Code verfügen, denn er muss die Signale ja wieder entschlüsseln, das nennt man „**decodieren**". Dadurch erhält er eine rekonstruierte Nachricht, die nur im op-

timalen Falle mit der ursprünglichen identisch ist, wie beim Kinderspiel „Stille Post".
- All dieses ist von einer allgemeinen **Störquelle** begleitet, die in der Informationstheorie „**Rauschen**" heißt. Denken Sie z. B. an das Rauschen in Rundfunk- oder Fernsehempfängern.

Das nachrichtentechnische Kommunikationsmodell können wir in verschiedene Richtungen interpretieren, z. B. als Sprache in der **Gesprächs- und Schriftkommunikation**.

Dabei wird der Sender zum / zur **Sprecher/in oder Schreiber/in**, der Empfänger zum / zur **Hörer/in oder Leser/in**. Der Code ist der **Code Sprache** mit seinen Wörtern (genauer Wortkörpern und ihren Bedeutungen), der Kanal sind Schallwellen (Sprechen) oder Lichtwellen (Schriftkommunikation).

Speziell aus Gesprächen lernen wir, dass die Gesprächsrollen laufend wechseln, das heißt, der / die Sprecher/in ist zugleich Hörer/in und umgekehrt.

Zu: „Es geht *niemals* nach dem Kommunikationsmodell..."

Wir wollen nun weitere Überlegungen anstellen, die sich auf mögliche **Störungen** beziehen – z. B. dass die Partner/innen „*nicht die gleiche Sprache*" sprechen und also sprachlich nicht kommunizieren können.

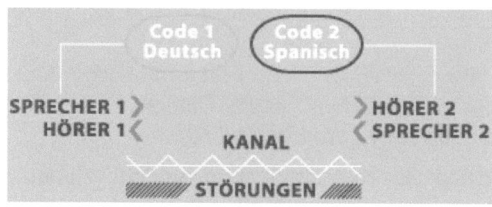

D.h., dass sie zwar beide Sprecher/innen des Deutschen sind, aber einen Dialekt, z. B. bayrisch oder plattdeutsch sprechen oder ein verschiedenes Sprachregister, z. B. eine Fachsprache oder Jugendsprache benutzen und deshalb so genannte „**Sprachbarrieren**" entstehen, so dass es nur teilweise zur „Überschneidung" der benutzten Codes kommt.

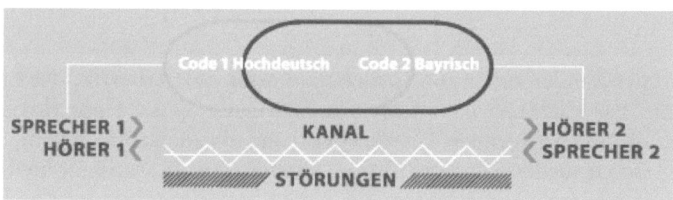

Hier beginnt bereits eine Schwierigkeit der Kommunikation: teilweises Nichtverstehen ist vorprogrammiert. Natürlich kann auch nur der Lärm in der Umgebung dafür verantwortlich sein, dass Kommunikationspartner/innen sich bloß teilweise verstehen. Dieser (Störungs-)-Lärm wäre dann das „Rauschen". Die eben genannten Störungen kann man im Kommunikationsmodell erfassen, indem man sie bei einer Größe verortet, in „Code" oder in „Rauschen". Problematischer wird es bei den **Störquellen**, die „**in**" den jeweiligen Kommunikationspartner/innen liegen, beispielsweise:

- der **Unfähigkeit, zuzuhören** und auf andere Menschen einzugehen,
- der **Unfähigkeit**, die eigene „**Rolle**" zu finden,
- der **mangelnden Fähigkeit**, sich in andere Menschen **hineinzuversetzen**,
- dem **Desinteresse** am / an der Anderen oder dem Inhalt der Kommunikation („*die Ohren auf Durchzug stellen*"),
- dem **Wissensdefizit**,
- der **Angst**, sich bloßzustellen,
- der Wahrnehmung des / der Anderen als Konkurrent/in,
- dem **Misstrauen** der anderen Person gegenüber aufgrund negativer Erfahrungen,

- der **mangelnden Fähigkeit**, eigene Gedanken, Gefühle, Wünsche **auszudrücken**,
- dem negativen **Selbstbild**,
- jemand redet von etwas, das es gar nicht gibt,
- jemand **will gar nicht verstanden werden** oder meint etwas ganz anderes,
- jemand ist einfach nur „schlecht drauf".

Solche Phänomene sind Störfaktoren der Kommunikation, die von den üblichen Kommunikationsmodellen nicht erfasst werden können. Diese gehen von der uneingeschränkten *Bereitschaft und Fähigkeit* zur Kommunikation der Beteiligten aus. Und hier wird der zweite Teil der Aussage wahr: **„...und *niemals* (nur) nach dem Kommunikationsmodell"**.

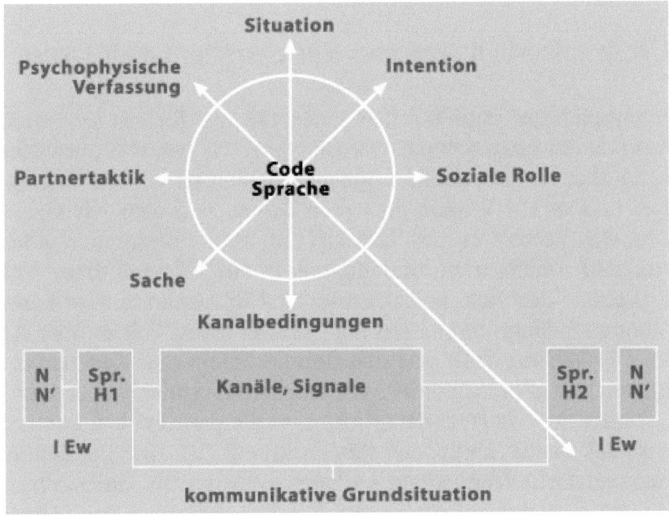

Wenn man in Kommunikationsmodellen dennoch versucht, solche internen, meist psychosozialen Momente zu berücksichtigen, dann geschieht das indirekt, z. B. indem man versucht, den Code als durch innere und soziale Faktoren beeinflussten zu denken. Man nimmt in diesem Modell an, dass der Code durch die inneren Befindlichkeiten der Kommunikationspartner/innen, durch Gesprächsrollen (z. B. in der Diskussion oder der Vorlesung), durch die Sache selbst (Fachsprache) etc. verändert wird.

Teil 1: Wissen und Nachdenken über Kommunikation

Übung

Das Problem hat der Verhaltensforscher Konrad Lorenz gut zusammengefasst:

> „Gesagt heißt nicht immer gesagt,
> gesagt heißt nicht immer gehört,
> gehört heißt nicht immer verstanden,
> verstanden heißt nicht immer einverstanden,
> einverstanden heißt nicht immer angewendet,
> angewendet heißt nicht immer beibehalten."

Machen Sie sich Gedanken darüber, was Lorenz damit im Einzelnen gemeint haben könnte, und versuchen Sie, dieses auf konkrete Gesprächssituationen zu beziehen.

1.3 Dem Volk aufs Maul geschaut: Sprichwörter und Redensarten

Wir alle kommunizieren täglich miteinander. Dies ist für uns sehr wichtig. Deshalb kann davon ausgegangen werden, dass wir uns alle „urwüchsig" Vorstellungen über Kommunikation gemacht haben und immer wieder erneut machen und so ein Wissen erworben haben, von dem wir ausgehen und welches wir, soweit es uns bewusst ist, auch formulieren können. Sprichwörter und Redensarten sind Zeugnisse des Wissens eines Volkes über einen (Lebens-)Bereich. Sprichwörter und Redensarten über kommunikative Zusammenhänge markieren das Wissen eines Volkes über Kommunikation. Die Wissenschaft von den Sprichwörtern und Redenarten allgemein nennen wir „Phraseologie", die konkreten Sprichwörter und Redensarten „Phraseme". Es ist bedauerlich, dass die praktische Kommunikationswissenschaft bisher kaum auf die Phraseme der Kommunikation – Sprichwörter und feste Wendungen – eingegangen ist: Es läge doch nahe, bei einer ersten Bestandsaufnahme auf die Vorstellungen der „Gemeinschaft der Kommunizierenden" einzugehen. Das soll im Folgenden anhand eines Aufsatzes des Autors aus dem Jahre 2000 geschehen. Die folgenden Sprichwörter und Redensarten sind geordnet nach für Kommunikationsprozesse wichtigen Kategorien, die zum Teil auch in den fachwissenschaftlichen Modellen eine Rolle spielen.

Teil 1: Wissen und Nachdenken über Kommunikation

1. Redensarten, Sprichwörter, die sich mit dem Zustandekommen von Kommunikation (mit dem / der jeweiligen Partner/in) beschäftigen – was die Menschen zum Verhalten mancher Leute bei dem Versuch, mit ihnen zu kommunizieren, sagen:
- *aneinander vorbeireden*
- *nichts zu sagen haben*
- *jemandem verschlägt es die Sprache*
- *eine andere Sprache sprechen*
- *eine Fensterrede halten*
- *nicht auf jemanden hören, weghören*
- *die Ohren auf Durchgang stellen*
- *hier rein – da raus*

2. Redensarten, Sprichwörter und Verben des Sagens und Meinens, die auf kommunikative Normen, Rollen(-Verhalten) und feste Sozialbeziehungen Bezug nehmen – was die Leute über „Rechte" und über „Rollen" in der Kommunikation sagen:
- *dem Volk aufs Maul schauen*
- *aus der Rolle fallen*
- *nichts zu sagen haben*
- *die Gesprächsführung übernehmen*
- *jemanden ausfragen, verhören, vernehmen, einbestellen*
- *eine Stellungnahme einfordern*
- *eine Erklärung abgeben*
- *Halts Maul!*
- *jemanden über den Mund fahren*
- *jemandem dumm (daher) kommen*
- *Wes Brot ich ess', des Lied ich sing.*
- *Wie der Herr, so's Gescherr.*
- *das Fähnchen, Mäntelchen nach dem Winde hängen*
- *jemandem (nicht) gewachsen / ebenbürtig / überlegen sein*
- *Was der eine darf, darf der andere noch lange nicht. (vgl.: Quod licet Jovi non licet bovi.)*

Sogar im Plattdeutschen gibt es solche Sprichwörter:
- *Maak, wat du wullt, de Lüd snackt doch* (= Was immer du tust, die Leute reden doch darüber, kritisieren).
- *Holl din Muul un laat de Mühme küren* (= Halt den Mund und lass die Muhme, die Erwachsenen reden).

3. Redensarten, Sprichwörter und Verben des Sagens und Meinens, die mit der psychophysischen Verfassung, der augenblicklichen Partnertaktik und den psychosozialen Erfahrungen der Kommunikationspartner/innen zu tun haben – was die Leute zu Gefühlen und Beziehungen in der Kommunikation sagen:
- *Hans Dampf in allen Gassen*
- *umwerfend / erdrückend / überzeugend vortragen / argumentieren*
- *um den heißen Brei herum reden*
- *mit seiner Meinung hinter dem Berg halten*
- *das habe ich nicht so gemeint*
- *die Schnauze voll haben*
- *entweder oder bzw. ohne Wenn und Aber*
- *sich herausreden*
- *jemandem verschlägt es die Sprache*
- *aufmucken*
- *sich aus jemandem etwas machen*
- *aufeinander eingehen*
- *sich verstehen*
- *zwei Seelen – ein Gedanke*
- *aufeinander zugehen, Rücksicht nehmen*
- *die Gelegenheit beim Schopfe packen*
- *jemanden einpacken, überfahren*
- *jemanden an der Ehre / am Portepee packen*
- *nicht gut auf jemanden zu sprechen sein*
- *jemandem zu nahe kommen*

4. Redensarten, Sprichwörter und kommunikative Begriffe, die etwas mit dem Aufrichtigkeitsgebot (Sprechakttheorie) zu tun haben – was die Leute über den „Wahrheitswert" in der Kommunikation sagen:
- *Lügen haben kurze Beine.*
- *Wer einmal lügt, dem glaubt man nicht und wenn er auch die Wahrheit spricht.*
- *es mit der Wahrheit nicht so genau nehmen*
- *auf Biegen und Brechen*
- *sich die Wahrheit hinbiegen*
- *aufrichtig / unaufrichtig sein*
- *als Sprecherexplikation: Das ist echt, (= wirklich) wahr.*

Soweit diese erste Sammlung und Kategorisierung.

Teil 1: Wissen und Nachdenken über Kommunikation

Phraseologische Übungen
- Versuchen Sie aus den folgenden Lexikonartikeln eines phraseologischen Wörterbuchs ausgewählte Redensarten und Sprichwörter zu erklären, die mit Kommunikationsprozessen und nicht nur mit Körperteilen, die bei der Kommunikation eingesetzt werden, zu tun haben. Es sind fast alles Metaphern, sprachliche Bilder.
- Sie können dann versuchen, sie den obigen Kategorien zuzuordnen.
- Sie können den sprachlichen Reichtum auch genießen und sich das eine oder andere einprägen.

Maul:
- *jemandem übers Maul fahren*
- *nicht aufs Maul gefallen sein*
- *sich das Maul verbrennen*
- *das Maul aufreißen*
- *das Maul vollnehmen*
- *ein loses (großes) Maul (Mundwerk) haben*
- *ein ungewaschenes Maul haben*
- *Maulsperre haben*
- *Maul und Nase aufsperren*
- *das Maul nach etwas spitzen*
- *jemandem ums Maul gehen*
- *das Maul stopfen*
- *jemandem ist das Maul zugefroren*
- *das Maul zu Hause vergessen haben*
- *sein Maul nicht in der Hosentasche haben*
- *ein Maulheld sein*
- *Halts Maul!*
- *Dem sein Maul muss noch extra totgeschlagen werden, wenn er stirbt.*
- *Das Maul geht ihm wie geschmiert / wie ein Schlachtschwert.*
- *Ein böses Maul ist schärfer als ein Schwert.*
- *Wer sich's Maul nicht aufzutun traut, muss den Beutel auftun.*

Mund (mit gewissen Parallelen zu Maul):
- *nicht auf den Mund gefallen sein*
- *ein gutes Mundwerk haben*
- *wie auf den Mund geschlagen sein*
- *sich den Mund verbrennen*
- *den Mund vollnehmen*

- *jemandem den Mund sauber halten*
- *warm und kalt aus einem Munde blasen*
- *aus zwei Mündern sprechen*
- *jemandem nach dem Munde reden*
- *jemandem das Wort vom Munde ablesen*
- *über den Mund fahren*
- *das Wort im Munde umdrehen*
- *das Wort aus dem Munde nehmen*
- *ein Schloss vor den Mund hängen*
- *den Finger auf den Mund legen*
- *jemandem die Worte in den Mund legen*
- *sich den Mund nicht verbieten lassen*
- *sich den Mund fusselig / fransig reden*
- *in aller Leute Munde sein*
- *Mund und Nase aufsperren*
- *den Mund auftun*
- *kein Blatt vor den Mund nehmen*
- *jemanden mundtot machen*
- *Kindermund tut Wahrheit kund.*
- *Trunkener Mund, wahrer Mund.*
- *Das hat er nur mit dem Munde getan.*
- *Viel mit dem Mund, wenig in der Tat.*

Zunge:
- *mit gespaltener Zunge reden*
- *mit zwei Zungen reden*
- *glatt von der Zunge gehen*
- *etwas nicht über die Zunge bringen*
- *sich eher die Zunge abbeißen*
- *jemandem etwas auf die Zunge legen*
- *jemandem die Zunge lösen*
- *seiner Zunge freien Lauf lassen*
- *sein Herz auf der Zunge haben*
- *jemandem das Wort von der Zunge nehmen*
- *mit der Zunge ausrutschen*
- *sich die Zunge ausrenken*
- *sich (beinahe) die Zunge abbrechen*
- *etwas bindet einem die Zunge*
- *etwas auf der Zunge zergehen lassen*

- *eine feine / glatte / scharfe / spitze / böse / falsche / beredte Zunge haben*
- *in fremder Zunge reden*
- *mit tausend Zungen predigen*
- *seine Zunge im Zaume halten*
- *Für die Zunge hilft kein Harnisch.*
- *Die Zunge ist oft schneller als der Kopf.*
- *Ein Geheimnis juckt auf der Zunge.*

Ohr:
- *auf diesem Ohr taub sein*
- *sich etwas hinter die Ohren schreiben*
- *die Ohren spitzen / aufsperren*
- *dünne / dicke Ohren haben*
- *auf den Ohren sitzen*
- *Dreck in den Ohren haben*
- *etwas zu einem Ohr herein- und zum anderen wieder herauslassen*
- *die Ohren auf Durchgang / Durchfahrt / Durchzug stellen*
- *jemandem die Ohren lutschen (schmeicheln)*
- *die Ohren melken*
- *in die Ohren blasen*
- *die Ohren voll blasen*
- *mit den Ohren schlackern*
- *ein offenes Ohr finden*
- *ganz Ohr sein*
- *jemanden im / am Ohr haben*
- *jemandem einen Floh ins Ohr setzen*
- *tauben Ohren predigen (Bibel)*
- *Mir klingen die Ohren.*
- *Die Wände haben Ohren.*
- *Das Herz hört feiner als das Ohr.*

Einige Überlegungen zu den Inhalten der Redensarten und Sprichwörter

Zunächst fällt auf, **wie viele Redensarten und Sprichwörter sich mit der defekten, verzerrten oder nicht zustande gekommenen Kommunikation beschäftigen.** Der am Anfang unseres Buches behandelte Satz: „Die Kommunikation findet zwar mit den Faktoren des Kommunikationsmodells statt, aber praktisch nie nach dem Kommunikationsmodell", bestätigt sich auch in der Beobachtung „des Volkes". Kommunikation hat verschiedene wichtige Voraussetzungen für das Zustandekommen und ist außerordentlich störanfällig. Das heißt nicht, dass gelungene Kommunikation fast die Ausnahme von der Regel ist, wie manche Kommunikationspsychologinnen und -psychologen vor allem psychotherapeutischer Herkunft meinen. Wir sollten uns aber um gelungene Kommunikation als ein kostbares Gut bemühen und zum Gelingen positiver Kommunikation aktiv beitragen.

Einige Gedanken zu den Gruppierungen der Sprichwörter

Weder das Kommunikationsmodell noch die sprachphilosophische Sprechakttheorie können das Gelingen von Kommunikation wirklich vorhersagen. Sie können schon aus methodischen Gründen und aus Gründen der Reichweite der Theorieentwürfe nur sehr begrenzte Vorannahmen tätigen. Aktuelle Kommunikationssituationen sind zu komplex und nur bedingt vorhersehbar, als dass sie in allgemeinen Theorien abgebildet werden können. Wir Menschen müssen diese Einschätzung allerdings leisten.

Es gibt Faktoren in der Kommunikation, die zwar vielleicht erwartet werden, aber nicht regelmäßig gegeben sind, z. B.:

- **Kommunikationsbereitschaft**
  (vgl. Redensarten / Sprichwörter: Punkt 1)
- **prinzipielle Gleichheit der Kommunikationspartner/innen**
  (vgl. Redensarten / Sprichwörter: Punkt 2)
- **Aufrichtigkeit und Authentizität**
  (vgl. Redensarten / Sprichwörter: Punkt 3 und 4)

Bei genauer Betrachtung stellen wir fest, dass sich alle Redensarten unter Punkt 4 mit dem Aspekt der „**Aufrichtigkeit**", wie sie die Sprechakttheorie zur Voraussetzung des „Glückens" von Kommunikation macht, beschäftigen.

- Die Erwartung, dass der / die Andere die Wahrheit spricht, scheint „dem Volke" sehr wichtig zu sein. Es gibt scharfe Sanktionen für Lügner/innen, die den Ausschluss von jeder Kommunikation bedeuten können.
- Die Versicherung, die Wahrheit zu sprechen, wird bis zu formellen Beteuerungen wie *„echt"* bzw. *„(wirklich) wahr"* abgegeben, damit der Verdacht einer Lüge gar nicht erst aufkommt. Der Begriff der „Notlüge", meist aus Rücksichtnahme auf den / die Andere/n, gilt als einzige und manchmal fragwürdige Entschuldigung.

Wenn Sie noch Genaueres dazu erfahren wollen, lesen Sie auch Kapitel 2.1, „Vom Sinn des Handelns, Einstellungen zum Leben und immer gültige Verhaltensmaximen".

Auch unter Punkt 1 sind wesentliche Faktoren der Kommunikation in Frage gestellt:
- dass es z. B. keine Nachricht gebe (*„nichts zu sagen haben"*),
- dass es keine oder die falsche Sprache (Code) gebe (*„jemandem verschlägt es die Sprache"*, *„eine andere Sprache sprechen"*),
- dass es an der Fähigkeit und / oder Bereitschaft zur Kommunikation mangele (*„aneinander vorbeireden"*, *„nicht auf jemanden hören, weghören"*, *„die Ohren auf Durchgang stellen"*) usw.

Zwar gibt es gesellschaftswissenschaftliche Schichtenmodelle und Untersuchungen zum Rollenverhalten, jedoch muss man schon in die Gesprächs- und Konversationsanalyse hinübergehen, um detailliertere Untersuchungen zum Gesprächsverhalten, den Rollen in Gesprächen, institutionellen Rahmenbedingungen u. ä. zu finden. Der Bereich der sozialen Normen ist, wie die Sammlung der Sprichwörter und Redensarten unter Punkt 2 zeigt, dem „Volk" (und uns in unserer gesellschaftlichen Praxis auch) sehr wichtig: das Schlimmste ist es, „aus der Rolle zu fallen" (siehe Kapitel 2.4, „Kommunikations- und Beziehungsrollen und das Rederecht: Beziehungsspiele").

Der im 3. Teil angesprochene Bereich der Partnertaktik ist der Soziolinguistik meist gar nicht (allenfalls in Untersuchungen über die Frauen- und Männersprache), in der Konversationsanalyse wenig generell untersucht. Dieses ist erstaunlich, denn gerade dazu fallen uns so viele Sprichwörter und Redensarten ein. Allenfalls bietet die Rhetorik hier etwas Praktisches (siehe Kapitel 2.9, „Keine Angst vor(m) Reden: Praktische Rhetorik").

Manches mag in der Kommunikationspsychologie, der ja dieser Kurs besonders verpflichtet ist, behandelt sein, aber keinesfalls (immer) in Volkes Sinne und Wissensstand. So können die Wissenschaftler/innen und auch die, die in der Reflexion über Kommunikation stehen (Kommunikationstrainer/innen, Lehrer/innen, fortgeschrittene Schüler/innen), durchaus etwas aus der Phraseologie der Kommunikation dazulernen.

Literatur
Eichler, Wolfgang: Dem Volk aufs Maul geschaut. Einsicht in kommunikative Prozesse im Bereich Reflexion über Sprache. In: Deutschunterricht, 53, H. 3. Berlin 2000.

1.4 Fünf grundsätzliche Annahmen über kommunikatives Handeln und Beziehungen

Grundannahmen über Kommunikation

Kommunikation heißt, wie wir schon wissen, nicht nur Informationen austauschen oder übermitteln, sondern auch **miteinander in Verbindung treten**, sich verständigen, sich verstehen. Kommunikation hat nicht nur etwas mit Inhalten, sondern auch etwas mit Appellen und Beziehungen zu tun. Von der Annahme ausgehend, dass wir in selbst konstruierten und relativ fest gefügten sozialen Systemen leben und kommunizieren, hat sich mit solchen Fragen die Forschergruppe um Paul Watzlawick in dem bekannten und seinerzeit revolutionären Buch „Menschliche Kommunikation, Formen, Störungen, Paradoxien" auseinandergesetzt. Watzlawick und seine Mitautoren sind Psychotherapeuten und als solche speziell mit Problemen der menschlichen Kommunikation bestens vertraut. Sie haben fünf plausible Vorannahmen, so genannte Axiome, über Kommunikationsabläufe aufgestellt (alle Ausdrücke in Klammern sind Zusätze des Autors):

1. Axiom: „Man kann nicht nicht kommunizieren."

2. Axiom: „Jede Kommunikation hat einen Inhalts- und einen Beziehungsaspekt, derart, dass letzterer den ersteren bestimmt und daher eine Metakommunikation ist."

3. Axiom: „Die Natur einer Beziehung ist durch die Interpunktion der Kommunikationsabläufe seitens der Partner bedingt."

4. Axiom: „Menschliche Kommunikation bedient sich digitaler (verbaler, sprachlicher) und analoger (nonverbaler, nicht-sprachlicher) Modalitäten (Ausdrucksmittel). Digitale Kommunikationen haben eine komplexe und vielseitige logische Syntax (Satzbau), aber eine auf dem Gebiet der Beziehungen unzulängliche Semantik (Bedeutungsinhalte). Analoge Kommunikationen hingegen besitzen dieses semantische Potential, ermangeln aber der für eindeutige Kommunikation erforderlichen logischen Syntax."

5. Axiom: „Zwischenmenschliche Kommunikationsabläufe sind entweder symmetrisch (gleichartig) oder komplementär (ergänzend), je nachdem, ob die Beziehung zwischen den Partnern auf Gleichheit oder Unterschiedlichkeit beruht."

1.4.1 Ohne Kommunikation geht nichts!

1. Axiom: *"Man kann nicht nicht kommunizieren."*

Das Axiom meint für die Einzelsituation zunächst, dass selbst dann, wenn jemand die Kommunikation verweigert (hartnäckiges Schweigen, keine Annahme des Gesprächsangebots, sich „ausklinken"), dennoch eine Kommunikation stattfindet im Sinne von: *„Ich will nicht, ich kann (jetzt) nicht!"* (beredtes Schweigen). *„Man kann nicht nicht kommunizieren"* **heißt aber auch, dass es in unserer menschlichen Gesellschaft nicht möglich ist, sich dem Umgang mit anderen, der Kommunikation als solcher zu entziehen.** Dort, wo es geschieht oder erzwungen wird, tritt **der soziale Tod** ein; im Extremfall, das haben Versuche aus früherer Zeit und ebenso moderne Ereignisse (Amoklauf, Selbsttötung) gezeigt, sogar der physische Tod.

Dies bedarf der vertieften Erläuterung.

Menschen, ob Kind, Erwachsene/r oder Greis/in kommen sozial und auch physisch um, wenn sie total allein sind. Experimente mit Säuglingen, die man mit Nahrung usw. gut versorgte, aber völlig isolierte, um deren eigenständigen Spracherwerb zu studieren, sind ausnahmslos gestorben. Isolierhaft gilt zu Recht als eine der schlimmsten Strafen und als Folter, Suizidgefährdete sind häufig vollkommen vereinsamt und auch das Dahinsiechen einsamer älterer Menschen ist uns hinfällig bekannt.

Auch in der poetischen Literatur (Dichtung sei hier einmal als Verdichtung gesehen) sind **Geschichten von Vereinsamung und sozialem und / oder physischen Tod** bekannt.

Sie kennen vielleicht die schreckliche Geschichte *„Die Verwandlung"* von Franz Kafka, in der sich die Hauptfigur *Gregor Samsa*, in Beruf und Familie vereinsamt, in einen Käfer verwandelt und – ausgestoßen von seinen Angehörigen – bei lebendigem Leibe verfault.

Oder Sie kennen vielleicht Johann Wolfgang Goethes feinsinnige Selbstmordgeschichte *„Die Leiden des jungen Werther"*, in der Liebesverlust, mangelnde Fähigkeit zur Kommunikation und zunehmender Realitätsverlust den „Helden" ins soziale und physische Aus treiben.

Besonders schlimm aber ist das Thema *„Man kann nicht nicht kommunizieren"* in der Erzählung von Peter Bichsel *„Ein Tisch ist ein Tisch"* (S. 114) auf die Spitze getrieben. Hier macht ein alter vereinsamter Mann sich eine eigene, nicht mehr kommunikationsfähige Sprache, indem er die Sprachzeichen verändert – für einen *Tisch* sagt er nicht mehr Tisch, sondern *Stuhl* usw. – mit dem Ergebnis, dass ihn niemand mehr versteht.

Umgekehrt wissen wir, **dass Menschen, die in sozialen Netzen und vielseitigen Kontakten und Beziehungen leben, sehr stabil, zufrieden und „rund" sind**: sie kennen verschiedene Weisen zu leben und können diese für sich prüfend annehmen. Sie haben gelernt, Kompromisse zu machen und den / die Andere/n gelten zu lassen. Kurz, wir Menschen sind gesellschaftliche Wesen und die Anzahl und Art der Kommunikationen und die Beziehungen (siehe Kapitel 2.3, „Beziehungen aufbauen und pflegen: Ein gutes Leben im Beziehungsnetz"), die wir mit anderen haben, sind die Lebensader, die uns psychisch und physisch gesund erhält. Das Thema Beziehungsaspekt in der Kommunikation führt uns dann schon in das zweite Axiom hinein.

1.4.2 Beziehungen sind das Wesentliche in unserem Leben und bestimmen die Inhalte

Watzlawick, der Mitautor des Buches „*Menschliche Kommunikation: Formen, Störungen, Paradoxien*" hat in seiner Arbeit als Psychotherapeut, also durch die Arbeit mit Menschen in Kommunikations- und Beziehungsschwierigkeiten natürlich erkannt, dass der **Beziehungsaspekt in der Kommunikation ganz wichtig** ist. Deshalb formuliert er ein zweites Axiom wie folgt:

2. Axiom: *„Jede Kommunikation hat einen Inhalts- und einen Beziehungsaspekt, derart, dass letzterer den ersteren bestimmt und daher eine Metakommunikation ist."*

Dieses Axiom ist ein sehr wesentliches, weil es unsere übliche Vermutung, Kommunikation sei wesentlich Informationsvermittlung, außer Kraft und die Beziehungsseite „über" die Inhaltsseite setzt. Mit allem, was wir sagen, wird auch deutlich, welche Beziehung wir zum / zur Empfänger/in einnehmen. Der Beziehungsaspekt in der Kommunikation informiert, wie der Inhalt zu verstehen ist. **Auch, wenn wir nur über Sachverhalte sprechen, definieren wir gleichzeitig – und können es nicht vermeiden – unsere Beziehung zu der anderen Person.** Die Art, wie wir fragen oder sprechen (Tonfall, Mimik, Gestik), wird dabei unsere Einstellung zum / zur Anderen ausdrücken.

Weiterhin steht fest, dass wir das Meiste in unserem Leben, auch im Berufs- oder im Geschäftsleben, beziehungsgeleitet tun. Wir gehen z. B. in ein Seminar zu dem / der einen Dozent/in lieber, weil er / sie uns sympathisch ist, auch wenn wir wissen, dass wir bei den unsympathischeren Dozent/innen genau so viel lernen können. Die Beziehung von Schüler/innen zur Lehrkraft in der Schule (beliebte / unbeliebte Lehrkraft) können die Einstellung zum Unterrichtsfach (Lieblingsfach oder gehasstes Fach) wesentlich bestimmen und damit also auch Berufs- und Lebenspläne. Darüber sollte und muss man gegebenenfalls mit Schüler/innen sprechen (Metakommunikation). Wenn z. B. die Gefahr droht, dass Beziehungsstörungen in der Schule oder Hochschule die Inhaltsvermittlung behindern, lassen sich diese Konflikte durch Metakommunikation oft lösen.

Wir müssen lernen, dass wir durch eventuell gestörte Beziehungen „hindurch" müssen, um sie zu verändern. **Beziehungsstörungen zu erkennen und darüber zu reden, ist sehr wichtig** (siehe Kapitel 2.5, „Besser miteinander umgehen, zwei bekannte Konzepte").

Beziehungen spielen in unserem Leben aber noch eine weitere wichtige Rolle, ausführlich wird dies in Kapitel 2.3, „Beziehungen aufbauen und pflegen: Ein gutes Leben im Beziehungsnetz" behandelt. Sie geben uns gesellschaftliche **Sicherheit und** meist auch menschliche **Geborgenheit**.

Beziehungen gibt es in sehr verschiedenen Formen und auch der Grad der Intensität ist unterschiedlich:
- als „gewählte" Beziehungen, wie Freundschaft, Kameradschaft, Liebe, Mitgliedschaft in einem Verein usw.
- und als gegebene Beziehungen wie Kindschaft, Nachbarschaft, Arbeitskollegium u. a.

Darüber hinaus unterscheiden wir
- institutionelle (formale) Beziehungen, z. B. Arzt / Ärztin – Patient/in, Polizist/in – Verkehrsteilnehmer/in, Mannschaftsmitglied und
- informelle Beziehungen wie Freundschaft, Kameradschaft, Bekanntschaft,
- aber natürlich auch mit allen Vermischungen und Graden dazwischen, z. B. Kindheit, Ehe: institutionelle und informelle Beziehungen.

Beziehungen wollen bewusst eingegangen, wahrgenommen, gelebt und gepflegt werden, dies ist nicht immer einfach und manchmal sind Beziehungen auch nicht nützlich und gut. Beziehungsfragen sind oft auch Ursachen für Konflikte, darüber können Sie etwas in Teil 3 erfahren (siehe Kapitel 3.1, „Konflikte gibt es immer und überall: Konflikttypen und Konfliktpotential"). Jedenfalls gilt: **Für viele Menschen ist und bleibt das Thema „Beziehungen" das zentrale ihres Lebens.** Wollen Sie zu Beziehungen, über das Eingehen von Beziehungen, das Aufrechthalten von Beziehungen und Schwierigkeiten darin Näheres erfahren, schlagen Sie im Kapitel 2.3, „Beziehungen aufbauen und pflegen: Ein gutes Leben im Beziehungsnetz" nach.

1.4.3 Es gibt oft kein „Du bist schuld!" – Über die „Interpunktion" / Interpretation von Ereignisfolgen

Menschen leben in ihren „Auseinandersetzungen", in ihren konflikthaften Kommunikationen und Beziehungen nach dem Schema *„Du bist schuld!"*. Das können wir schon auf dem Schulhof erleben, wenn kleine Kinder sagen *„Der / Die hat angefangen!"*. Dieses Schema kennen Erwachsene, und besonders Richter/innen und Rechtsanwälte, Anwältinnen gut, und selbst Staaten gehen in ihren Beziehungen (wegen oft unterschiedlicher Interessenlagen) nach diesen Konzept miteinander um. **Wir glauben**, oft irrtümlich, daran,

- dass **unsere Wahrnehmung von Ursache und Wirkung in kommunikativen Abläufen die einzig richtige** sei und
- dass überhaupt einfache **Ursache und Wirkungsmechanismen das im Leben tragende Moment** von Abläufen seien.

Es ist nur sehr schwer möglich, solchen „Logiken" zu entkommen. Auch dazu gibt es eine Grundannahme, ein Axiom bei Watzlawick u. a.:

3. Axiom: *„Die Natur einer Beziehung ist durch die Interpunktion der Kommunikationsabläufe seitens der Partner bedingt."*

Das Axiom zeigt, dass wir in einer konstruierten Wirklichkeit leben (siehe Kapitel 2.1.4, „Wir leben in verschiedenen, konstruierten Wirklichkeiten und es gibt Widersprüche"). Unter *Konstruktivismus* versteht man, dass die Menschen sich ihre Wirklichkeit aufgrund von persönlichen, subjektiven Erfahrungen und Urteilen bilden und diese dann für „wahr" halten. Diese „subjektive" Wirklichkeit, die wir zugleich für objektiv halten, bestimmt dann unser weiteres Handeln. Die Konstruktion unserer Wirklichkeit vollziehen wir nach Watzlawick als Interpunktion von Ereignisfolgen, d.h. wir legen (willkürlich, aber oft im besten Glauben) auf bestimmte Ereignisse besonderen Wert, betrachten diese gewissermaßen als Ursache, Anlass für weitere Ereignisse, die für uns daraus folgen. Watzlawick u. a. gibt ein berühmt gewordenes Beispiel für Interpunktionen aus dem Bereich der Partnerbeziehungen: Ein Ehepaar hat dauernd Streit. Sie, die Ehefrau, nörgelt ständig an ihrem Mann herum, der Ehemann zieht sich zurück und so weiter immer hin und her. Daraus ergibt sich folgendes kreisförmiges Konfliktschema (Oszillation):

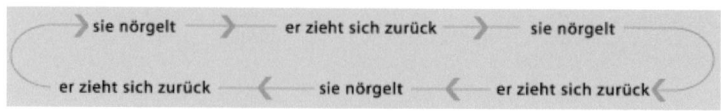

Beide interpretieren also ihr Verhalten als Reaktion auf das Verhalten des anderen, sie interpunktieren diese Ereignisfolgen so, dass **jeweils das Tun des anderen als Ursache für das eigene Tun genommen** wird:
- Sie geht davon aus, dass sie nörgelt, weil er sich zurückzieht.
- Er geht davon aus, dass er sich zurückzieht, weil sie nörgelt.

Die Suche nach dem / der jeweils Schuldigen („*Du bist schuld!*") führt die Partner/innen in eine ausweglose Situation, in der z. B. jeder jedem mangelnde Einsicht oder gar Böswilligkeit unterstellt. Wir kennen solche Situationen aus unserem eigenen Leben, wissen auch, dass manchmal die „Schuldfrage" bewusst manipuliert wird, z. B. in politischem Auseinandersetzungen vom Typ „Die haben angefangen!", beispielsweise beim Wettrüsten oder der Intifada in Palästina.

Hier noch ein weiteres Beispiel, diesmal aus der Schule: Schlechte Atmosphäre in einer Schulklasse, der Lehrer schimpft viel, die Schüler/innen sind lustlos.
- Der Lehrer: „*Weil ihr so apathisch und lustlos seid, muss ich viel schimpfen.*"
- Die Schüler/innen: „*Weil er dauernd >rummeckert<, haben wir keine Lust mehr mitzumachen.*"

Meist sind solche Untersuchungen der Schuldfrage müßig und helfen überhaupt nicht weiter. Menschen mit Erfahrung lehnen das unbewusst oder bewusst ab. Das oft einzig sinnvolle Konzept der Lösung solcher Konflikte ist, „auszusteigen", mit der Devise: „*Ich höre auf und du hörst gleichzeitig auch auf.*"

Solche **Interpunktionskonflikte „ohne Anfang und Ende"** bestimmen – wie angedeutet – nicht selten auch die große Politik: Das mörderische Wettrüsten in den Zeiten des Kalten Krieges war ein solches Beispiel. Friedemann Schulz von Thun spricht davon, dass die Frage nach dem Anfang genauso wenig zu beantworten ist wie die Frage, ob das Huhn oder das Ei zuerst da gewesen ist. Ein gemeinsames Gespräch über den Umgang miteinander sollte deshalb auch nicht die Frage nach dem Anfang oder dem Schuldigen stellen, sondern darauf aus sein, **das gemeinsame Spiel zu erkennen und Neuvereinbarungen zu treffen:** „*So und so spielen wir also miteinander, jeder reagiert auf den anderen und beeinflusst ihn dann wieder. Was können wir tun, wie können wir uns ändern, damit das Zusammenleben in Zukunft für alle befriedigend wird?*"

1.4.4 Sprache und Körpersprache: Zwei Modi der Kommunikation, ihre Stärken und Schwächen

Wir kommunizieren im Wesentlichen mit zwei Arten von Kommunikationsmitteln, mit der Sprache auf der einen und mit sprachbegleitenden Mitteln (Tonfall, Betonung) und neben- bzw. nicht-sprachlichen Mitteln wie Gestik und Mimik / Körperhaltung auf der anderen Seite. Dazu haben Watzlawick u. a. die folgende Grundannahme, das Axiom 4, formuliert:

4. Axiom: *„Menschliche Kommunikation bedient sich digitaler und analoger Modalitäten. Digitale Kommunikationen haben eine komplexe und vielseitige logische Syntax, aber eine auf dem Gebiet der Beziehungen unzulängliche Semantik. Analoge Kommunikationen hingegen besitzen dieses semantische Potential, ermangeln aber der, für die eindeutige Kommunikation erforderlichen, logischen Syntax."*

Im Axiom über die Modalitäten der Kommunikation kommt der weite, über das rein Sprachliche hinausgehende Kommunikationsbegriff deutlich heraus. Neben dem Miteinander-Sprechen ist auch die Körpersprache, Gestik und Mimik, die Körperhaltung, die Sprechweise und der gesamte weitere Kontext zu berücksichtigen, wobei gerade die nicht-sprachlichen analogen Elemente die beziehungssemantischen und damit für die Beziehungsaussagen tragenden sind. **Die analoge Kommunikation erlaubt die bessere Deutung der inhaltlichen, sprachlichen Aussage**. Zu warnen vermag uns die Tatsache, dass sie manchmal im Widerspruch zum Gesagten steht: gequältes Lachen, wilde Drohung bei zugleich schüchterner Körperhaltung, ängstliche Stimmlage in einer Verhandlung u. a. machen deutlich, dass diese Kommunikation nicht **authentisch** ist (siehe Kapitel 2.1.9, „Sei authentisch und entwickle (d)ein Gewissen"). Watzlawick u. a. schreibt dazu:

> „Kindern [...] wird ja seit alters eine besondere Intuition für die Aufrichtigkeit oder Falschheit menschlicher Haltungen zugeschrieben; denn es ist leicht, etwas mit Worten zu beteuern, aber schwer, eine Aufrichtigkeit auch analogisch glaubhaft zu kommunizieren. Eine Geste oder eine Miene sagt uns mehr darüber, wie ein anderer über uns denkt, als hundert Worte."
>
> (Watzlawick u. a., 2000, S. 64)

Für den Umgang mit anderen Menschen sollten wir deshalb folgendes beachten:
- **Verbale und nonverbale Kommunikation sollten sich ergänzen** und nicht widersprechen.
- **Menschen sind** bei der Suche nach Identität **auf analoge Botschaften** ihrer nächsten Bezugspersonen **angewiesen** – und sie sind gute Beobachter/innen.
- Die vor allem nonverbalen (analogen) **Beziehungsbotschaften**, die z. B. Heranwachsende neben dem Inhalt einer Aussage von ihren Bezugspersonen (und damit auch ihren Eltern, Ausbilder/innen, Lehrer/innen) empfangen, **prägen** grundlegend ihr **Selbstkonzept** und sind entscheidend für ihre gesamte Persönlichkeitsentwicklung.

Körpersprache

Ganz wichtig und ontogenetisch wesentlich älter als die Sprache ist die Körper„sprache". Sie ist das älteste Kommunikationsmittel und auch bei Tieren ausgeprägt vorhanden. Dies ist gut in der Balz, in dem Werben der Tiere, zu beobachten oder in Revierkämpfen und im Rivalitätsverhalten. Manche Autor/innen sagen sogar, dass selbst Pflanzen (Blumen u. ä.) über ein gewisses Maß an Körpersprache verfügen.

Archaische Ausprägungen der Körpersprache sind **stark instinktgeleitetes**, sind angeborenes oder **hoch automatisiertes**, überwiegend **reaktives Verhalten**: in einer bestimmten Situation (z. B. beim Zuschlagen eines Boxers) tritt automatisch eine Schutzgeste, ein Zurückprallen ein. Über solche Anteile haben wir wenig Kontrolle, allerdings kann man auch hier Verhalten lernen und antrainieren: z. B. wird in Frauenselbstverteidigungskursen den Frauen beigebracht, in bedrohlichen Situationen mit gewaltbereiten Männern nicht das „natürliche" Angst- und Opferverhalten zu zeigen, sondern selbstbewusst aufzutreten. Sehr oft kommt es dann auch gar nicht zur Gewaltanwendung. Andere körpersprachliche Ausdruckselemente sind ähnlich wie Sprachzeichen „verabredet" und müssen wie Sprache gelernt werden. Kopfschütteln oder Kopfnicken kann dann jeweils in verschiedenen Kulturen Unterschiedliches bedeuten. So sind die Begrüßungsgeste „**Händeschütteln**" oder der „**Wangenkuss**" ebenfalls künstlich gesetzte körpersprachliche Zeichen.

Eine Mischung zwischen archaischen und ritualisierten körpersprachlichen (Ausdrucks-)Mitteln stellen z. B. Tanzfiguren oder Bewegungen der Gegner/innen in einem Ringkampf dar: es handelt sich zum Teil um (zuneigende bzw. abwehrende) Automatismen wie Engtanzen, Anschmiegen, Ausweichen, Wegducken. Zum Teil handelt es sich aber auch um angelernte

Rituale wie Schrittfolgen, Tanzfiguren und Ringkampfgriffe usw. Es gibt hier einen gleitenden Übergang.

In der Literatur wird oft die Frage erörtert, wie sprachliche und körpersprachliche Signale zueinander passen. Im Axiom 4 von Watzlawick wird für die Sprache eine starke inhaltliche Leistungsfähigkeit und für die Körpersprache (und andere analoge Ausdrucksmittel wie Satzmelodie und Sprechtempo) eine hohe Leistungsfähigkeit in Beziehungsaussagen behauptet. Allgemein wird der Zusammenfall von sprachlicher und körpersprachlicher Aussage (beide Botschaften sind gleich oder widersprechen sich nicht) als authentische Aussage angesehen, die Ausnahmen sind antrainierte körpersprachliche Signale, die scheinbar Authentizität zur Schau stellen, siehe dazu unten die einzelnen Körperausdrucksformen.

Im Folgenden werden die wichtigsten körpersprachlichen Ausdrucksmittel behandelt.

Mimik

Das **Spiel der Gesichtsmuskeln** ist eines der wichtigsten Ausdrucksformen unserer Emotionen. Mit ihrem Gesicht kann die sprechende Person ihre Einstellung zu dem Gesagten oder zu den Gesprächspartner/innen zeigen. Auch erkennt man im Gesicht am ehesten das Interesse oder Desinteresse am besprochenen Gegenstand. Allerdings kann man nicht nur dieses übermitteln, sondern auch, durch die Beherrschung der Mimik, zurückhalten. So kann man auch Mimik simulieren, die nichts mit den wirklich empfundenen Gefühlen zu tun hat. Daher ist das Gesicht nicht nur der geschickteste nonverbale Kommunikator, sondern kann auch zum besten nonverbalen Lügner werden. Emotionen wie **Furcht, Ärger, Überraschung, Freude, Abscheu und Traurigkeit** werden über die Mimik ausgedrückt und sind feststehende Zeichen, die in allen Kulturen verstanden werden. Außerdem gibt es auch Gesichts- und Kopfgesten, die, unabhängig von Emotionen, kulturell bedingt sind (z. B. bejahendes Kopfnicken, Zublinzeln).

Blickkontakt

Der Blickkontakt ist für die **Organisation des Sprecherwechsels** während eines Gesprächs von entscheidender Bedeutung, der Entzug desselbigen führt automatisch zu einer problematischen Gesprächssituation. Für die Kommunikation ist die Häufigkeit, Dauer und Intensität des Blickkontaktes wichtig. So hat er hauptsächlich eine Steuerungsfunktion in der Kommunikation, Gesprächspartner/innen können speziell durch den Blickkontakt angesprochen werden. Mit den Augen können ebenfalls **Misstrauen, Einverständnis, Sympathie / Antipathie und Aufmerksamkeit** signalisiert werden, wobei der Blickkontakt äquivalent zu physischer Nähe ist und sich bei größerer Nähe reduziert, um zu große Intimität zu vermeiden. Im Gegensatz dazu kann bestimmter Blickkontakt (z. B. scharfes in die Augen sehen) auch als Dominanzmittel eingesetzt werden. Man kann unterscheiden zwischen dem einseitigen und gegenseitigen Anblicken, wobei das sich gegenseitige Ansehen der eigentliche Blickkontakt ist, bei dem der Blick erwidert wird.

Gestik

Die **Position von Händen und Armen** spielt hier neben **deren Bewegung** eine entscheidende Rolle: die Hände offen oder verschränkt, sich ans Ohrläppchen fassend, nahe am Körper oder weiter ausladend gestikulierend – dies sind alles Formen der Gestik, die mehr oder weniger Raum beanspruchen.

Gestik verrät viel über den **Gemütszustand des Gesprächpartners / der Gesprächspartnerin**, kann aber auch einstudiert werden, um die Engagiertheit einer redenden Person zu unterstützen Ähnlich wie der / die Dirigent/in mit seinem Stab führt man mit Handgesten (kommunikative) Regie. Handbewegungen regeln auch den Sprecherwechsel und den Ablauf der Gespräche allgemein. Sie sind ein wichtiger Bestandteil der Kommunikationssteuerung und der begleitenden Illustration einer Botschaft. Die **Intensität der Gestik** ist wie bei allen anderen Arten körpersprachlichen Verhaltens **stark kulturabhängig**, Menschen aus anderen Kulturkreisen, z. B. Südeuropa, reden mehr mit den Händen und Armen als Deutsche oder ringen die Hände bei der Klage. Verschiedene Arten von Gesten werden unterschieden:
- die Sprache begleitende und ergänzende Bewegung,
- expressive, nicht unbedingt mit der Sprache zusammenhängende und weniger sozial beeinflusste Bewegung,
- emblematische, symbolische Handbewegungen.

Körperhaltung

Die Körperhaltung ist immer auf die Anordnung der einzelnen Körperteile einer Person bezogen, während die Körperorientierung die Anwesenheit eines Interaktionspartners / einer Interaktionspartnerin voraussetzt. So kann dieselbe Körperhaltung unterschiedliche Bedeutungen haben, je nachdem, wer der / die Kommunikationspartner/in ist (z. B. dient lockeres Sitzen auf dem Stuhl in Pausen der Entspannung, während es im Unterricht als Desinteresse gedeutet werden kann). Erwachsene haben teilweise zwar gelernt, ihre Mimik zu beherrschen, dem Körper wird jedoch weniger Aufmerksamkeit geschenkt, so dass das Individuum seine Befindlichkeit oft durch den Körper unbewusst verrät. Dabei ist die Zuwendung zum / zur Gesprächspartner/in und zur Gruppe in seiner kommunikativen Wirkung entscheidend. So kann die Körperhaltung Abneigung / Zuneigung und Interesse / Desinteresse signalisieren. Auch ob man sich im Gespräch integriert fühlt oder nicht, ob man präsent ist (**breite Sitzhaltung**) oder keine wichtige Rolle spielt (optisches „**Dünnmachen**") wird ebenfalls durch die Haltung kommuniziert: sie ist ein Ausdruck des Selbstbildes.

Die Abbildung aus dem Buch von Ingo Scheller über das Szenische Spiel zeigt geschlechtsspezifisches Sitzverhalten: Die Männer sitzen breit, nehmen Raum ein, während die Frauen sich dünn machen. Es gibt noch ein weiteres wenig beachtetes körpersprachliches Element, die Proxemik.

Proxemik

Unter Proxemik versteht man die **Raumnutzung** – einerseits die Position in einem Raum und andererseits die eigene Position zum / zur Kommunikationspartner/in. Als Beispiel proxemischer Planung, die uns allen geläufig ist, können Regieanweisungen für eine Film- oder Theaterszene gelten.

In der **körperlichen Nähe oder Distanz** zeigen sich die Gesprächspartner/innen optisch ihre Nähe bzw. Distanz zueinander. Auch andere soziale Beziehungen und Rollenstrukturen werden durch die räumliche Konstellation ausgedrückt. Es gibt immer **gute und schlechte Plätze**, Menschen, die eingequetscht sind oder viel Raum haben, wenn sie in Grüppchen zusammen stehen oder um einen Tisch herum sitzen. Manche bilden den Mittelpunkt, werden umringt, andere sind schon rein räumlich nicht richtig in die Runde integriert.

Teil 1: Wissen und Nachdenken über Kommunikation

1.4.5 Beziehungsmuster: Von Gleichheit, Ungleichheit, Konkurrenz und Zusammenwirken

5. Axiom: *„Zwischenmenschliche Kommunikationsabläufe sind entweder symmetrisch (gleichwertig) oder komplementär (ergänzend), je nachdem ob die Beziehung zwischen den Partnern auf Gleichheit oder Unterschiedlichkeit beruht."*

Das Axiom berührt ganz wesentliche Aspekte des nicht nur kommunikativen Umgangs miteinander. Es spricht von gleichen und ungleichen Beziehungen, davon *„Gleiches mit Gleichem zu vergelten"* (**Konkurrenz**) und davon, **sich gegenseitig zu ergänzen oder auch sich gegenseitig zu unterdrücken.**

Es scheint nach dem Wortlaut des Axioms so, dass Beziehungen, die auf Gleichheit oder Gleichberechtigung basieren, auch zu gleichartigem, ggbfs. konkurrierendem Kommunikationsverhalten führen. Ein einander ergänzendes, komplementäres Verhalten ist entsprechend mit sozialer Ungleichheit gekoppelt. Diese Gleichsetzung von kommunikativer Symmetrie mit sozialer Gleichheit (als die empfehlenswerte Sozialbeziehung) und kommunikativer Komplementarität mit sozialer Ungleichheit teilt Watzlawick mit vielen Sozialwissenschaftler/innen und Psycholog/innen.

Sie ist etwas „schlicht", soll im Folgenden aber differenziert werden: Nicht immer ist nämlich symmetrisches Kommunikationsverhalten mit sozialer Gleichheit / Gleichberechtigung und komplementäres kommunikatives Verhalten mit sozialer Ungleichheit / Nicht-Gleichberechtigung gekoppelt, und beides zu unterscheiden, ist für ein erspießliches Miteinander-Umgehen, ja für eine neues Gesellschaftsbild außerordentlich wichtig.

Das bedarf der Erläuterung:

1. Zwischen dem Erscheinungsbild einer ggbfs. sogar institutionellen Sozialbeziehung, die z. B. auf Gleichheit oder Ungleichheit beruht, und der Führung in kommunikativen Interaktionen, z. B. in Gesprächen, besteht oft ein Unterschied. So kann ein/e **Patient/in**, die / der sich gegenüber dem Krankenhauspersonal **in einer Abhängigkeitsbeziehung** befindet (sie / er ist auf dessen Unterstützung existentiell angewiesen), durchaus die **Führung der Kommunikation** übernehmen. Sie / Er kann als Patient/in immer wieder Forderungen stellen (sie / er „tyrannisiert" das Personal wie wir sagen und dominiert es damit). Die Sozialbeziehung und die aktuelle Kommunikationsstruktur decken sich nicht.

Weitere Beispiele sind die meisten Frage-Antwort-Kommunikationen: der / die Fragende „klagt" gewissermaßen die Antwort ein, gibt aber zugleich zu erkennen, dass er die Antwort nicht weiß und insofern vom / von der Gefragten „abhängig" ist. Ein ähnlicher Fall ist die Bitte, die zugleich eine Abhängigkeitserklärung und eine Nötigung enthält.

2. **Wir leben in einer Vielzahl von Sozialbeziehungen und Rollen, in denen wir zwischen Symmetrie und Komplementarität abwechseln**, z. T. sind diese institutionell oder durch soziale Kontexte vorgegeben. Niemand würde z. B. meinen, dass der / die Verkehrsteilnehmer/in dem Polizisten / der Polizistin dauernd „unterlegen" ist.

Vielleicht bringt diese/r ihm / ihr am Abend als Trainer/in in einem Verein Judo bei, wobei dann der / die Polizist/in den Anweisungen des Trainers / der Trainerin folgen muss und ihm / ihr in sehr „handgreiflicher Weise" unterlegen ist.

3. Komplementarität bedeutet keineswegs immer Unterlegenheit oder immer Passivität: Man kann ja auch gut (einander in den jeweiligen Fähigkeiten ergänzend) zusammenarbeiten: ja, so sollen und müssen die Menschen vor allem in einer demokratischen Gesellschaft zusammenarbeiten. Watzlawick und Mitarbeiter schreiben:

> „Es ist nicht etwa so, dass ein Partner dem anderen eine komplementäre Beziehung aufzwingt; vielmehr verhalten sich beide in einer Weise, die das bestimmte Verhalten des anderen voraussetzt, es gleichzeitig aber auch bedingt."
>
> (Watzlawick, 2000, S. 7)

Kurz: Es gibt vor allem in **verzerrten Sozial- und Kommunikationsbeziehungen einseitige Komplementarität oder (krankhafte) Symmetrie**, z. B. Rivalität oder blinde Konkurrenz. Der stete Wechsel und eine gewisse Ausgewogenheit in den Sozial- und Kommunikationsbeziehungen gibt die Stabilität.

4. Die Begrifflichkeit „**krankhafte Symmetrie**" führt uns nun zum Thema **Wettrüsten** und dieser Fall wird bei Watzlawick u. a. auch ausführlich erörtert: Das Wettrüsten der Großmächte und ihrer jeweiligen Verbündeten im Kalten Krieg war ein typischer Fall krankhafter Symmetrie, in der Eskalation und Streit mit gefährlichen Folgen herrschte und drohte. In der Verfolgung eines **sturen Konzepts der Gleichheit und des Gleichtuns** auf beiden Seiten wurde in gefährlicher Interpunktion von Ereignisfolgen „*Ich rüste auf, weil Du auf(ge)rüste(s)t (hast)!*" versucht, jeweils immer etwas „gleicher als gleich" zu sein. Dieses Verhalten entwickelte eine Dynamik, die dann kaum noch zu kontrollieren war und mit der Niederlage eines Staatengebildes endete (der Sowjetunion und ihrer Verbündeten), aber auch

mit der teilweisen Verwüstung der Lebensgrundlagen des anderen „Partners" (der Amerikaner und ihrer Verbündeten), vgl. den Schuldenberg, den der Kalte Krieg im Westen hinterließ, die Verwüstung großer Landstriche durch atomare Verstrahlung, eine falsch ausgerichtete Wirtschaft usw.

5. Aber nicht nur in der Symmetrie gibt es **krankhafte** Vereinseitigung sondern auch im Bereich der **Komplementarität**: Wenn Komplementarität als Überlegensein versus Unterlegensein empfunden wird und zum bestimmenden Selbstbild / Fremdbild wird, entsteht eine gefährliche und instabile Sozialbeziehung: **Der „Starke" wird immer stärker, der „Schwache" immer schwächer** und irgendwann empfindet der Stärkere eine solche Beziehung als langweilig / uninteressant, der Schwächere sie als unerträglich, und es kommt zur „Erledigung" dieser Beziehung durch **Aufgabe oder Aufstand**.

Die etwas einseitige – eben aufgrund von Erfahrungen aus gestörten Beziehungen der Klient/innen gewonnene – Beschreibung von Symmetrie und Komplementarität in der Arbeit von Watzlawick u. a. bedarf der Korrektur durch das „Normale" oder auch „Ideale": Eine Fülle von verschiedenartigen Beziehungen, komplementären und symmetrischen, und ein realitätsnäherer Inhalt dieser Begriffe, z. B. „sich ergänzen" bzw. „wetteifern", machen das Leben der Menschen reich und ausgewogen und es ist falsch, (nur) in den Kategorien Sieg oder Niederlage, oben oder unten, Kampf oder Aufgabe zu denken.

Literatur
Bierach, Alfred: Körpersprache. Erfolgreich anwenden und verstehen. München: Südwest 1996.
Birkenbihl, Vera F.: Signale des Körpers. Körpersprache verstehen. Mit Zeichnungen von Jutta Pollak. 13. Auflage Landsberg/Lech: mvg Verlag 1998.
Fast, Julius: Körpersprache. Reinbek: Rowohlt 1995.
Scheller, Ingo: Szenisches Spiel. Handbuch für die pädagogische Praxis. 4. Auflage Berlin: Cornelsen Scriptor 2004. Grafik S. 188.
Watzlawick, Paul; Beavin, Janet H.; Jackson, Don D.: Menschliche Kommunikation. Formen, Störungen, Paradoxien. 9. unveränderte Auflage Bern: Huber 1996.

1.5 Auf dem falschen Ohr erwischt? Die vier Seiten einer Nachricht

Schulz von Thun, dessen dreibändiges, sehr lebenspraktisch orientiertes Werk „Miteinander reden" sehr bekannt geworden ist, arbeitet in seinem „Nachrichtenquadrat" und in dem „Vier-Ohren-Modell" des Empfangs von Nachrichten den Zusammenhang von Inhaltsaspekt und diversen Facetten des Beziehungsaspektes noch genauer als Watzlawick heraus. Dies soll jetzt untersucht werden.

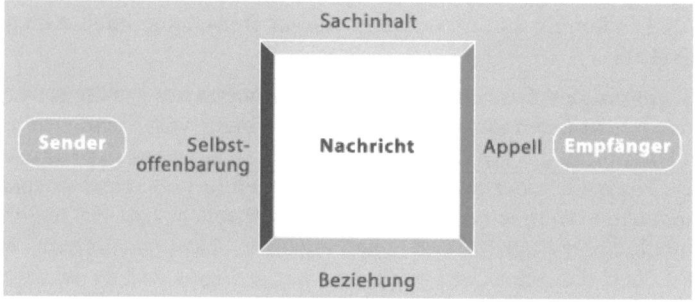

Der Sachinhalt

Worüber ich dich informiere.

Es geht um die Sache an sich, eine Sachinformation wird ausgetauscht.

Die Selbstoffenbarung

Was ich von mir selbst kundgebe.

Die Selbstoffenbarung in der Nachricht ist vielen Menschen gar nicht bewusst oder geläufig. Schulz von Thun sagt dazu: „Wenn einer etwas von sich gibt, gibt er auch etwas von sich – dieser Umstand macht jede Nachricht zu einer kleinen Kostprobe der Persönlichkeit, was dem Sender nicht nur in Prüfungen und in der Begegnung einige Besorgnis verursacht." Mit diesem Aspekt ist das Thema der „Echtheit (Authentizität)" angesprochen.

Der Appellaspekt

Wozu ich dich veranlassen möchte.

Der Appellaspekt ist uns dagegen sehr geläufig: Wir wollen etwas mit unserer Kommunikation erreichen, in der Regel soll jemand etwas tun und das wissen wir auch. Die Welt ist voller Appelle, und das sind meist Aufforderungen, etwas zu tun.

Die Beziehungsseite

Was ich von dir halte und wie wir zueinander stehen.

Die Beziehungsseite ist uns ebenfalls geläufig, denn wir wissen, wenn wir mal ehrlich mit uns sind, sehr genau, dass wir vieles tun, weil uns etwas an dem anderen Menschen liegt und nicht, weil es vielleicht vernünftig wäre.

Wir sagen, wir tun es **um des anderen Willen**:
- für den Partner / die Partnerin,
- für den beliebten Lehrer / die beliebte Lehrerin,
- für den Freund / die Freundin,
- für den bemitleidenswerten, armen Menschen dort auf der Straße,
- für die netten Nachbarn.

Wir wissen, dass wir vieles nicht tun, weil uns an dem Gegenüber so gar nichts liegt, auch wenn es wohl vernünftig wäre, oder weil wir diesen Menschen gar nicht (mehr) mögen:
- die geschiedene Ehefrau oder der geschiedene Ehemann,
- der Rivale / die Rivalin
- der Angeber von gegenüber
- die ungeliebten Nachbarn.

Das Nachrichtenquadrat wiederholt die vier Aspekte auch auf der Empfängerseite. Jede Nachricht kann man mit vier Ohren empfangen.

Teil 1: Wissen und Nachdenken über Kommunikation

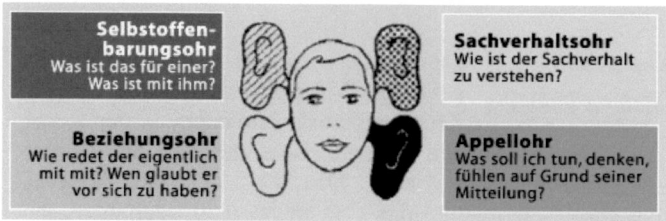

Schulz von Thun schreibt dazu:

„Je nachdem, auf welcher Seite er [der Empfänger – W.E.] besonders hört, ist seine Empfangstätigkeit eine andere: den Sachinhalt sucht er zu verstehen. Sobald er die Nachricht auf die Selbstoffenbarungsseite hin >abklopft<, ist er personaldiagnostisch tätig (Was ist das für eine(r)? bzw. Was ist im Augenblick los mit ihr / ihm?) Durch die Beziehungsseite ist der Empfänger persönlich besonders betroffen (Wie steht der Sender zu mir, was hält er von mir, wen glaubt er vor sich zu haben, wie fühle ich mich behandelt?). Die Auswertung der Appellseite schließlich geschieht unter der Fragestellung >Wo will er mich hinhaben?< bzw. in Hinblick auf die Informationsnutzung >Was soll ich am besten tun, nachdem ich das nun weiß?<."

(Schulz von Thun, 1998, S. 41)

Der / Die Empfänger/in habe, so Schulz von Thun, prinzipiell die freie Auswahl, auf welcher Seite der Nachricht er / sie empfängt.

Dazu bringt er ein Beispiel aus der Schule:

Ein Lehrer ist auf dem Weg in sein Klassenzimmer, als ihm die elfjährige Astrid entgegenkommt. *„Herr Lehrer, die Resi hat ihren Atlas einfach in die Ecke gepfeffert!"*

Reaktion auf den Sachinhalt	*„Und hat sie das mit Absicht getan?"* (Nimmt Sachinformation zur Kenntnis und bittet um weitere Information.)

Teil 1: Wissen und Nachdenken über Kommunikation

die Appellseite	*„Was soll ich denn jetzt deiner Meinung nach tun?!"*
	„Resi hol den Atlas sofort aus der Ecke heraus!"
die Selbstoffenbarung	*„Du bist ganz schön böse darüber, Astrid?"* oder: *„Du bist ja eine Petzliese!"*
die Beziehungsseite	*„Warum erzählst du mir das? Ich bin doch nicht euer Polizist!"* oder: *„Ich freue mich, dass du Vertrauen zu mir hast..."*

Übung

Was soll der oder die Andere tun? Erkennen Sie in folgenden Nachrichten den Appell, die Aufforderung, was Sie tun sollen:

„Wo ist der Schlüssel für die Garage?"	Keine Frage nach dem Ort, sondern eine Aufforderung, den Schlüssel auszuhändigen.
„Sätze gliedert man zunächst in zwei Teile: Subjekt und Prädikat."	Hinweis, wie man bei einer Satzanalyse vorgehen soll: **Den Satz gliedern!**
„Bitte lass mich nicht allein!"	Aufforderung, nicht wegzugehen: **Bleiben!**
„Ruhe!"	Aufforderung, das Sprechen einzustellen. **Schweigen!**
„Das Radio ist zu laut!"	Aufforderung, das Radio leiser zu stellen: **Das Radio leiser stellen!**
„Es zieht!"	Aufforderung, Tür oder Fenster zu schließen: **Tür oder Fenster schließen!**
„Kannst du mir helfen, das Auto beiseite zu schieben?"	Bitte um Hilfe. Nicht mit „ja" oder „nein" antworten: **Das Auto zur Seite schieben!**

„Hast du 'ne Uhr?"   Bitte um eine Information, nicht mit „ja" oder „nein" antworten: **Die Uhrzeit sagen!**

„Wo geht es bitte zum Bahnhof?"   Bitte um Hilfe oder Information: **Eine Wegbeschreibung geben!**

Verwendete Literatur

Schulz von Thun, Friedemann: Miteinander Reden. Störungen und Klärungen. Stile, Werte und Persönlichkeitsentwicklung. Psychologie der Kommunikation. Hamburg/Reinbek: Rowohlt 1998.

1.6 Kommunikationsstile: Die Mischung ist wichtig

Das Kapitel gliedert sich in zwei selbständige Teile, A und B.

Wir benutzen in verschiedenen Situationen verschiedene Kommunikationsstile. Welche man unterscheidet und welche Implikationen mit ihnen verbunden sind, wenn sie nicht funktional, angepasst an die kommunikativen Gegebenheiten, gebraucht werden, behandelt der **Teil A., Kommunikationsstile aus psychologischer Sicht**.

Im **Teil B., Kommunikationsstile und Gesprächverhalten bei Männern und Frauen**, geht es um das viel diskutierte und für den Umgang der Geschlechter miteinander ganz wichtige Thema von weiblichen und männlichen Kommunikationsstilen, auch unter dem Titel Frauen- und Männersprache bekannt.

Teil A. Kommunikationsstile aus psychologischer Sicht

1.6.1 Was sind Kommunikationsstile?

Unter Kommunikationsstilen versteht man **spezifische Weisen des kommunikativen Verhaltens**. Normalerweise verfügen wir über sehr verschiedene Arten, uns dem Gegenüber kommunikativ zu präsentieren. So kann man z. B. in Gesprächen ein führendes, beherrschendes Verhalten vorlegen oder sich mehr zurückhaltend oder vorsichtig aufführen. Wir können jemandem mehr nach dem Munde reden oder auf „Kontra" spielen. So wechseln wir unser Verhalten normalerweise je nach Situation oder Rolle und auch nach dem Verlauf des Gespräches. Es kann aber auch sein, **dass je-**

mand einen oder wenige Kommunikationsstile für sein kommunikatives Verhalten verinnerlicht hat** und hauptsächlich verwendet. Dann fällt der Kommunikationsstil auf, dann scheint eine adäquate Anpassung der Kommunikationsstile an die Situation, die jeweilige Rolle und soziale Gegebenheiten nicht mehr oder nur eingeschränkt möglich. Schulz von Thun hat aufgrund seiner therapeutischen Erfahrung die Kommunikationsstile genauer untersucht und herausgearbeitet, welche seelischen Hintergründe, manchmal auch Abgründe, sich hinter der bevorzugten Verwendung jeweils eines Kommunikationsstiles verbergen.

Für uns ist vor allem wichtig, verschiedene Kommunikationsstile zu kennen und es ist wichtig **zu wissen, dass in verschiedenen Situationen auch verschiedene Kommunikationsstile angemessen sind.** Die Fähigkeit, Kommunikationsstile zu wechseln und auch rational darüber nachzudenken, macht hier den Meister aus, zu Deutsch: Der Mix ist wichtig.

Schulz von Thun unterscheidet acht Kommunikations- oder Interaktionsstile, in denen Menschen sich präsentieren und ihre Kommunikationsbeziehung gestalten:
- den bedürftig-abhängigen Stil
- den helfenden Stil
- den selbstlosen Stil
- den aggressiv-entwertenden Stil
- den sich beweisenden Stil
- den bestimmenden, kontrollierenden Stil
- den sich distanzierenden Stil
- den mitteilungsfreudigen, dramatisierenden Stil

Alle acht Stile sollen prinzipiell jedem Menschen geläufig sein und treten natürlich auch „gemischt" auf. Schulz von Thun interpretiert das alleinige oder überwiegende Auftreten eines Stils bei einer Person als Ausdruck eines psychischen Problems (intrapsychische Betrachtungsweise), als seelisches Axiom, das er jeweils auf die frühkindliche Entwicklung zurückführt. Im Folgenden werden diese Stile nach Schulz von Thun vorgestellt.

1.6.2 Der bedürftig-abhängige Stil

„Wer kennt es nicht: das schöne Gefühl, umsorgt und beschützt zu werden, sich von Großen und Starken behütet zu wissen, die einem den richtigen Weg weisen und acht geben, dass nichts Schlimmes passiert?"

(Schulz von Thun, 1998, S. 57ff.)

Teil 1: Wissen und Nachdenken über Kommunikation

Grundpose des bedürftig-abhängigen Stils

Erscheinungsbild

Der bedürftig abhängige Stil ist ein Kommunikationsstil,

> „der darauf abzielt, sich selbst als hilflos oder überfordert darzustellen und dem anderen das Gefühl zu geben, er müsse einspringen, helfen, entscheiden und verantworten, sonst wäre alles verloren."

Natürlich braucht der / die Bedürftig-Abhängige einen Helfer / eine Helferin und sucht ihn / sie sich auch. Diese/r würde natürlich in einem anderen Stil kommunizieren, z. B. im helfenden Stil (siehe Kapitel 1.6.3, „Der helfende Stil").

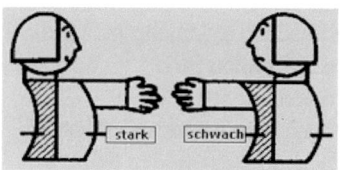

Hierzu ein **Beispiel**:

Bedürftig-Abhängige/r	*Ach, Mensch, ich glaub, du weißt gar nicht, wie mir im Moment zumute ist! Sag mal, könntest du nicht heute Abend kurz vorbeikommen, dass wir die Sache mal in Ruhe durchgehen?*
Helfende/r	*Also heute Abend ist schlecht.*
Bedürftig-Abhängige/r	(schweigt)
Helfende/r	*Höchstens morgen.*
Bedürftig-Abhängige/r	(schweigt)
Helfende/r	*Hörst du?*
Bedürftig-Abhängige/r	(mit tonloser, ersterbender Stimme) *Ja, ja.*

Teil 1: Wissen und Nachdenken über Kommunikation

Helfende/r	*Also gut, heute Abend, aber nicht vor halb elf, und nur kurz. Wir werden schon alles hinkriegen!*
Bedürftig-Abhängige/r	(hoffnungsvoll) *Ja, meinst du?*

Grundbotschaft und seelischer Hintergrund des bedürftig-abhängigen Stils

„Angesichts der Hilf- und Kraftlosigkeit, die der Bedürftig-Abhängige demonstriert, mag es überraschen, wie kraft- und machtvoll er auf seine Mitmenschen emotionalen Einfluss ausübt. Man kann sich ihm nicht leicht entziehen! Um nicht als herzlos und egoistisch dazustehen, fühlt man sich verpflichtet, mit Rat und Tat einzugreifen – und >irgendwie< sieht man sich bald in die Probleme verstrickt, wie von Zauberhand plötzlich die Verantwortung dafür auf sich lasten, ob alles gut geht."

(Schulz von Thun, 1998, S. 66)

1.6.3 Der helfende Stil

Erscheinungsbild

Menschen, die im helfenden Stil kommunizieren, wollen den Anderen, besonders den Bedürftig-Abhängigen, ein/e starke/r Partner/in sein. Sie können in der Regel gut zuhören, signalisieren Verständnis und Empathie und bieten Unterstützung an. Gleichzeitig machen sie deutlich, dass sie stark und kompetent sind. Die bekannte Redensart vom „hilflosen Helfer" macht allerdings auch deutlich, dass hinter diesem Stil bei extremer Verwendung ein Mensch stehen kann, der das Gefühl der eigenen Unsicherheit verbergen will.

Teil 1: Wissen und Nachdenken über Kommunikation

Grundpose des helfenden Stils

Grundbotschaft und seelischer Hintergrund des helfenden Stils
Der helfende

> „Stil ist dem bedürftig-abhängigen Stil komplementär, das heißt, er passt dazu wie ein Schlüssel zum Schloss. Menschen, die von der helfenden Strömung stark und dauerhaft erfasst sind, ziehen Bedürftig-Abhängige wie Magneten an. Als geduldige Zuhörer und Ratgeber sind sie allzeit bereit, sich für die Schwachen, Beladenen und Hilflosen einzusetzen, sich um sie zu kümmern und ihnen in der Not mit Rat und Tat beizustehen – nicht selten über die eigene Erschöpfungsgrenze hinaus. Sie strahlen eine souveräne Stärke aus, die zu sagen scheint: >Ich brauche niemanden!< und >Ich bin ganz für dich da!<."

(Schulz von Thun, 1998, S. 76ff.)

Grundbotschaft des helfenden Stils
Der im helfenden Stil Kommunizierende versucht, seine Gefühle von Bedürftigkeit und Schwäche nicht mehr in sich aufkommen zu lassen, indem er

> „in den Kontakt mit anderen Menschen nur jene Aspekte des eigenen Selbst einbringt, die den gefährlichen Anteilen entgegengesetzt sind: die starken und souveränen Teile [...]."

Das seelische Axiom scheint bei diesem Stil zu lauten: *„Für mich ist es eine Katastrophe, schwach (ratlos, traurig, verzweifelt) und bedürftig zu sein!"*

1.6.4 Der selbstlose Stil

Erscheinungsbild

„Der selbstlose Stil ist dem helfenden verwandt. Auch hier besteht das Grundmuster darin, für andere da zu sein, ihre Wünsche und Nöte zu erkennen und sich in ihren Dienst zu stellen. Doch während der Helfer die souveräne Pose anstrebt, sozusagen >von oben< kommt, hat die aufopfernde Tendenz des Selbstlosen etwas Unterwürfiges – sie kommt >von unten<."

(Schulz von Thun, 1998, S. 93ff.)

Grundpose des selbstlosen Stils

„Die Hörgewohnheiten sind durch ein großes Appell- und ein negativ umdeutendes Beziehungs-Ohr gekennzeichnet. Mit dem Appell-Ohr liegt der Selbstlose ständig auf der Lauer, um seine Reaktionen erwartungsgerecht ausfallen zu lassen […]. Das Beziehungs-Ohr ist darauf spezialisiert, die eigene Selbstentwertung zusätzlich mit Nahrung von außen zu versorgen. Äußerungen der Gesprächspartner werden so (um-)gedeutet, dass sie im Zweifel immer die eigene Wertlosigkeit antönen […]."

„Streit und Auseinandersetzung sind für den Selbstlosen deswegen eine so große Bedrohung, da jedes heftige Wort, sogar schon kleine Meinungsverschiedenheiten kleine Funken jener Trennungsangst in ihm aufsprühen lassen, die in seinem Seelenleben eine so große Rolle spielt."

Grundbotschaft des selbstlosen Stils und seelischer Hintergrund

„[...] die zugrunde liegende seelische Dynamik ist anders als bei der helfenden Tendenz. Kam es bei dieser darauf an, sich Gefühle eigener Schwäche, Hilf- und Ratlosigkeit vom Leibe zu halten und durch die souverän-überlegene Pose gegenüber Hilfsbedürftigen (oder solchen, die dazu gemacht werden) sich der eigenen Stärke und Problemlosigkeit zu vergewissern, so ist dem gegenüber das Gefühl von Schwäche in der selbstlosen Strömung durchaus mit enthalten. Charakteristisch ist eine tiefe Überzeugung von eigener Bedeutungs- und Wertlosigkeit."

Grundbotschaft des selbstlosen Stils

1.6.5 Der aggressiv-entwertende Stil

Erscheinungsbild

„Der Gegenpart zum selbstlosen Kommunikationsstil ist der aggressiv-entwertende Stil. In ihm sind Elemente des Kampfes, der Konfrontation, des sich Empörens und der Unerbittlichkeit enthalten. Den anderen herabzusetzen und zu erniedrigen, ist kommunikative Intention dessen, der diesen Stil benutzt. Dahinter steht der Gedanke, dass man den anderen in Schach halten müsse, damit man selbst nicht Objekt eines Vernichtungsfeldzuges werde. Die beiden Bilder zeigen die Grundpose des aggressiv-entwertenden Stils."

(Schulz von Thun, 1998, S. 11ff.)

Teil 1: Wissen und Nachdenken über Kommunikation

Grundpose des aggressiv-entwertenden Stils (beschuldigend)

Grundpose des aggressiv-entwertenden Stils (herabsetzend)

Grundbotschaft und seelischer Hintergrund

„Die kommunikative Grundausstrahlung enthält die Selbstdarstellung der Stärke und Unverletzlichkeit (>Mir kann keiner!<), eine grundsätzlich herabsetzende Beziehungsbotschaft und den Appell, >klein beizugeben<."

Grundbotschaft des aggressiv-entwertenden Stils

„Das misstrauische Beziehungsohr, das der Feindselige mit dem Selbstlosen gemein hat, wittert allzeit den Widersacher. Dieser ist potentiell in jedem Mitmenschen zu vermuten […]. Bisweilen richtet sich das misstrauische Beziehungsohr gegen bestimmte Personen, die Ähnlichkeit mit alten Wundenschlägen aus der eigenen Lebensgeschichte aufweisen."

All diese Erfahrungen verdichten sich zu dem seelischen Axiom: *„Ich bin nicht in Ordnung, mache erbärmlich alles falsch. Wehe, jemand merkt es! Dann werde ich untergebuttert und gnadenlos verachtet!"* Was von außen so aggressiv und bösartig, so verächtlich und überkritisch aussieht, das hat eine überaus verletzliche und verzweifelte Innenseite: „**harte Schale – weicher Kern**" **heißt es im Volksmund.**

Oberhandtechniken

Der agressiv-entwertende Stil bedient sich so genannter Oberhandtechniken um in der Tat die „Ober-Hand zu behalten".

> „In der Angst vor Unterlegenheit eignet sich der Feindselige eine Reihe von Kommunikationstechniken an, um jederzeit die >Oberhand< zu behalten. Derartige Oberhandtechniken seien am folgenden Beispiel, einer Lagebesprechung in einer Jugend-Gang, demonstriert. Der Anführer fühlt sich durch seinen Rivalen bedroht und zieht alle Register der Oberhandsicherung."

(Schulz von Thun, 1998, S. 117ff.)

Rivale	*Nun musst du aber auch sagen, wo es langgeht!*
Anführer (ihn nachäffend)	*Nun musst du aber saaagen... Was muss ich denn saaagen? Ich muss gar nichts, kapierst du das?*
Rivale	*Ich meine, wir können doch hier nicht lange so rumpalavern...*
Anführer (unterbricht ihn)	*Wer palavert denn hier? Du palaverst doch hier die ganze Zeit!*
Rivale (mit abwehrender Handbewegung)	*Ich sag dazu nichts mehr!*
Anführer (erstaunt tuend)	*Ach, du sagst dazu nichts mehr? So schnell zieht unser junger Freund den Schwanz ein, wenn es gefährlich wird?*
Rivale (versucht noch einmal „mitzuhalten", scherzend)	*Also, Schwanz habe ich bis jetzt hier noch nicht gesehen...* (schaut lächelnd in die Runde der Anwesenden)
Anführer	*Ach, bist ein kleiner Witzbold, hm? Ist ja auch alles schrecklich witzig hier, nicht? Mach doch gleich noch einen Witz, ich hör so gern welche!*

Rivale (lacht etwas gequält)	*he he he*
Anführer	*Seht mal, er lacht – hoffentlich noch lange!* (die anderen lachen) *Zu Hause hast du wohl nicht viel zu lachen, was?*
Rivale (gibt sich geschlagen)	*Komm, hör auf, Jürgen!*
Anführer	*Gut, Leute, also er ist mit dem Palavern fertig, dann können wir jetzt wohl in action gehen.*

1.6.6 Der sich beweisende Stil

Erscheinungsbild

Im sich beweisenden Stil will der / die Kommunizierende dem Gegenüber durch sein / ihr Verhalten kundtun und „beweisen", wie gut und kompetent er / sie ist. Insofern steht er / sie unter latentem Druck. Er / Sie glaubt, immer wieder andeuten oder sagen zu müssen, dass er / sie überlegen und wichtig, allseits bekannt und geachtet ist, oder dass er / sie gebildet, gelehrt wohlhabend o. ä. ist. Kommen zwei oder mehrere Personen zusammen, die im sich beweisenden Stil kommunizieren (z. B. Professor/innen, Manager/innen oder Jugendliche in einer Gang...) entsteht manchmal heftige und auch peinliche Konkurrenz (vgl. den Werbespruch „*Mein Auto, mein Haus, mein Boot.*").

 Sieh her!

Grundpose des sich-beweisenden Stils

Grundbotschaft und seelischer Hintergrund

Die Erscheinungsform des sich-beweisenden Stils lässt sich sehr gut von der Grundbotschaft her aufrollen:

Grundbotschaft des sich beweisenden Stils

„In zahllosen Variationen hört der Empfänger immer wieder das >Sieh her!< im Ohre klingen: >Sieh her,
- wie ich doch gelehrsam reden kann,
- was ich alles geschafft habe,
- was ich alles mein eigen nenne,
- wo ich überall als wichtige Person gefragt bin,
- wen ich alles kenne (und mit wem ich mich sogar duze!),
- wo ich überall maßgeblich mitmische,
- worüber ich alles Bescheid weiß und kluge Ausführungen machen kann,
- was ich schon für Heldentaten begangen habe!<"

(Schulz von Thun, 1998, S. 155ff.)

Das kann die Beziehung schwierig machen. Der / die sich Beweisende steht unter permanentem Druck: Sich nach außen hin vollkommener zu geben, als einem innerlich zumute ist, kostet viel psychische Kraft.

„Ein derartiger >hausgemachter< Stress wird verstehbar, wenn man ein seelisches Axiom unterstellt, das den Selbstwert von der hergezeigten Leistung abhängig macht: >Ich selbst bin nicht (liebens)wert – nur in dem Maße, wie ich >gut< bin, verdiene ich Liebe und Anerkennung.<"

1.6.7 Der bestimmend-kontrollierende Stil

Erscheinungsbild

Im bestimmend-kontrollierenden Stil macht der / die Sprechende seinem / ihrem Gegenüber klar, dass er / sie (im Gegensatz zum Gegenüber) weiß, was richtig und gut (für den / die Andere/n) ist. Es werden oft moralische oder Normaussagen verwendet. Besonders gefährdet, in diesen Stil zu verfallen, sind die Menschen in pflegerischen oder pädagogischen Berufen, die diesen Stil in der gut gemeinten Absicht, andere weiterzubringen oder ihnen zu helfen, gebrauchen. Die Einstellung zum / zur Anderen ist aber nicht nur positiv-fördernd, er / sie wird zugleich als fehlbares (Mängel-)Wesen, behandelt, das es zu kontrollieren und (vor sich selbst) zu „bewahren" gilt. So wird dieser Stil von Betroffenen oft als „penetrant" empfunden und abgelehnt. Bei extremer und nicht situationsangemessener Verwendung kann dieser Stil das eigene innere Chaos beim Sprechenden zu kaschieren suchen.

Grundpose des bestimmend-kontrollierenden Stils

Grundbotschaft und seelischer Hintergrund

„Die von ihm (oder ihr) ausströmende Grundbotschaft enthält als unerschütterliche Selbstkundgabe >Ich weiß, was richtig ist!<. Diese Gewissheit erstreckt sich von den alltäglichen Verrichtungen wie der Handhabung einer Zahnpastatube (von hinten aufrollen!) bis hin zu grundlegenden Fragen der Lebensmoral. Wenn sich alle mit Bedacht und Disziplin an die Regeln halten würden, dann könnte man dem Leben mit Ruhe und Zuversicht entgegensehen. Aber entsetzlich! Es gibt immer wieder Leute, die ihren eigenen Kopf haben, sich um nichts scheren und mit ihrem Flattersinn alles durcheinander bringen, was mit Ordnung und Verstand so gut geregelt sein könnte. Diese Leute finden sich oft ausgerechnet in der allernächsten Umgebung – Partner, Kinder, Verwandte, Wohngenossen, Mitarbeiter und Berufskollegen: alle müssen erst noch auf den richtigen Weg gebracht werden – eine Sisyphusarbeit, weil die Menschen dazu neigen, mit Eigensinn auf ihren Irrungen und Wirrungen, auf ihren Vergesslichkeiten und Nachlässigkeiten zu bestehen."

(Schulz von Thun, 1998, S 178ff.)

Grundbotschaft des bestimmenden-kontrollierenden Stils

„Wo willst Du jetzt wieder hin?"fragt nervös der Ehemann Seine Frau, die plötzlich und ohne ersichtlichen Grund vom Kaffeetisch aufsteht. Es steht doch alles da - Kaffee, Kuchen, Milch, Zucker, bestecke -, alles vollständig und wie es sich gehört. Gott sei Dank. also, was muss sie jetzt wieder aufstehen?

„Die Beziehungsbotschaft, die vom Bestimmenden ausgeht, lautet: >Du kannst es nicht richtig, du weißt es nicht recht – wenn man dich dir selbst überlassen würde, dann kann es nicht gut ausgehen!<."

Das seelische Axiom könnte so lauten: *„Ich bin voll von chaotischen, sündhaften, unvernünftigen Impulsen – nur wenn ich mich an strenge Regeln halte, kann ich mich in der Gewalt haben und ein anständiger Mensch bleiben."* Typischerweise werden daher die Appelle nicht als persönliche Wünsche ausgesprochen und aus eigenen Bedürfnissen abgeleitet, sondern normativ, als Regel, **im Namen eines höheren Gesetzes**.

Also nicht: *„Mir zieht es. Würden Sie bitte das Fenster schließen?"* Sondern: *„Während der Fahrt gehören die Fenster geschlossen!"*

Teil 1: Wissen und Nachdenken über Kommunikation

Also nicht:	„Wartest du noch mal, Herbert? Ich hatte mir die Sitzordnung anders gedacht!"	Sondern:	„Aber Herbert, du kannst dich doch nicht einfach hinsetzen. Man wartet, bis einem der Platz zugewiesen wird!"
Also nicht:	„Es stört mich, wenn du rauchst!"	Sondern:	„Beim Essen wird nicht geraucht!"

1.6.8 Der sich distanzierende Stil

Erscheinungsbild

In diesem Stil ist der durchgehende, direkt oder indirekt gegebene Appell: „Komme mir nicht zu nahe, halte Distanz!" enthalten. Dieser Appell wird über eine stark versachlichte Sprache mit etwas abweisendem Charakter in Gestik und Körperhaltung, aber auch über protokollarische Schranken wie Vorzimmer, Voranmeldung, Schreibtischbarriere u. a. m. herübergebracht. Die Beziehungsseite ist entsprechend auch in den sprachlichen Signalen, z. B. Signalen der Zuwendung und des Verstehens sehr zurückgenommen, der / die Kommunizierende sagt auch wenig von sich. Hinter einem übermäßigen Gebrauch steht neben Rollenfixierungen oft auch die Furcht vor Verletzungen.

Grundpose des sich distanzierenden Stils

Grundbotschaft und seelischer Hintergrund

„Wenn wir von der distanzierenden Strömung erfasst sind, dürfen uns die Mitmenschen nicht zu nahe kommen. Die Grenzen des eigenen Hoheitsgebietes sind vorverlegt, eine unsichtbare Wand sorgt dafür, dass der gebührende Abstand erhalten bleibt. Dies ist zunächst schon rein räumlich und körperlich gemeint: Eine Scheu, wenn nicht Abscheu vor Berührung sorgt für den gewünschten >Sicherheitsabstand<, den zum Beispiel Schreib- und Konferenztische, sperrige Vorzimmer und die Bevorzugung des Schriftverkehrs gewährleisten. Dasselbe gilt auch seelisch: Im direkten Kontakt ist es Aufgabe des Kommunikationsstils, Distanz herzustellen. Leicht werden die sich Distanzierenden als arrogant und abweisend wahrgenommen, beim Gegenüber entsteht der Eindruck, >man kommt schwer heran an sie< oder >man wird nicht recht warm mit ihnen<."

(Schulz von Thun, 1998, S. 191ff.)

Grundbotschaft des sich distanzierenden Stils

Die Grundbotschaft hat eine starke Ausprägung auf der Sachseite und eine schwache auf der Beziehungsseite. Die Selbstkundgabe ist ebenfalls schwach ausgeprägt, er oder sie gibt sich verschlossen. Deutlich hingegen der allwährende Appell „Komm mir nicht zu nahe!".

Die ausgeprägte Orientierung auf die sachlichen Aspekte des Gespräches sei an folgendem **Beispiel** demonstriert: Der (distanzierte) Ehemann kommt nach Hause, seine Frau berichtet ihm voller Sorgen:

Frau: *Stell dir vor, Rüdiger hat wieder eine Fünf geschrieben!*

Mann: *In welchem Fach?*

Frau: *In Englisch – und dabei hatte er so geübt! Vorhin saß er auf seinem Bett und heulte und...*

Mann: *Wie ist die Arbeit insgesamt ausgefallen?*

Frau:	*Du, das weiß ich nicht! Auf jeden Fall ist er völlig verzweifelt.*
Mann:	*Nun ja – handelt es sich denn um ein wiederholtes Versagen oder ist es ein erstmaliger Ausrutscher?*
Frau:	*Eine Fünf hatte er bisher, soviel ich weiß, noch nicht, aber Sorgen mache ich mir schon.*
Mann:	*Zunächst einmal muss überprüft werden, ob überhaupt Anlass für Verzweiflung und Sorgen besteht. Und dazu ist es nötig, einmal die genaue Sachlage zu ermitteln.*
Frau:	*Für dich zählen aber immer nur die Fakten! Willst du nicht mal hochgehen, um ihn zu trösten?*
Mann:	*Äh, man lässt ihn jetzt besser allein. Nachher kann man dann in aller Ruhe eine geeignete Problemlösung...*
Frau:	*In aller Ruhe! Ich bin aufgebracht, hörst du?!*
Mann:	*Eben, und so kommen wir ja nicht weiter.* (Zieht sich zurück)

„Während der Mann insgeheim die >mangelnde Sachlichkeit< seiner Frau >mit Bedauern registriert< (wie er sich vielleicht ausdrücken würde), beklagt die Frau sein geringes Einfühlungsvermögen und den Mangel an gefühlsmäßigem Austausch (>Du bist hier nicht mehr in deiner Bank!<). Tatsächlich wahrt die distanzierte Sprache nicht nur den Sicherheitsabstand zu seinen Mitmenschen, sondern auch zu sich selbst. Genauer gesagt: Zu jenen Bezirken seiner Seele, in denen er seine Gefühle gleichsam hinter Schloss und Riegel hält […]."

Das seelische Axiom lautet dann: „*Wenn ich mich öffne und jemand ganz an mich heranlasse, begebe ich mich in große Gefahr: Ich könnte in eine solche Abhängigkeit geraten, dass ich jeder Verletzung preisgegeben bin und mich selbst in der Gefangenschaft der Verschmelzung verliere.*"

1.6.9 Der mitteilungsfreudig-dramatisierende Stil

Erscheinungsbild

Wahrgenommen zu werden und sich selbst zu produzieren, ist Ziel dieses Kommunikationsstils. Der / Die in ihm Kommunizierende ist gewissermaßen immer auf der Bühne, ja, sieht das ganze Leben als eine Bühne. Deshalb erscheinen solche Menschen oft als redselige Schauspieler/innen. Bei extremer Nutzung dieses Kommunikationsstils steht oft das Gefühl dahinter, unwichtig, nicht genügend wahrgenommen zu sein.

Grundpose des mitteilungsfreudig-dramatisierenden Stils

Grundbotschaft und seelischer Hintergrund

„In Gegenwart von Menschen, deren Persönlichkeit von diesem Hauptstrom durchzogen ist, wird es selten langweilig. Immer ist irgendetwas los – und wenn nicht, dann sind sie es selbst, die mit Energie >Leben in die Bude< (oder in die >Beziehungskiste<) bringen. Ihre intensive Emotionalität steht in farbigem Gegensatz zur Intellektualität jener vorgenannten Stile, ihre ausdrucksvolle Darstellungskraft zu deren Starrheit, ihre leichte Verrücktheit zu deren Vernunft. Sie genießen es, von Publikum umringt zu sein und es in ihren Bann zu ziehen, indem sie ihr Selbst gleichsam zur Aufführung bringen."

(Schulz von Thun, 1998, S. 228ff.)

Grundbotschaft des mitteilungsfreudig-dramatisierenden Stils

Die kommunikative Grundbotschaft hat ihre stärkste Betonung auf der Selbstkundgabe. Es ist, als ob der / die Mitteilungsfreudig-Dramatisierende mit einem Glöcklein (oder einer Pauke) herumliefe und *„Hört, hört, so bin ich!"* riefe.

> „Werfen wir wenigstens einen flüchtigen Blick auf die seelische Biographie eines Menschen, der von der geschilderten Art geprägt ist. Im einfacheren Fall mag das Kind die Erfahrung gemacht haben, dass man es nicht beachtet und links liegen lässt, es sei denn, es >dreht auf< und spielt sich so in den Mittelpunkt, dass man es nicht mehr übersehen kann. Wer die Erfahrung gemacht hat, dass normal dosierte Lebenszeichen nicht ausreichen, um für andere beachtenswert zu werden, wird aufmerksamkeitssteigernde Mittel einsetzen. Hinter der aufblühenden Redseligkeit steckt die Angst, unbemerkt zu verwelken."

Das seelische Axiom lautet dann: *„Ich bin unwichtig. Wie mir wirklich zumute ist, interessiert niemanden. Nur wenn ich mich geschickt oder mit starken Mitteln in den Vordergrund spiele, werde ich beachtet."*

Teil B. Kommunikationsstile und Gesprächsverhalten bei Männern und Frauen

Frauen und Männer haben, so hat umfangreiche Forschung aus den USA, England, Deutschland und anderen Ländern gezeigt, häufig verschiedene Kommunikationsstile und eine andere Sprachverwendung. So gibt es z. B. Unterschiede in der Stimmlage, Aussprache und Intonation, des Wortschatzes und in der Art der Gesprächsbeteiligung.

1.6.10 „Weiblicher" und „männlicher" Kommunikationsstil

Für Frauen gelten die folgenden Erkenntnisse: Frauen passen sich den sozialen Normen und Erwartungen ihrer Umwelt mehr an, indem sie z. B. eher Hochdeutsch sprechen im städtischen Bereich und mit Dialekt in ländlichen Gegenden. Sie reden oft leiser und haben spezielle „weibliche" Tonhöhenverläufe und Betonungen. Die Frequenz von Männer- und Frauenstimmen lassen sich nur zum Teil biologisch erklären.

Wegen ihrer oftmals unterschiedlichen Lebens- und Erfahrungsbereiche verfügen Frauen und Männer über unterschiedliche Sach- und Fachwortschätze. Dabei drücken sich Frauen häufig gewählter aus, vermeiden Kraftausdrücke oder schwächen diese ab. Frauen haben einen Satzbau, der verbalorientiert ist, sie bilden kürzere Sätze.

Gängigen Vorurteilen der „geschwätzigen Frau" widersprechend haben sprachwissenschaftliche Messungen (Friederike Eigler, 2002) ergeben, dass bei Interaktionen zwischen den beiden Geschlechtern Frauen meist weniger lang sprechen. Die Unterbrechung von Frauenbeiträgen ist häufiger, sie bestimmen weniger oft das Thema des Gesprächs.

Männer neigen zu verallgemeinernden Aussagen (z. B. „Man müsste dringend mal wieder..."), während die Tendenz zu Ich-Aussagen bei Frauen größer ist („Ich finde..."). Sie verwenden auch rückversichernde Sprachmittel, so genannte „tag questions" wie z. B. „nicht wahr?" oder „nicht?" häufiger. Diese können als Signale einer starken Orientierung an den jeweiligen Interaktionspartner/innen und als Orientierung an einem auf Konsens ausgerichteten Interaktionsverhalten interpretiert werden.

Aufgrund dieser Ergebnisse kann ein weiblicher und ein männlicher Kommunikationsstil unterschieden werden, wobei natürlich auch Männer einen typisch weiblichen Stil gebrauchen können und umgekehrt. Dies ist nicht abhängig vom Geschlecht, sondern von der sozialen Prägung (Determinierung). Deshalb ist es eigentlich gefährlich, von weiblichen und männlichen Stil zu sprechen, da damit die traditionellen Rollenstereotype (die liebevoll-mütterliche Frau und der tatkräftig-kämpferische Mann) gefestigt werden.

1.6.11 Forschungspositionen

Die Unterschiede zwischen den Geschlechtern liegen darin, so ergeben Forschungen aus Schweden, dass Männer und Frauen ihre Umwelt und die Situationen, in denen sie sich befinden, unterschiedlich deuten. So nehmen **Frauen** häufiger als Männer **Alltagssituationen als „Nähe-Situationen"** wahr, sehen also Menschen nicht so sehr in ihrer Rolle als Vertreter/in einer Institution, sondern vielmehr als Individuum und Privatperson. Als Claudia Schmidt (1988) studentische Kleingruppen untersuchte, fand sie heraus, dass Frauen eine kooperative kommunikative Orientierung haben, indem sie die Themenbearbeitung gemeinsam vorantreiben und fremde Gesprächsbeiträge berücksichtigen und unterstützen. Bei Männern überwiegt die eigene Wissensdarstellung. Auch Deborah Tannen (1990) geht davon aus, dass Frauen sich und andere in ein **Beziehungsmuster** eingebettet sehen, das auf **Ebenbürtigkeit, Intimität und horizontaler Vernetztheit** beruht. Durch ihr Verhalten zeigen sie ihre Orientierung an dieser Form von Beziehung.

Bei Männern gibt es eine **Tendenz zur Hierarchisierung** von oben und unten und sie streben die Unabhängigkeit an.

Auch das Lachen und Scherzen wird, so Ruth Groth (1989) und Helga Kotthoff (1988), unterschiedlich verwendet: während Frauen mit dem Lachen und Scherzen andere in Gruppen integrieren, ein harmonisches und kooperatives Gesprächsklima schaffen, nutzen Männer dies als Mittel sozialer Kontrolle in Wettbewerbssituationen.

1.6.12 Probleme der unterschiedlichen Gesprächsstile

Das weibliche Sprachverhalten kann den schulischen und beruflichen Erfolg von Frauen behindern, wenn Männer und Frauen in Gesprächen zusammen kommen. So hat der auf Einigung orientierte Stil der Frauen oft den Nachteil, dass sie im Gespräch zu kurz kommen, da sie weder ihre Themen einführen können noch lange genug Redezeit haben, um ihren Standpunkt darzustellen. Problematisch ist in Schulinteraktionen, dass oftmals die Jungen mehr Aufmerksamkeit bekommen, da sie lauter sind, mehr stören und sich damit die Aufmerksamkeit der Lehrer/innen sichern. Automatisch kümmern sich die Lehrer/innen mehr um sie (zwei Drittel ihrer Aufmerksamkeit), während die Mädchen, die eher angepasst und still sind und gute Mitarbeit leisten, nicht die gleiche Förderung (ein Drittel ihrer Aufmerksamkeit) erhalten.

Allerdings ändert sich die Situation im Augenblick grundlegend zum Vorteil der Mädchen, weil sie in vielen Leistungen den Jungen davon eilen. Es gibt auch pädagogische Möglichkeiten, die dieses Ungleichgewicht verändern, wie z. B. die Trennung von Mädchen und Jungen im Unterricht für manche Fächer wie Mathematik und Physik. Auch die Einführung von Projektarbeit im Unterricht wird als besonders geeignete Lernform für einen geschlechtergerechten Unterricht gesehen.

1.6.13 Was kann getan werden, um diese Situation zu verändern?

Frauen und Männer müssen Strategien finden, die zur Veränderung der Geschlechterrollen und Stereotype beitragen. Nur so können sie gleichberechtigt und herrschaftsfrei miteinander interagieren. Der so genannte „männliche", d.h. wettbewerbs- und sachorientierte und weniger integrative Interaktionsstil darf nicht als Norm gesetzt werden, nach der sich die Frauen zu richten haben, und auch der so genannte typisch weibliche Stil, d.h. der kooperative, beziehungsorientierte und integrative Gesprächsstil sollte nicht zur neuen Norm für die Männer erhoben werden. Beide Stile sollten in der Kommunikation möglichst verbunden auftreten. Dann

Teil 1: Wissen und Nachdenken über Kommunikation

würden sich Männer und Frauen in der jeweiligen Situation je nach den Kommunikationsgegebenheiten entscheiden, ob sie sich kommunikativ eher „männlich" oder eher „weiblich" verhalten.

Verwendete Literatur
Eigler, Friederike: Frauen und Männer im Gespräch. Eine empirische Untersuchung des Kommunikationsverhaltens von nordamerikanischen Studentinnen und Studenten. Marburg: Tectum 2002.
Kotthoff, Helga (Hg.): Das Gelächter der Geschlechter. Humor und Macht in Gesprächen von Frauen und Männern. Konstanz: UVK 1996.
Linke, Angelika u. a.: Studienbuch Linguistik. 3. Auflage Tübingen: Niemeyer 1996.
Pohl, Margit: Geschlechtsspezifische Unterschiede im Sprachverhalten. Frankfurt am Main u. a.: Lang 1996.
Schmidt, Claudia: Typisch weiblich – typisch männlich. Geschlechtsspezifisches Kommunikationsverhalten in studentischen Kleingruppen. Tübingen: Niemeyer 1988.
Schulz von Thun, Friedemann: Miteinander Reden. Stile, Werte und Persönlichkeitsentwicklung. Hamburg/Reinbek: Rowohlt 1998. S. 57-241.
Stürzer, Monika u. a.: Geschlechterverhältnisse in der Schule, Opladen: Leske+Budrich 2003.
Tannen, Deborah: Du kannst mich einfach nicht verstehen. Warum Männer und Frauen aneinander vorbeireden. Hamburg: Kabel 1991.

1.7 Der Andere und Ich, Ich und der Andere. Selbstbilder – Fremdbilder

Das Ich in der Kommunikation

Obwohl Kommunikation „**in Verbindung treten**" oder noch genauer, „**sich verständigen**" **heißt, gehen die Kommunikationspartner erst einmal von sich aus, von ihrem Ich.**

Das können wir sogar in den Konzepten unserer Sprache wieder finden. Zum Beispiel bei den Personalpronomen *ich, du, er, sie, es*, mit denen die Gesprächsrollen benannt werden: Ich ist der Sprecher, sein „*ich, jetzt, hier*" bestimmt seine Kommunikation.

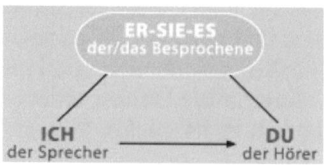

Aber nicht nur bei den Personalpronomen, sondern an vielen kleinen Stellen findet man in der Sprache den *„ich-jetzt-hier-Ursprung"* allen Sprechens und Handelns (*„ich, jetzt, hier"*-origo, vgl. Karl Bühler, 1934, Sprachtheorie).

Kleine Kinder und Schüler/innen bis zu ca. neun Jahren haben als Zentrum des gesamten Weltbildes sich selbst. Sie können sich z. B. in einer Erzählung nicht vorstellen, was der oder die Andere davon nicht weiß. Sie sind, wie Jean Piaget (Denken und Sprechen, 1930) sagt, „egozentrisch". Der Entwicklungspsychologe Gerd Mietzel weist darauf hin, dass

> „eine gewisse Neigung zum egozentrischen Denken (sic!) im Sinne Piagets [...] auch in der weiteren Entwicklung bestehen [bleibt]. Pädagogisch ist es sehr wohl wünschenswert, solchen Neigungen entgegenzuwirken. Mitmenschliche Konflikte entstehen vor allem, wenn die Beteiligten wenig Bereitschaft zeigen, die Sichtweise anderer einzunehmen. Bei gezielten Übungen und durch angemessene Intervention des Lehrers können Schüler allerdings zur Verminderung ihrer Egozentrizität veranlasst werden."

(Mietzel, 2001, S. 85)

Auch, wenn wir uns auf den Anderen / die Andere einstellen und uns mit ihm / ihr verständigen wollen, gehen wir immer mit einem **Selbstbild** (Selbstkonzept) in die Kommunikation hinein, welches weitgehend durch Sozialerfahrungen in Kommunikationen geschaffen wird. Aus diesem Selbstkonzept heraus agieren wir und dieses Selbstkonzept wird durch die Kommunikation und Erfahrungen mit dem / der Anderen mitbestimmt und verändert.

Es ist wichtig, dass wir uns o. k., angenommen und wertgeschätzt, fühlen.

Es ist aber genauso wichtig, dass wir dieses auch dem / der Anderen gewähren.

Mit jeder Kommunikation machen wir dem / der Anderen einen **Vorschlag für eine Beziehungsdefinition** und damit auch für seine / ihre eigene Selbstdefinition und geben zugleich unsere Selbstdefinition kund (Selbstkundgabe). Je nachdem, wie weit unser Vorschlag für eine Beziehungsdefinition bzw. der Vorschlag der Selbstdefinition des / der Anderen angenommen wird, verläuft die Kommunikation auf der Beziehungsebene positiv oder problematisch.

Selbstbild (Selbstkonzept)

Jeder macht sich selbst ein „**Selbstbild**" und handelt entsprechend dieses Bildes. Dieses muss mit der Wirklichkeit nicht unbedingt übereinstimmen. Kommt es zu einer Diskrepanz von Selbstbild und Wirklichkeit, dann tritt eine Störung der Kommunikation ein, die wiederum das **Selbstwertgefühl** beeinträchtigt. Selbstkonzepte werden natürlich auch von gesellschaftlichen Rollen bestimmt, ebenso wie das **Rollenverständnis**, das durch Erfahrungen gewonnen wurde. Die Rollen wechseln also von Kommunikationssituation zu Kommunikationssituation (siehe Kapitel 2.4, „Kommunikations- und Beziehungsrollen und das Rederecht: Beziehungsspiele"). **Das Bild von sich selbst** (das Selbstkonzept) wird heute als **entscheidende Schlüsselvariable der Persönlichkeit** und der seelischen Gesundheit angesehen. Schulz von Thun weist darauf hin,

> „[...] wie jemand, der nicht viel von sich hält (Minderwertigkeitsgefühl), sich entweder entmutigt zurückzieht oder aber, in ständiger Beweisnot um den eigenen Wert, übersteigert nach Geltung und Überlegenheit ringt und so den größten Teil seiner seelischen Energie auf den Kampfplätzen der Rivalität und der imponierhaften Demonstration vergeudet."

(Schulz von Thun, 2001, S.178)

Mit den Selbstbildern verbinden sich viele Probleme in der zwischenmenschlichen Kommunikation. Die Bedeutung des Selbstkonzeptes liegt nach Schulz von Thun in Folgendem begründet:

> „Hat es sich erst einmal verfestigt, dann schafft sich das Individuum eine Erfahrungswelt, in der sein einmal etabliertes Selbstkonzept immer wieder bestätigt wird."

(Schulz von Thun, 2001, S 187)

So ist nach Schulz von Thun

> „mit geradezu verheerenden Auswirkungen [...] zu rechnen, wenn ein sehr negatives Selbstkonzept generalisiert wird, z. B. >Mich mag sowieso keiner!<. Dies wird ein (feindseliges oder zurückgezogenes) Verhalten in Gang setzen, das tatsächlich die Antipathie oder Gleichgültigkeit der Mitmenschen provoziert."

(Schulz von Thun, 2001, S. 194)

Bereiche des Selbstbildes

Im Selbstbild können wir verschiedene Bereiche unterscheiden, die sich auch getrennt entwickeln:
- **Das Selbst (im Allgemeinen)**
- **Das psychologische Selbst**
- **Das soziale Selbst**
- **Das sexuelle Selbst**
- **Das familiäre Selbst**
- **Das adaptierte Selbst**

(Schema von Franz Petermann, Ulrike Petermann, 2000, S. 39)

Übung zum Thema Selbstbild

Schreiben Sie auf, was Ihnen zu dem Bild einfällt?

Welche Gedanken könnte sich das Mädchen in diesem Augenblick von sich selbst machen?

Wie sieht es sich wohl selbst: als Person, als Frau, im Verhältnis zu anderen?

Selbstwertgefühl

Eng zum Selbstbild gehört das Selbstwertgefühl. Je nachdem, wie weit wir unsere Bedürfnisse befriedigen können, „steigt" oder „fällt" unser Selbstwertgefühl. Wer z. B. auf die Befriedigung seiner Grundbedürfnisse, Essen und Trinken, zurückgeworfen ist, wird ein geringeres Selbstwertgefühl haben, als derjenige, der sich z. B. um Akzeptanz in der Gruppe oder um Macht und Geltung bemühen kann. Als **höchstes Ziel** streben Menschen die Verwirklichung ihres Selbst an, **die Selbstverwirklichung**. Vera F. Birkenbihl hat in Anlehnung an Abraham Harold Maslows Modell die Bedürfnisse im **Bedürfnis-Turm** kategorisiert. Er / Sie geht davon aus, dass für das Anstreben der jeweils „höheren" Bedürfnisse die Erfüllung der „niedrigeren" erforderlich ist.

Teil 1: Wissen und Nachdenken über Kommunikation

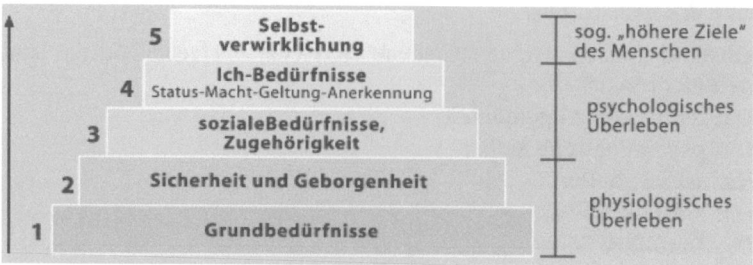

Um z. B. in der Schule erfolgreich lernen zu können, müssen Kinder mindestens eine Wohnmöglichkeit haben, regelmäßige Mahlzeiten und eine gewisse Geborgenheit (in der Familie) erfahren. Um sich im Leben auch größeren Aufgaben zu stellen, muss der Mensch zumindest Wohnung, Arbeit und ein soziales Netz haben. Das Selbstbild setzt sich entwicklungsgeschichtlich aus verschiedenen Ich-Identitäten zusammen, aus dem Eltern-Ich, dem Kindheits-Ich und dem Erwachsenen-Ich. Diese gehen nicht verloren, sondern bilden ein „Gemenge" oder auch mehrere „Persönlichkeiten" in uns. Davon und ihrem Zusammenwirken handelt das nächste Kapitel.

Verwendete Literatur
Birkenbihl, Vera F.: Kommunikationstraining. Zwischenmenschliche Beziehungen erfolgreich gestalten. 10. Auflage München: mvg 1990. Grafik Bedürfnispyramide S. 49.
Mietzel, Gerd: Pädagogische Psychologie des Lernens und Lehrens. 6. korrigierte Auflage Göttingen u. a.: Hogrefe 2001.
Petermann, Franz; Petermann, Ulrike: Training mit Jugendlichen. Förderung von Arbeits- und Sozialverhalten. 6. überarbeitete Auflage Göttingen: Hogrefe 2000.
Schulz von Thun, Friedemann: Miteinander reden. Störungen und Klärungen. 35. Auflage Hamburg/Reinbek: Rowohlt: 2001.

1.8 Selbstkonzepte und ihre Auswirkungen

In der Transaktionsanalyse (TA), die vor allem von Eric Berne in den 1960er und 70er Jahren entwickelt wurde, wird kommunikatives Verhalten und Interaktion unter dem Aspekt der **„Transaktion", des „Hin- und Herreichens"** nicht nur zwischen den Kommunikationsteilnehmer/innen, sondern auch innerhalb der Persönlichkeit der Teilnehmer/innen selbst behandelt. Bei vielen spontanen Aktivitäten kann man erkennen, dass die

Menschen sehr plötzlich und unlogisch wechselnde kommunikative Verhaltensweisen, Ansichten, verbales und nonverbales Verhalten zeigen. **Die Transaktionsanalyse hat** sich der Aufklärung solcher Phänomene zugewandt und **sie als Ausdruck verschiedener „Ich-Zustände" im Sinne von verschiedenen Gedanken- und Gefühlssystemen aufgefasst, die sich in unterschiedlichen Verhaltensmustern offenbaren.** Von da aus unternimmt die Transaktionsanalyse eine strukturale Analyse der Ich-Zustände und eine Transaktionale Analyse des Hin- und Herreichens von Kommunikationen in diesen Ich-Zuständen. Weiterhin hat Berne auch so genannte „Spiele der Erwachsenen" – strukturierte Kommunikationsabläufe als feste Transaktionsfolgen – analysiert und schließlich versucht, verschiedene Lebensskripte, „Drehbücher" für Verhalten im Rahmen eines Lebensplanes herauszuarbeiten.

Jeder Mensch besitzt nach Ansicht der Transaktionsanalyse drei Ich-Zustände:
- das Eltern-Ich (Elt)
- das Erwachsenen-Ich (Erw)
- das Kindheits-Ich (K)

Die Begriffe sind an Sigmund Freuds „Über-Ich", „Ich" und „Es" angelehnt.

Das Eltern-Ich (Elt)

In diesem Ich-Zustand werden Verhaltensweisen gezeigt,
- die das Verhalten anderer kritisieren oder verbessern wollen,
- die dem eigenen Verhalten einen (moralischen) Hintergrund geben,
- die das spontane Verhalten kontrollieren.

Insofern hat das Eltern-Ich sehr viel mit dem zu tun, was wir *„Gewissen"* nennen. Jeder Mensch hat seine persönlichen Programme verinnerlicht und diese Programme sind stark durch den elterlichen Einfluss entstanden: man verhält sich meist ein Leben lang so, wie man es von den Eltern gelernt oder erfahren hat. Solche Programme wirken sogar, wenn man es „einmal besser oder anders machen will", als die eigenen Eltern: Entweder kommt es doch nicht zur Realisierung dieses Wunsches oder die Realisierung dieses Wunsches erfolgt exakt entlang der „Regeln der Eltern".

Das Eltern-Ich kann in ein fürsorgliches und ein kritisches unterteilt werden:

Das kritische Eltern-Ich:
- ist bemängelnd,
- sucht vieles besser zu wissen,

- versucht, Vorurteile und Urteile zu kommunizieren,
- versucht, andere anzuleiten.

Das fürsorgliche Eltern-Ich:
- ist hilfsbereit,
- ist in Manchem selbstlos,
- versucht in dieser Hinsicht auch pädagogisch zu leiten.

Lehrerinnen und Lehrer verkörpern in ihrer Berufstätigkeit dominante Verhaltensweisen aus dem Eltern-Ich, und zwar fürsorgliche wie auch fordernde und kritische. Dieser Ich-Zustand als Selbstkonzept lässt sich sowohl in körpersprachlichen als auch in verbalsprachlichen Indizien beobachten:

körpersprachliche Indizien	verbalsprachliche Indizien
Stirn in Falten legen	*„Wie oft habe ich dir schon gesagt, dass..."*
der ausgestreckte Zeigefinger (Lehrfinger)	*„Wie konntest du nur!"*
gespitzte Lippen	*„Was fällt dir ein!"*
gerunzelte Brauen	*„Nein und nochmals nein!"*
Zungenschnalzen	*„Du musst immer daran denken, dass..."*
Seufzen	*„Was, schon wieder?!"*
väterliche Umarmung	*„Wenn ich du wäre, dann..."*
Schulterklopfen	*„Menschenskind!"*, *„Na, na!"*

Das Erwachsenen-Ich (Erw)

Das Erwachsenen-Ich ist mit dem Begriff vom Ich bei Freud weitgehend identisch. Es ist der Teil unserer Persönlichkeit, der uns hilft, Entscheidungen zu treffen, Daten und Fakten aufzunehmen, zu analysieren, zu speichern und abzurufen. Es markiert den sachlichen und rationalen Aspekt unserer Persönlichkeit. Im Bereich der körpersprachlichen Indizien (emotive Seite unserer Sprache) ist das Erwachsenen-Ich wenig repräsentiert. Ein Indiz dafür, dass eine Person mit seinem Erwachsenen-Ich zuhört, ist ein offenes, dem Gesprächspartner zugewandtes Gesicht. Verbalsprachliche Indizien kommen aus dem **Wortschatz der sachlichen, rationalen Argumentation und Analyse**, also z. B. Fragen mit Fragewörtern wie: *Wer?*,

Teil 1: Wissen und Nachdenken über Kommunikation

Wie?, Warum?, Wo?, Was?, Wie viel?, Auf welche Weise?. Auf das Erwachsenen-Ich hinweisen können auch wertende Wörter, wie: richtig, wahr, wahrscheinlich, möglicherweise oder Einschätzungen wie: *„ich denke, ich glaube, ich finde"*.

Das Kindheits-Ich (K)

Das Kindheits-Ich ähnelt sehr dem „Es" bei Freud. Im Kindheits-Ich lebt der Mensch seine Bedürfnisse, Triebe und Antriebe und das „Haben- und Tun-Wollen" spontan aus. Neugierde, Spontaneität, Kreativität, Forscherdrang und Sexualität sowie ein natürlicher Spieltrieb gehören dazu. Das Kindheits-Ich kennt keine Moral, darf aber nicht einfach als kindlich oder unreif bezeichnet werden, sondern eher als kindhaft. Das Kindheits-Ich gehört ein Leben lang zu einer Person. Es ist der eigentliche **„Sitz der Gefühle"**. Das Kindheits-Ich kann wieder in zwei gegensätzliche „Seiten" unterteilt werden. Dafür werden nach Birkenbihl die Begriffe **„weinendes"** und **„natürliches"** Kind verwendet. Diese Begriffe sind so eindeutig und aussagekräftig gewählt, dass sie kaum einer näheren Beschreibung bedürfen. Dieser Ich-Zustand als Selbstkonzept lässt sich sowohl in körpersprachlichen als auch in verbalsprachlichen Indizien beobachten:

körpersprachliche Indizien	**verbalsprachliche Indizien**
Weinen	*„Ich will..."*
Schmollen	*„Ich wünsche mir..."*
Wutanfälle	*„Ist mir doch egal..."*
Achselzucken	*„Weiß ich doch nicht..."*
Betteln	*„Ich habe (keine) Lust..."*
Nägelkauen	*„Null Bock!"*
aber auch:	aber auch sprachliche Äußerungen aus der Kindheitsperspektive:
Kichern, Lachen	*„Wenn ich groß bin..."*
	oder überhaupt superlativische Ausdrücke wie:
rollende Augen	*„am größten, toll, geil, super"*
Grimassen schneiden	
Zunge rausstrecken u. ä.	

Transaktionale Analyse

Unter Transaktion versteht die Transaktionale Analyse die **Grundeinheit aller sozialen Verbindungen**, dargestellt in:

Transaktions-Stimulus

Begegnen sich (zwei) Menschen, beginnen sie nach kurzer Zeit im Rahmen der sozialen Gegebenheiten voneinander Notiz zu nehmen und eventuell miteinander zu kommunizieren. Mindestens eine der Personen nimmt Kontakt mit einer oder mehreren anderen Personen auf.

Transaktions-Reaktion

Reagiert die andere Person darauf, spricht man von einer Transaktions-Reaktion.

Entscheidend für den Fortgang und das Glücken der Kommunikation ist,
- aus welchem Ich-Zustand jeweils der Stimulus und die Reaktion herausgekommen ist
- und an welchen Ich-Zustand er adressiert ist.

Die Transaktionale Analyse unterscheidet **drei Arten von Transaktionen**:
- **die parallele oder komplementäre Transaktion**
- **die gekreuzte Transaktion**
- **die latente oder komplizierte Transaktion**

Im Folgenden werden die Transaktionen sehr ausführlich, oft mit „Vertiefungen" behandelt. Das geschieht deshalb, weil die Einsicht in Transaktionen ein sehr detailliertes Verständnis und eine sehr detaillierte Analyse von Kommunikationsvorgängen ermöglicht. Für einen Überblick genügt die Lektüre ohne die „Vertiefungen", für ein konkretes Problem schaue man eher in den Vertiefungen nach.

1. Die parallele oder komplementäre Transaktion

Die positivste Transaktion ist die, in der derselbe Ich-Zustand in Stimulus und Reaktion tätig wird und wenn auch der gleiche Ich-Zustand adressiert wird.

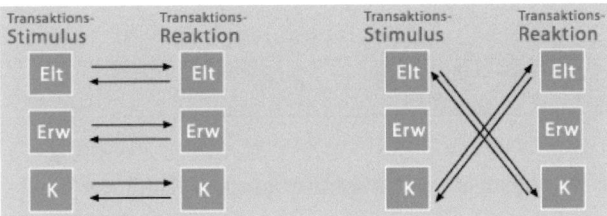

Wenn sich z. B. das Kindheits-Ich der einen Person an das Kindheits-Ich der anderen wendet und diese auch aus dem Kindheits-Ich heraus reagiert, dann läuft normalerweise alles gut. Zwar gibt es auch negative, komplementäre Transaktionen, das liegt dann aber am Inhalt der Aussage. Nach einer komplementären parallelen Transaktion Eltern-Ich an Kindheits-Ich oder Kindheits-Ich an Eltern-Ich findet eine weitere Kommunikation statt, oft sogar auf der sachlichen Ebene, dem Erwachsenen-Ich. Doch auch umgekehrt ist diese Transaktion möglich. Das kritische Eltern-Ich erhält die Reaktion aus dem weinenden Kindheits-Ich und fühlt sich verstanden und akzeptiert und ist befriedigt. Antwortet der / die andere Partner/in jedoch aus einem anderen Ich-Zustand als dem angesprochenen, dann ist der Fortgang der Kommunikation meist nicht so positiv gesichert, diese nennt sich die gekreuzte Transaktion.

Vertiefung

Beispiele für parallele oder komplementäre Transaktionen

Parallele oder komplementäre Transaktion aus dem Erwachsenen-Ich:

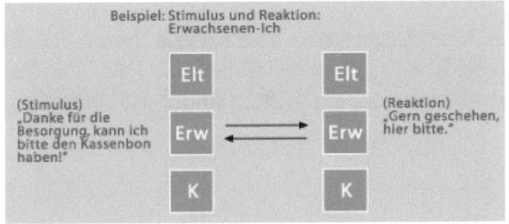

Parallele oder komplementäre Transaktion aus dem Eltern-Ich:

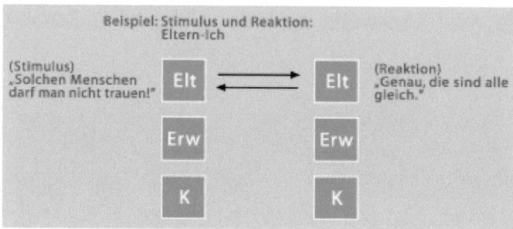

Parallele oder komplementäre Transaktion aus dem Kindheits-Ich:

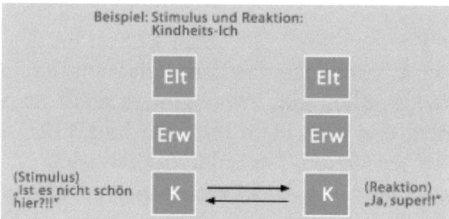

Dieses ist ein klassisches Beispiel für eine komplementäre oder parallele Transaktion aus dem Kindheits-Ich.

Es gibt auch negative, komplementäre Transaktionen, das liegt dann aber allerdings am Inhalt:

Stimulus Kindheits-Ich an Kindheits-Ich: **„Dummkopf!"**
Reaktion Kindheits-Ich an Kindheits-Ich: **„Selber Dummkopf!"**

Die Transaktionen sind dennoch „harmonisch", Sender und Empfänger verstehen sich.

Bei der folgenden komplementären Transaktion bittet der Stimulus des Kindheits-Ichs um Hilfe und „Streicheleinheiten". Der / Die Partner/in reagiert aus dem Eltern-Ich darauf, das Kindheits-Ich ist befriedigt.

Teil 1: Wissen und Nachdenken über Kommunikation

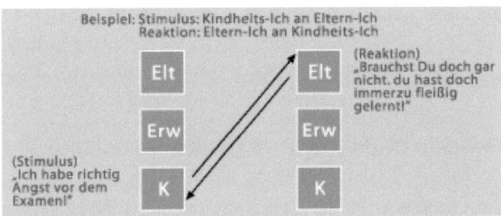

Nach einer komplementären parallelen Transaktion Eltern-Ich an Kindheits-Ich oder Kindheits-Ich an Eltern-Ich findet eine weitere Kommunikation statt, oft sogar auf der sachlichen Ebene, dem Erwachsenen-Ich. Doch auch umgekehrt ist diese Transaktion möglich: Das kritische Eltern-Ich erhält die Reaktion aus dem weinenden Kindheits-Ich und fühlt sich verstanden und akzeptiert und ist befriedigt.

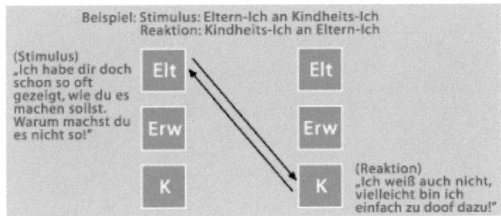

2. Die gekreuzte Transaktion

Bei der gekreuzten **Transaktion reagiert der Empfänger aus einem anderen Ich-Zustand als aus dem vom Sender adressierten**. Die Folge ist, dass der Sender nicht die erwartete Reaktion auf seinen Stimulus empfängt und sich dadurch oft miss- oder unverstanden fühlt. Das stört den Fortgang der Kommunikation oder kann zum Abbruch der Kommunikation führen.

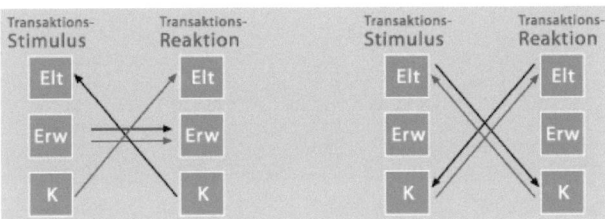

Erkennt der Sender das „Kreuz" in der Transaktion, sollte er nach dem Motto „der Klügere gibt nach" handeln, denn es ist anzunehmen, dass der Empfänger im Augenblick nicht aus dem adressierten Ich-Zustand heraus handeln kann.

Gekreuzte Transaktionen können folgende Probleme / Situationen markieren:
- der **Empfänger hatte andere Erwartungen** an den Sender,
- es wird eine Entscheidung gefordert, in der der Empfänger den **Ich-Zustand „wechseln"** möchte,
- die gekreuzte Transaktion ist (bewusst) als „**Aufstand**" inszeniert worden (absichtliches oder unabsichtliches „Missverstehen").

Gekreuzte Transaktionen können aber auch insofern positiv gesehen werden, als sie die **Chance zur Metakommunikation** geben und zu einem vertieften Verständnis führen können, wie in diesem Beispiel:

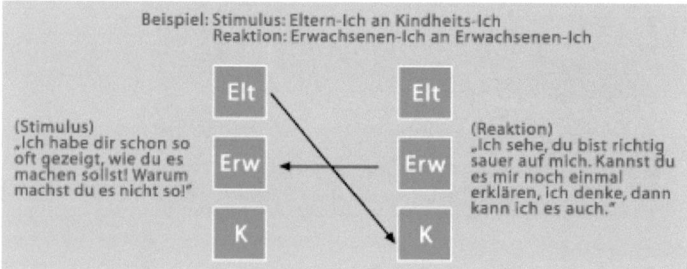

Der Kommunikationspartner reagiert nicht im angesprochenen Kindheits-Ich, sondern im Erwachsenen-Ich, versucht so die drohende Konfliktsituation zu vermeiden und die Kommunikationsebene auf die Sachebene zu verlagern.

Vertiefung
Beispiele für gekreuzte Transaktionen

Gekreuzte Transaktionen aus dem Erwachsenen-Ich

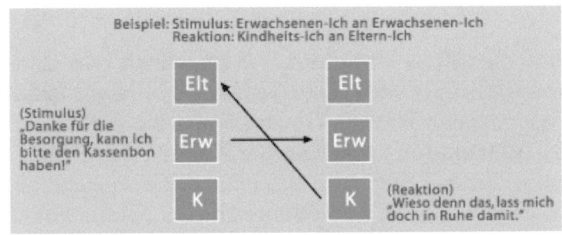

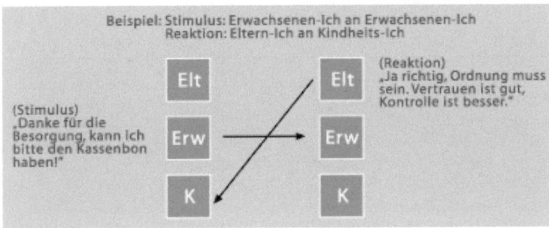

Gekreuzte Transaktion aus dem Eltern-Ich

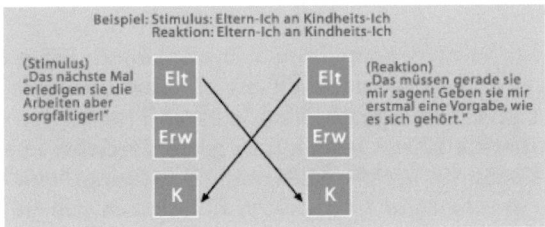

Und hier noch ein Beispiel zum Schmunzeln für eine gekreuzte Transaktion: Ein Liebespaar sitzt Händchen haltend auf einer Parkbank. Sie: *„Ich liebe dich!"* Er: *„Man hat herausgefunden, dass Liebe ein reine biochemische Reaktion ist, die durch äußere Reize hervorgerufen wird."*

3. Die latente oder komplizierte Transaktion

Unter einer latenten, komplizierten Transaktion versteht man ein soziales / kommunikatives Verhalten, bei dem **mindestens ein/e Teilnehmer/in in mehr als einem Ich-Zustand gleichzeitig tätig** wird. Es sind dies die Kommunikationen, bei **denen zwei verschiedene Botschaften ausgesandt** werden.

Wir finden einmal die **offene Botschaft**, die sprachlich oder durch ein anderes Verhalten ausgedrückt wird. Die Transaktionsanalyse nennt dies die „Botschaft auf der sozialen Ebene". Hinzu kommt die indirekte Botschaft, die so genannte „**Information zwischen den Zeilen**". Sie enthält Auskünfte über den inneren Zustand, die Motivation und die Beziehung des Senders zum Empfänger, gehört also der Beziehungsseite der Kommunikation an.

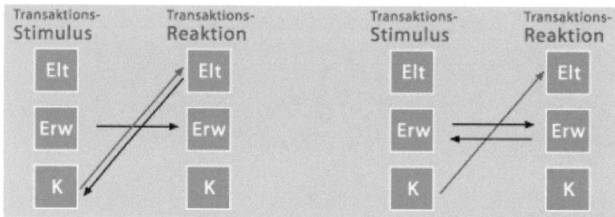

Die verdeckte Transaktion im Kindheits-Ich wurde entschlüsselt, entsprechende Reaktion.

Die verdeckte Transaktion ist nicht bemerkt worden oder aber wurde bemerkt und es wurde bewusst nicht darauf eingegangen.

Der Erfolg solcher latenten, komplizierten Transaktionen hängt davon ab, ob der Empfänger in der Lage oder Willens ist, diese verdeckte Botschaft zu erkennen und auf sie einzugehen. **Sind in einer Transaktion eine offene und eine verdeckte Ebene beteiligt, so greift zunächst in der Regel die verdeckte Ebene (indirekte Äußerung, Beziehungsbotschaft).** Die Kommunikation in offenen und verdeckten Botschaften (latente / komplizierte Transaktionsanalyse) kann zu großen Schwierigkeiten und Unstimmigkeiten führen: Es kann beispielsweise passieren, dass indirekte Botschaften gar nicht oder falsch wahrgenommen werden. Die Folge ist eine schwere Enttäuschung. Andererseits muss jemand, der solche Botschaften aussendet auch davon ausgehen, dass weder der Anspruch auf eine Antwort auf die indirekte Botschaft besteht, noch ein solcher auf deren Registrierung. Indirekte Botschaften haben schließlich auch Gründe, die man als Verbergen oder „**nicht die Verantwortung für Botschaften übernehmen**" bezeichnen kann. Oder es kann ein Schamgefühl leitend sein, das uns

Teil 1: Wissen und Nachdenken über Kommunikation

verbietet, bestimmte Dinge direkt auszusprechen, wie in dem untenstehenden Beispiel bei der Botschaft über die Einladung zum Glas Wein. Und schließlich kann auch die Angst einen davon abhalten, Botschaften direkt auszusprechen, man denke an die Form der Aesopschen Parabel, in denen Sklaven im Römischen Reich ihre Kritik an ihren Herren äußerten. Ironie und manche Formen des Humors sind auf latente komplizierte Transaktionen aufgebaut.

Vertiefung

Latente oder komplizierte Transaktionen

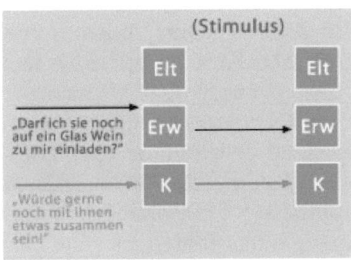

Diese Botschaft ist zunächst einmal sachlich aus dem Erwachsenen-Ich des Senders an das Erwachsenen-Ich des Empfängers gerichtet. Die eigentliche oder latente Botschaft könnte aber lauten: *„Wollen wir spielen?"* und wäre aus dem Kindheits-Ich des Senders an das Kindheits-Ich des Empfängers gerichtet.

Da eine latente Transaktion eben verdeckt und nicht eindeutig einem Empfangs-Ich zuzuordnen ist, ist eine Reaktion darauf nicht immer voraussehbar und Missverständnisse können entstehen.

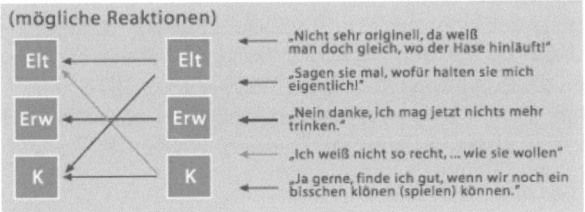

Noch einmal: Sind in einer Transaktion eine offene und eine verdeckte Ebene beteiligt, so greift zunächst in der Regel die verdeckte Ebene (indirekte Äußerung).

Ein weiteres Beispiel für eine latente, komplizierte Transaktion – uns allen wohlbekannt: Die 10-jährige Susanne kommt am späten Nachmittag vom Spielen herein und fragt ihre Mutter:

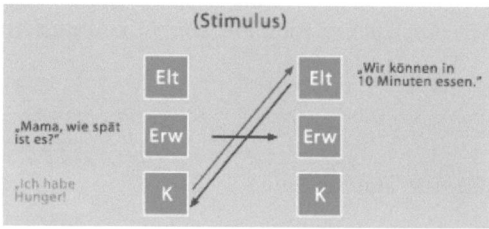

Die Mutter hat die verdeckte Botschaft „*Ich habe Hunger!*" erkannt und entsprechend darauf mit ihrer Antwort reagiert. Das Kind ist zufrieden und zeigt dies vielleicht mit einem fröhlichen: „*Na, prima!*". Das Nennen der Uhrzeit, eine Reaktion aus dem vermeintlich angesprochenen Erwachsenen-Ich wäre absolut unbefriedigend für das Kind gewesen, da es mit seiner Frage etwas anderes beabsichtigt hat. Die Kommunikation in offenen und verdeckten Botschaften (latente / komplizierte Transaktionsanalyse) kann zu großen Schwierigkeiten und Unstimmigkeiten führen, es kann beispielsweise passieren, dass indirekte Botschaften gar nicht oder falsch wahrgenommen werden. Die Folge ist eine schwere Enttäuschung. Andererseits muss derjenige, der solche Botschaften aussendet auch davon ausgehen, dass weder ein Anspruch auf die Beantwortung seiner indirekten Botschaft besteht noch ein solcher auf deren Registrierung.

Verwendete Literatur
Eric Berne: Spiele der Erwachsenen, Reinbek/Hamburg: Rowohlt 1970.
Birkenbihl, Vera F.: Die Transaktionale Analyse – Basis für angewandte Menschenkenntnis. 2. Auflage München: WRS-Verlag 1978.
Hennig, Gudrun; Pelz, Georg: Transaktionsanalyse. Lehrbuch für Therapie und Beratung. 2. Auflage Freiburg im Breisgau: Herder 1997.

1.9 Kommunikation als Spiel. Spiele der Erwachsenen

Kommunikation ist in der Regel etwas sehr Ernstes, es geht um Verstehen, Bewirken von Handeln, Aufklären, Erarbeiten von Standpunkten, Beziehungsarbeit usw. Dennoch hat Kommunikation auch oft etwas Spielerisches: Man probiert etwas aus, beobachtet die Reaktion. Es gibt manchmal auch so etwas wie einen sportlichen Wettstreit zwischen Kommunizierenden, und man hat gewisse **Gewohnheiten und Rituale** parat, **die sich von den Gründen und Zwecken ihres ursprünglichen Gebrauchs entfernt haben**. Auch Spiele haben Regeln, nicht umsonst sprechen wir auch von „**Spielregeln**" in der Kommunikation.

Unter dem Begriff „Spiele der Erwachsenen" versteht man eine Art von Rollenspielen, in denen auch ohne soziale Notwendigkeit, Konvention und Nutzen Rollen eingenommen, „gespielt" werden. Es handelt sich im weiteren Sinne um **Rituale, die ihren ursprünglichen Sinn verloren haben** oder von Anfang an spielerischen Charakter hatten, z. B. Gesellschaftsspiele, Smalltalk über das Wetter usw. Eine besonders extreme Form von Spielen sind die so genannten **psychologischen Spiele**, wie sie Berne im Rahmen der Transaktionsanalyse in seinem Buch „Spiele der Erwachsenen" beschrieben hat. Berne vertritt die These, dass Menschen die Neigung haben, **ihr Leben im privaten Bereich als ständiges Spiel zu leben**. Die Grundlage für solche Spiele wird, wie oben angedeutet, durch soziale Verbindungen geschaffen. Um Bernes Spieltheorie zu verstehen, muss man sich kurz auf seine Auffassungen über den angestrebten **Nutzen aus sozialen Verbindungen** einlassen. Ausgehend vom Kleinkind betrachtet Berne den **Wunsch nach Streicheleinheiten als Motor des positiven Lebens** auch im Erwachsenenalter. Er bezeichnet in Anlehnung an archaische Formen des sozialen Umgangs zwischen Mutter und Kind jede Anerkennung des Gegenübers als „Streicheln" und sagt, dass das Streben nach Anerkennung und positiver Annahme in sozialen Verbindungen der Menschen ein Streben nach Streicheleinheiten ist. Sogar Auseinandersetzungen können als Streicheleinheiten gewertet werden, weil es immer noch besser ist, kritisiert zu werden, als gar nicht beachtet zu werden. Eric Berne unterscheidet je nach Inhalten sieben verschiedene **Arten von Spielen**:

- **Lebensspiele**
- **Ehespiele**
- **Partyspiele**
- **Sexspiele**
- **Räuberspiele**
- **Doktorspiele**
- „**gute**" **Spiele**

Die Auflistung mit der Sonderkategorie „gute" Spiele zeigt, dass die Spiele der Erwachsenen **meistens destruktive Spiele** sind.

Spiele werden als eine periodisch wiederkehrende Folge von Transaktionen beschrieben, die äußerlich plausibel erscheinen, in Wirklichkeit aber von verborgenen Motiven beherrscht sind. Bei den psychologischen Spielen **ist immer eine „Falle" enthalten**, die durch das verborgene Motiv bestimmt ist und einen klar definierten Nutzeffekt hat. Als Spiel bezeichnet Berne eine **Folge verdeckter Transaktionen** (siehe Kapitel 1.8, „Selbstkonzepte und ihre Auswirkungen"), **die von einem genau definierten Spielgewinn geleitet sind**. Der / Die in einem Spiel Agierende gibt vor, etwas zu tun, während er / sie in Wirklichkeit etwas anderes tut: Ein Spiel beinhaltet insofern immer auch einen **Schwindel**. Voraussetzung ist, dass der / die Agierende einen **Schwachpunkt beim Gegenüber** vorfindet, z. B. Furcht, Leidenschaft, Sentimentalität, Habgier, an dem er / sie „**einhaken**" kann. Der / Die reagierende Partner/in, das „Opfer" in einem Spiel bietet durch seine / ihre Schwäche einen Ansatzpunkt. Hat der / die Agierende eingehakt, betätigt er / sie einen imaginären Schalter und ruft so bei seinem / ihrem Opfer ein **Moment der Verwirrung** hervor. Anschließend kassieren beide den „**Lohn**" des Spiels in Form von **unterschiedlichen Gefühlen**.

Nach Berne hat ein Spiel vier Merkmale:
- Schwindel
- „Schalthebel"
- Verwirrung
- Lohn

Ablaufdiagramm eines Spieles

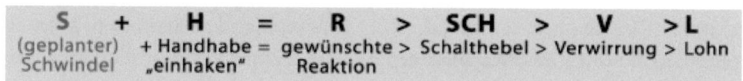

Beispiele für Spiele der Erwachsenen

Das Spiel: „Zeig's ihm, gib's ihm!"

Zwischen Arzt und Patient könnte folgende Kommunikation ablaufen:

Teil 1: Wissen und Nachdenken über Kommunikation

Patient: *„Glauben Sie, dass sich mein Zustand bessern wird?"*
Arzt: *„Natürlich! Sie werden bald wieder wohlauf sein."*

Noch ist die Kommunikation normal, eine so genannte transaktionale Operation. Darin geht es um einen sachlichen Austausch von Informationen. Der Patient nutzt allerdings die Antwort des Arztes, sein „Allwissen", um einzuhaken, wenn er fragt:

Patient: *„Warum glauben Sie, dass Sie alles wissen können?"*

Dies ruft beim Arzt Verwirrung hervor, er fühlt sich irgendwie angegriffen, und genau darum geht es beim Spiel „Gib's ihm". Der Patient kann sich allerdings seines Triumphgefühls möglicherweise nicht lange erfreuen, da der Arzt z. B. ein neues Spiel beginnt mit der Äußerung:

Arzt: *„Ich versuche doch nur, Ihnen zu helfen."*

Hier gibt der Arzt zu, dass er vielleicht doch über die Entwicklung des Zustandes nicht genau Bescheid weiß und ruft beim Patienten eine Verwirrung darüber hervor, wie es mit ihm denn nun weitergeht. Das Spiel, das der Arzt begonnen hat, ist eines, das sehr häufig von Erwachsenen gespielt wird, es heißt: **Ich versuche ja nur, dir zu helfen."** Der Arzt versucht zugleich, sich von Schuldgefühlen zu befreien und den Patienten in Angstgefühle zu drängen.

Normalerweise sind Spiele der Erwachsenen destruktiv. Sie stellen eine negative Kommunikation dar. Eines der wenigen **guten Spiele** der Erwachsenen ist:

Das Spiel: „Urlaub im Beruf"

Zwei Menschen haben beruflich etwas gemeinsam zu erledigen, wie z. B. ein Gutachten auszuarbeiten. Sie könnten dies in ihren normalen Diensträumen, also im Büro erledigen. Nun nutzt eine/r der Partner/innen das angenommene Bedürfnis des / der Anderen nach Zuwendung (Streicheleinheiten) zum „Einhaken", indem er / sie vorschlägt:

Kollege A: *„Weißt du was, wir machen einen kleinen Spaziergang, das Wetter ist draußen so schön und dabei besprechen wir, was wir schreiben wollen, und anschließend setzen wir uns im Café noch zusammen und machen den Text."*

Kollege B: *„Prima, ich habe auch richtig Lust auf draußen."*

Lohn:
Beide haben positive Gefühle, sowohl bei der Arbeit, als auch dem anderen gegenüber. Sie werden das Spiel sicher noch öfter mit einem Augenzwinkern spielen. Nicht wenige so genannter Arbeitsessen oder Ausgestaltungen von Sitzungen folgen diesem Spielprinzip. Man sollte sich des in diesem wie in allen anderen Spielen vorhandenen manipulativen Elements bewusst sein: z. B. kommt ein schwieriger Geschäftsabschluss am ehesten in entspannter Atmosphäre zustande, also wird diese inszeniert.

Das Spiel: „Räuber und Gendarm" gehört zu den Räuberspielen.

Der Nutzeffekt dieses Spiels hängt davon ab, aus welchem Ich-Zustand heraus es gespielt wird. Auf der **Ebene des Kindheits-Ichs** geht es um den mit dem Verstecken und der Verfolgungsjagd verbundenen **Nervenkitzel**, auf der **Erwachsenen-Ich-Ebene** geht es um **materiellen Gewinn**. Es handelt sich oft um den geistigen Zweikampf zwischen Verbrecher/in und Polizist/in um die Beute. Bei Kindern ist das Ziel des Spiels das „Versteckspiel", also das **„Gefundenwerden"** (keineswegs das „Nichtgefundenwerden"). Ihnen ist der Spaß entgangen, wenn sie zu schnell gefunden werden, dann sind sie verärgert. Wenn sich aber der oder die Suchende, z. B. die Mutter, beim Suchen zu viel Zeit lässt, beginnen die Kinder durch Kichern, Ortswechsel oder ähnliches auf sich aufmerksam zu machen. Gewissermaßen zwingt das Kind die Mutter, es zu finden. Der Sieg liegt darin, dass die **Suche lange gedauert hat (Nervenkitzel)**. Wenn die Mutter die Suche aufgeben würde, wäre das Kind enttäuscht. Das Spiel wäre nicht geglückt. Wenn ein Kind ein unauffindbares Versteck wählt, so wird es bei den anderen Kindern als Spielverderber/in gelten. Wenn Erwachsene dieses Spiel spielen (Verbrecher/innen spielen dieses Spiel gern mit der Polizei), so gibt es zwei einander ausschließende Spielmotive:

- Der / Die Verbrecher/in will seine / ihre **Beute in Sicherheit bringen**. Er / Sie ist ein/e **kompulsive/r Gewinner/in**, der / die auf keinen Fall erwischt werden will. Tatsächlich werden solche Verbrecher/innen auch nur selten überführt.

- Der / Die Verbrecher/in will wie ein Kind **den Nervenkitzel durch die Verfolgung** der Polizei. **Er / Sie legt immer wieder neue Fährten** und freut sich an der Art geistigem Zweikampf. Der Kaufhauserpresser Dagobert war ein typischer Fall eines solchen Spielers, der letztlich aus dem Kindheits-Ich heraus gespielt hat. Manche Geiselnahmen und mancher terroristische Akt haben ähnliche Momente der Selbstdarstellung.

Bei vielen Spielern des Spieles „Räuber und Gendarm" vermischen sich allerdings beide Motive. Es geht sowohl um Nervenkitzel mit der Polizei als auch um Beutemachen.

Verwendete Literatur
Berne, Eric: Spiele der Erwachsenen. Psychologie der menschlichen Beziehungen. Hamburg/Reinbek: Rowohlt 1970.

Teil 2: Konzepte und Praxis guter Kommunikation

In diesem Teil nutzen wir die im ersten Teil gewonnenen Einsichten über kommunikative Prozesse und Verhaltensweisen für die bewusste Gestaltung guter Kommunikation und eines erfüllten Lebens in privaten Beziehungen wie im öffentlichen Bereich, Beruf, Schule, Gesellschaft. Die Einsichten werden immer wieder genutzt werden, auf sie wird immer wieder zurückzuverweisen sein. Es werden in diesem Teil Inhalte und Regeln für eine bessere Bewusstheit in Kommunikationsprozessen dargestellt, von Beziehungen und ihren Schwierigkeiten berichtet, wichtige Konzepte für den besseren Umgang miteinander dargestellt und Techniken für kommunikative Arrangements und Redekunst vermittelt. Falls Sie Teil 1 nicht (ganz) durchgearbeitet haben, achten Sie auf die Verweise auf den folgenden Seiten.

2.1 Vom Sinn des Handelns, Einstellungen zum Leben und immer gültigen Verhaltensmaximen

Wir wollen den praktischen Teil, Konzepte und Praxis für gute Kommunikation, mit einer grundsätzlichen Erörterung sinnvoller Lebenspraxis, mit drei Betrachtungsweisen einer (kommunikativen) Handlungslehre beginnen. Es wird zunächst eine eher philosophische Handlungslehre eingeführt, dann eher psychologisch von Einstellungen zum bewussteren Leben, und schließlich von immer gültigen Verhaltensmaximen (Werten und Normen) im kommunikativen Prozess gehandelt.

Dieses Kapitel gliedert sich zur besseren Übersicht in drei Teile:
- Teil A. Vom Sinn des (kommunikativen) Handelns
- Teil B. Von inneren Einstellungen für ein sinnhaftes Leben
- Teil C. Von immer geltenden Regeln, Werten und Normen für eine gute Kommunikation.

Teil A. Vom Sinn des (kommunikativen) Handelns

Ganz allgemein sollten Sie in Ihrem Leben und Handeln von vier plausiblen Annahmen, Axiomen, ausgehen, die hier genannt und speziell unter kommunikativen Gesichtspunkten erörtert werden. Die vier Grundannahmen sind:

- Jede, auch jede kommunikative Handlung macht oder hat einen Sinn.
- Manchmal ist dieser Sinn nicht unmittelbar erkennbar, dann hat das etwas mit Beziehungen und / oder dem eigenen Selbstbild darin zu tun.
- Beziehungen rufen immer wieder Widerstände hervor.
- Wir leben in unterschiedlichen, konstruierten Wirklichkeiten und es gibt Widersprüche im Leben.

2.1.1. Jede Handlung macht oder hat einen Sinn

Jede Handlung hat einen Sinn, der sich in der Regel aus der **Situation und den Bedürfnissen des / der Handelnden** erschließt und ihm / ihr wie der Umwelt in der Regel einsichtig ist: Wenn ich etwas trinken möchte, greife ich zum Glas oder bereite mir Tee. Oder: Wenn ich meine Zähne gesund erhalten möchte, putze ich sie regelmäßig usw. Auch die „langfristig angelegte", indirekte Sinnhaftigkeit vieler Handlungen ist gut erkennbar und uns geläufig: Ich möchte jemanden gern näher kennen lernen und deshalb bin ich freundlich zu ihm / ihr. Oder: Ich möchte einen Arbeitsplatz behalten und deshalb strenge ich mich an.

Der Sinn der meisten Handlungen ist also durch den Zusammenhang von Gründen und Zwecken unmittelbar erklärbar. Wenn wir diese **grundsätzliche Sinnhaftigkeit** annehmen, dann erhält unser Leben von sich aus bereits seinen Sinn und zugleich stehen wir in der Verantwortung und übernehmen wir **Verantwortung für das, was wir tun.**

2.1.2 Manchmal ist der Sinn einer Handlung nicht unmittelbar erkennbar, dann hat das mit Beziehungen und / oder dem Selbstbild darin zu tun

Es gibt (oft kommunikative) Handlungen, deren Sinn sich nicht unmittelbar erschließt. Teils gilt dies für den / die Handelnde/n selbst, der / die z. B. sagt: *„Ich sehe gar nicht den Sinn meines Tuns von gestern, ich weiß gar nicht, warum ich das gemacht habe."* Teils gilt das für andere, die sagen: *„Ich verstehe überhaupt nicht, warum der / die das (so) macht!"* Dazu einige Beispiele:
- Ich kann einer Person nicht offen und freundschaftlich begegnen, ich weiß gar nicht warum, aber es ist ein Widerstand da. Bei näherem Hinsehen und Nachdenken wird klar warum: Ich bin von dieser Person früher mal enttäuscht worden, sie hat mich mal ausgenutzt, und dies kommt jetzt „nach oben".

- Nicht selten bedarf es der Wahrnehmung körperlicher Gefühle: Ich fühle mich unwohl oder gebremst, wenn ich eine Frau herzlich umarme, vielleicht, weil ich an meine Ehefrau denke.
- Und manchmal ist es ganz verrückt: Jemand spart und spart und spart, nicht nur mit Sparbuch, sondern auch geheim und auf Nummernkonten, bis er / sie soviel hat, dass er / sie es gar nicht mehr ausgeben kann, und er / sie spart trotzdem weiter. Warum eine so „sinnlose Handlung"? Gründliches Nachforschen, vielleicht erst mit Hilfe eines Therapeuten oder einer Therapeutin ergibt: Weil diese Person einmal in früher Jugend für ihre Eltern betteln gehen musste und sich dabei sehr geschämt und minderwertig gefühlt hat, handelt sie nun so, dass sie nie, nie, nie mehr arm sein wird, auch wenn das nicht unmittelbar sinnvoll erscheint.

Hier hat die Handlung also, deutlich bei einigem Nachdenken oder Forschen erkennbar, einen **„tieferen Sinn"**, sie steht für etwas anderes, hat eine verborgene Bedeutung für die Beziehungen des / der Handelnden oder sein / ihr Selbstbild, noch einmal gezeigt an einfachen Fällen:
- er / sie ist mit seiner / ihrer Arbeit unzufrieden und reagiert zu Hause aggressiv auf Kleinigkeiten,
- sie / er, die / der sich sonst so distanziert verhält, ist frisch verliebt und erfreut alle Arbeitskolleg/innen mit Kuchen.

Wir sollten also **unsere (kommunikativen) Handlungen und die (kommunikativen) Handlungen anderer immer als „sinnvoll" begreifen** und dort, wo wir sie nicht zu verstehen glauben, nach ihrer Symbolkraft, ihrer **„Zeichenhaftigkeit" für etwas in unseren Beziehungen** und für unser **Selbstbild in Beziehungen** fragen und uns fragen, ob das Nicht-Verstehen eher mit unserer begrenzten Einsicht als mit einem Charakterfehler des / der Anderen zu tun hat.

Alle oben genannten Beispiele verweisen auf:
- Beziehungen,
- auf eine andere Person (vergleiche das Beispiel „Enttäuschung", „Ehefrau"),
- oder sie verweisen auf das Selbstbild des / der Handelnden (vergleiche das Beispiel „Sparen"), also auf die Frage „*Wie sehe ich mich selbst in Beziehungen?*" (siehe Kapitel 1.7, „Der Andere und Ich, Ich und der Andere. Selbstbilder – Fremdbilder").

Die Aussage „*Manchmal ist der Sinn einer Handlung nicht unmittelbar erkennbar, dann hat das mit Beziehungen und / oder dem Selbstbild darin zu tun*" ist für eine bewusste Lebensgestaltung sehr zentral. Es wird die Behauptung aufgestellt, dass die Symbolik von nicht selbstverständlichen Handlungen sich auf den Beziehungsaspekt der Kommunikation bezieht, der bekannterweise nach Watzlawick ja den Inhaltsaspekt bestimmt (siehe Kapitel 1.4.2, „Beziehungen sind das Wesentliche in unserem Leben und bestimmen die Inhalte"). Vergleichen Sie in diesem Zusammenhang auch in Schulz von Thuns „Vier Seiten einer Nachricht" den **Beziehungs-, Selbstoffenbarungs- und Appellaspekt** (siehe Kapitel 1.5, „Auf dem falschen Ohr erwischt? Die vier Seiten einer Nachricht"). Psychoanalytiker/innen und Psychotherapeut/innen, aber auch viele Dichter/innen gehen solchen „Beziehungs-Handlungen" hauptsächlich und professionell auf den Grund.

2.1.3 Beziehungen rufen oft Widerstände hervor

Das scheint auf den ersten Blick widersinnig, ist es aber nicht. Wir wissen, dass z. B. nach der ersten Phase einer Verliebtheit praktisch immer eine Phase der Ernüchterung und der Distanzierung folgt. Das Sprichwort *„Drum prüfe, wer sich ewig bindet, ob sich nicht was bessres findet"* fasst dies etwas grob zusammen, vergleiche auch Kapitel 2.3.3, „Beziehungen aufbauen und pflegen: Ein gutes Leben im Beziehungsnetz". Ja, je intensiver Beziehungen sind, desto mehr Widerstände scheinen sie hervorzurufen und desto mehr scheinen sie zwischen Phasen der Vertiefung und des Zweifelns hin und her zu schwanken.

Das gilt auch bei beruflichen oder gesellschaftlichen Beziehungen: Enttäuschungen, überzogene Erwartungen und Hoffnungen, ja überhaupt eine Art „**Gewöhnung an das Neue**" setzen Zweifel frei und es muss immer wieder um positive Weiterentwicklung gekämpft werden (**Beziehungsarbeit**). Kurz: es gibt die gesicherte Einsicht, dass Beziehungen zwischen Intensiv-Phasen und Distanzierungs-Phasen schwanken. Dies ist eine Lebenserfahrung, die hilft, über manches Rätsel des eigenen Verhaltens, des Partners / der Partnerin oder des Verhaltens der Umwelt hinwegzukommen.

2.1.4. Wir leben in verschiedenen, konstruierten Wirklichkeiten und es gibt Widersprüche

Zunächst gehen wir alle davon aus, dass das, was wir wahrnehmen, sehen, hören und fühlen, auch von den anderen Menschen in gleicher oder doch ähnlicher Weise („ich, jetzt, hier"-Ursprung, S. 64) wahrgenommen wird. Besonders Kinder sind da „ganz bei sich" und viele Erwachsene auch.

Dem ist aber nicht so: **Die Wirklichkeit**, wie wir sie sehen, **entsteht** im Umgang mit der Umwelt, gewissermaßen *„beim Gehen"*, und die Wege in die Welt sind sehr unterschiedliche, individuelle, subjektive. Die **Umgebung**, in der wir aufwachsen, ob z. B. Stadt oder Land, Nord oder Süd, in Europa oder Asien, in Armut oder Reichtum, in einer Familie oder im

Heim, all das prägt uns und **bestimmt unsere Sicht auf die Dinge**. Ja, unsere Wahrnehmung ist sogar von unserer Sprache abhängig, wir haben „**unsere Welt in unserer Sprache**" und jede Sprache hat, so wissen wir aus der Sprachinhaltsforschung, ihre **eigene „*geistige Zwischenwelt*"** (Leo Weisgerber). Die **Abhängigkeit der Sicht auf die Dinge**, der Wertvorstellungen und Moral **von der uns umgebenden Kultur** ist heute mehr und mehr Problemgegenstand der modernen Politik und Gesellschaft: Migration und Integration, Terrorismus und „heiliger Krieg", Rassismus, Wirtschaftsideologie.

Ja es ist sogar so, dass angenommen wird, dass zwischen Männern und Frauen, zwischen Alten und Jungen so große Unterschiede bestehen, dass eine Verständigung beeinträchtigt ist (vergleiche das Buch von Deborah Tannen, „**Du kannst mich nicht verstehen**", und das Kapitel 1.6.10, „Weiblicher und männlicher Kommunikationsstil"). Und nicht zuletzt bestimmt das jeweilige Temperament, der individuelle Umgang in der Welt die Wahrnehmung so stark, dass man sich immer wieder wundert.

Ein Beispiel

Ein Buch, ein Text wird geschrieben und geht in die Welt hinaus. Der Autor, die Autorin weiß in der Regel bei wissenschaftlichen Texten sicher, was genau er / sie sagen wollte: Dennoch werden die Texte immer unterschiedlich aufgenommen. Der Autor dieses Buches, der viele Bücher und Aufsätze geschrieben hat, ist immer wieder erstaunt, wie unterschiedlich seine Texte von der Leserschaft verstanden wurden: Das erklärt sich daraus, dass der / die Leser/in sich im Leseprozess einen Text selbst konstruiert. Der **Empfänger einer Nachricht konstruiert sich die Nachricht, ja hinter einer Botschaft selbst stehen andere Botschaften** (vergleiche Kapitel 1.5, „Auf dem falschen Ohr erwischt? Die vier Seiten einer Nachricht").

All dies und die Komplexität unseres Lebens überhaupt, rufen **Widersprüche** hervor: wir beobachten oft, dass eins zum anderen nicht recht passen will, dass wir „*nicht alles auf die Reihe kriegen*".

Da gibt es zunächst die **Widersprüche in unseren Handlungen und unserem Verhalten**: So sind wir z. B. willens, an der Vermeidung von Klimaschäden mitzuwirken, beobachten aber auch, dass wir das Auto gebrauchen, die Flugreise machen, unser Elf-Zimmerhaus heizen für zwei Personen („*Nach uns die Sintflut*" im wahrsten Sinne des Wortes). Wir möchten gern die Armut in der Welt lindern und wenden uns gegen Lohn-Dumping, versuchen aber dennoch möglichst viel (Verdienst, Güter) für uns herauszuschlagen und zu Dumping-Preisen einzukaufen („*Geiz ist geil*"). Wir sind für ökologischen Anbau und versuchen dennoch, Lebensmittel (und anderes) so billig wie möglich einzukaufen. Wir sind gegen Gewalt und sehen weg, wenn irgendwo in unserer Stadt Gewalt geschieht.

Da gibt es die **Widersprüche (Ambivalenz) in unseren Gefühlen**: Jemand zieht uns an und stößt uns zugleich ab, wir wissen oft nicht einmal warum. Unsere Stimmung kippt von Optimismus auf Pessimismus, *„von himmelhoch jauchzend"* auf *„zu Tode betrübt"*. Binnen kurzer Zeit haben wir zu einem Menschen oder zu einem Sachverhalt *eine andere Einstellung gewonnen,* **haben uns über Nacht eine neue Wirklichkeit konstruiert.**

Und da gibt es die **gesellschaftlichen Widersprüche**, an denen wir nichts ändern können: den Widerspruch zwischen **Krieg und Frieden**, zwischen **Führen und Wachsen-Lassen**, zwischen **Entfremdung und Solidarität**. Wie wir damit umgehen können, davon handelt (auch) das folgende Unterkapitel (Teil B.) über die inneren Einstellungen.

Die vorausgehenden Erörterungen gingen rasch schon sehr weit in Grundfragen des Lebens, des Lebenssinns und unseres Verhaltens in dieser Welt, und wir sehen, dass das vertiefte Verstehen der eigenen und fremden Handlungen, der eigenen und der fremden „Wirklichkeit" für ein bewusstes und erfülltes Leben und für gute verantwortungsvolle Kommunikation sehr wichtig sind. Allem voran steht in einem bewusst gelebten Leben der immerwährende Versuch, **den / die andere/n und uns selbst zu verstehen**.

Teil B. Von inneren Einstellungen für ein sinnhaftes Leben

Nun drei ganz allgemein beherzigenswerte Einstellungen für die Lebenspraxis:
- Du gestaltest dein Leben, auch wenn es nicht immer so scheint.
- Versuche, die Menschen zu lieben, auch dann, wenn sie es dir nicht leicht machen.
- Lass das, was du nicht beeinflussen kannst, geschehen, auch wenn du manchmal dagegen kämpfen möchtest.

2.1.5 Du gestaltest dein Leben, auch wenn es nicht immer so scheint

Die Verhaltensmaxime ist vielleicht nicht leicht zu verstehen. Oft scheinen wir in unserem Leben von etwas betroffen zu sein, wir nehmen mal ganz zentrale Ereignisse in einem Leben: Arbeitslosigkeit, Verlust des Partners / der Partnerin oder Krankheit, von dem wir sagen: *„Warum?"* und: *„Warum mir?"* oder auch: *„Ich kann sowieso nichts daran ändern!"*. Die Maxime macht darauf aufmerksam, dass **verschiedene Einstellungen zu Ereignissen im Leben** möglich sind, z. B.

- **die untätige, dumpfe Verzweiflung oder das Einfach-Mit-Sich-Geschehen-Lassen oder auch Faulheit**: *„Das Schicksal, der Arbeitgeber, der / die Partner/in oder die anderen sind schuld! Ich kann das einfach nicht! Ich habe keine Verantwortung dafür und unternehme nichts."* Diese Einstellung wird nicht empfohlen. Oder
- **die aktive, optimistische Haltung**: *„Ich versuche das Beste daraus zu machen. Es gibt immer noch einen Weg oder Neuanfang. Selbst wenn ich ein konkretes Ereignis nicht abändern kann, so kann ich es doch zukünftig besser machen."* Diese Einstellung wird empfohlen.

Konkret: Vielleicht ist ja meine Krankheit auch mit meinem Zutun / Unterlassen zustande gekommen, ich habe mit dem Rauchen, wenig Bewegung dazu beigetragen und sollte das jetzt ändern. Oder: Vielleicht habe ich den / die Freund/in dadurch verloren, dass ich unachtsam, wenig liebevoll (siehe Kapitel 2.1.6, „Versuche die Menschen zu lieben, auch wenn sie es dir nicht immer leicht machen") mit ihm / ihr umgegangen bin (was nicht ausschließt, dass auch er / sie seinen / ihren Teil beigetragen hat). Ich für meine Person versuche, es das nächste Mal besser zu machen. Oder: Ich beantworte die Arbeitslosigkeit nicht mit Selbstaufgabe, auch wenn ich nicht gleich eine neue Arbeit finde, sondern qualifiziere mich weiter, tue etwas, was mir gefällt, was ich schon lange tun wollte und senke eventuell auch meine Ansprüche.

Es hilft, wie angedeutet, auch schon die **Änderung der eigenen Einstellung**, um etwas zu bewegen und die Maxime sagt auch: **Mit Nichtstun tut man auch etwas (etwas Schlechtes)**, vergleiche das Axiom 1 *„Man kann nicht nicht kommunizieren."* in Kapitel 1.4, „Fünf grundsätzliche Annahmen über kommunikatives Handeln und Beziehungen". Sie glauben gar nicht, wie oft Sie im Großen wie im Kleinen mit solchen Problematiken konfrontiert werden und oft meinen wir nur, wir seien aktiv und optimistisch.

Es hilft auch nicht, auf eine bessere Fügung des Schicksals / Gottes oder gar einen Märchenprinzen zu warten in der unrealistischen Hoffnung, dass es / er meine Lebensprobleme löst. Der große Psychologe Freud hat in diesem Zusammenhang den Ausspruch geprägt:

> „Nur der Mensch kann sich selbst erlösen." und „die Erlösung besteht darin, dass der Mensch es wagt, die Herausforderung des Seins anzunehmen und sie mit ganzer Kraft und seinem ganzen Herzen zu beantworten."

Und mit Freuds Worten, *mit seinem Herzen* sind wir bereits bei der nächsten guten Lebenseinstellung.

2.1.6 Versuche die Menschen zu lieben, auch wenn sie es dir nicht immer leicht machen

Mit Liebe getan ist gut getan, das ist die Essenz vieler Lebensratgeber, auch der Bibel, und sie hat / haben recht. Die Maxime betrifft nicht nur den Umgang mit dem / der geliebten Lebenspartner/in, sondern mit prinzipiell allen Menschen und enthält auch das Konzept der **Nächstenliebe** (*„Liebe deinen Nächsten wie dich selbst!"*), das in der Bibel bis zur Aufforderung *„Liebet eure Feinde!"* weitergeführt wird. Hier wird auch klar, was der Nachsatz *„...auch wenn sie es dir nicht leicht machen"* beinhaltet. Nicht nur in der Partnerschaft und Beziehung (siehe Kapitel 2.3.3, „Beziehungen aufbauen und pflegen: Ein gutes Leben im Beziehungsnetz") gibt es immer wieder Situationen und Zeiten, in denen es uns der / die Andere schwer macht, ihn / sie zu lieben, auch in den vielen öffentlichen und privaten Beziehungen und im Umgang mit der Umwelt, in der wir leben, fällt das oft wirklich schwer.

Andererseits beobachten wir durchgängig, dass liebevollen Menschen, das heißt *„Menschen, die die Liebe leben"* (Hans Jellouschek) ganz viel Liebevolles widerfährt und dass ihre Einstellung zu den anderen Menschen ihnen fast wie ein Zauber hilft, mit dem Leben zurecht zukommen. Vor ihnen hat man keine Angst, ihnen vertraut man und man sieht ihnen etwas nach, wie auch sie einem etwas nachsehen. **Liebe macht** vielleicht manchmal kurzzeitig blind, meistens aber macht sie **sehend**, und zwar **für das Gute im anderen**, weil man sich dem anderen Menschen zuwendet und dann, und oft nur dann, versteht, dass er / sie sein / ihr Leben sinnvoll gestaltet, so merkwürdig es auch aussehen mag. Liebevolle Zuwendung ist wirkliches, positives Verstehen-Wollen und damit beste „Kommunikation" im Sinne von „etwas gemeinsam haben". **Und: Wir wissen sehr genau, wenn wir uns nicht liebevoll verhalten**, siehe Kapitel 2.1.9, „Sei authentisch und entwickle (d)ein Gewissen".

2.1.7 Lass geschehen, was du nicht beeinflussen kannst, auch wenn du manchmal kämpfen möchtest

Diese Einstellung und Lebensmaxime ist eine zentrale Aussage auch in der Themenzentrierten Interaktion. Sie scheint im Gegensatz zur Grundannahme „Wir leben in verschiedenen, konstruierten Wirklichkeiten und es gibt Widersprüche" (Kapitel 2.1.4) zu stehen. Sie ergänzt aber, wie dort auch schon gezeigt, diese Maxime.

Es gibt Dinge, die wir (als einzelne oder manchmal auch gemeinsam) nicht beeinflussen können: Krieg, Naturkatastrophen, Kündigung ganzer Belegschaften, Tod des Partners / der Partnerin. Inwieweit man auch solche Ereignisse im Vorfeld beeinflussen kann bzw. ihre Wiederkehr vermeiden kann, ist immer wieder zu beobachten (z. B. im langen Friedenszustand in Deutschland nach dem Zweiten Weltkrieg, im Umweltschutz, durch Betriebsvereinbarungen und anderes). Aber das sei jetzt mal außen vor gelassen, sie hilft dem / der einzelnen direkt Betroffenen ja nur im Sinne eines Trostes oder als zukünftige Handlungsaufforderung.

Wir kommen öfter als wir denken in **Situationen, die wir nicht mehr oder allenfalls indirekt beeinflussen können**: ein Konflikt ist zum Mobbing entartet (siehe Kapitel 3.5, „Entarteter Umgang mit Konflikten: Mobbing"), ein Urteil ist ergangen, die Freundin / der Freund ist verloren, man kann sich nicht durchsetzen. **Wichtig ist dann, dies zu erkennen und anzunehmen.** Alles weitere Kämpfen bringt nichts oder macht die Sache noch schlimmer. Und, wenn man das „Schlachtfeld freiwillig verlässt" (ein ganz schlechtes Bild, das Leben soll nicht und muss nicht nur Kampf sein, sondern es sollte Liebe sein), kann am nächsten Tag die Sache schon ganz anders aussehen. Es kann das **Erkennen** sein, **dass das nichts mit einem selbst zu tun hat** oder dass man **es in andere, kundigere Hände abgegeben** hat, oder, dass sich durch den freiwilligen „Abgang" andere zu Zuwendungshandeln der betroffenen Person gegenüber veranlasst sehen.

Dazu ein Beispiel, ein Professor berichtet: „In der Zeit als ich einen Fachbereich an der Universität leitete, habe ich dann für eine bestimmte Widmung einer neu eingerichteten Professorenstelle gekämpft, eine Stelle, die die Mehrheit der Kolleg/innen absolut nicht wollte. Der Konflikt nahm rasch böse Formen an: Protokollschwierigkeiten, gegen mich gerichtete Aktionen hinter meinem Rücken, irgendwann konnte ich nicht mehr. Am Tag, nachdem ich erklärt hatte, nicht mehr für diese Widmung zu kämpfen, wurde ich mit Angeboten fast überschüttet, wie man meine Gesichtspunkte doch noch in der Widmung oder bei einer Mitarbeiterstelle berücksichtigen könnte und am Ende hatte ich mehr erreicht als ich wollte."

Wir kennen weitere Beispiele, z. B. aus der Schule und Familie (siehe Kapitel 2.4, „Kommunikations- und Beziehungsrollen und das Rederecht: Beziehungsspiele"), aus dem Betrieb, ja aus konflikthafter Kommunikation zwischen Gruppen und Staaten, denken Sie z. B. an das Ende des Wettrüstens (siehe Kapitel 1.4, „Fünf grundsätzliche Annahmen über kommunikatives Handeln und Beziehungen"). Auch hier, bei den Einstellungen und allgemeinen Maximen des Verhaltens, waren wir wieder rasch bei zentralen Grundfragen des Lebens: der Rückbezug auf solche Maximen wird dem

/ der Kundigen helfen, mit sich und anderen noch viel besser zurechtzukommen.

Teil C. Von immer geltenden Regeln, Werten und Normen für eine gute Kommunikation

Diese Verhaltensmaximen entnehmen wir wieder weitgehend aus den Überlegungen und Einsichten in Teil 1, siehe Kapitel 1.3, „Dem Volk aufs Maul geschaut". Es sind die Folgenden:
- Sei wahrhaftig, wann immer es geht, man erwartet es von dir.
- Sei authentisch und entwickle (d)ein Gewissen, es macht dich sicher in deinen Entscheidungen.
- Sei wesentlich, rede nicht herum.
- Sei kooperativ, emphatisch zugewandt und mache das Leben nicht zu einem immerwährenden Kampf.

2.1.8 Sei wahrhaftig, wann immer es geht, man erwartet es von dir

In unserer Welt wird so **viel gelogen**, dass man gar nicht mehr daran glaubt, dass es auch die Wahrheit gibt. Manche sagen sogar, Kommunikation finde ohne die Lüge nicht statt. In vielen Bereichen unseres (Wirtschafts- oder Berufs-)Lebens glauben wir, nicht ohne Lüge oder etwas, was nicht die reine Wahrheit genannt werden muss, auszukommen: z. B. in der Politik, in der Werbung, bei Verkaufsgesprächen. Man denke auch an Vorteilserschleichung in Beziehungen, Drücken vor der Verantwortung, Faulheit / Schwänzen. Dennoch ist das **Aufrichtigkeitsgebot** eine der zentralen Grundannahmen auch allgemeiner Kommunikationstheorien wie z. B. der Sprechakttheorie. Wir sollten uns darüber klar sein, dass die **Grunderwartung an jede Kommunikation**, das, was jede/r von uns und von dem / der Anderen, dem / der er / sie sich zuwendet, erwartet, die **Wahrhaftigkeit** ist.

Vermutet man, dass der oder die Andere die Unwahrheit sagt, hört man gar nicht erst hin. Hat man im Umgang mit jemandem die Erfahrung der Lüge gemacht, verstellt das Misstrauen eine positive kommunikative Erwartung: *„Wer einmal lügt, dem glaubt man nicht und wenn er auch die Wahrheit spricht."* Und: Eine kleine Lüge zieht die große nach sich, denn *„Lügen haben kurze Beine."* Deshalb die dringende Empfehlung: **„Wenn immer möglich: keine Lügen!"** Eine Politik, eine Werbung, ein Verkaufsgespräch, die / das auf Wahrhaftigkeit setzt, hat auf Dauer mehr Erfolg als ein/e verlogene/s oder ein Täuschungsversuch. Wenn dem Bürger, der Bürgerin oder dem Kunden, der Kundin etwas vorgemacht wird, was gar nicht oder nur halb wahr ist oder wenn z. B. in der Politik gerade mal das zugegeben wird, was nicht mehr bezweifelt werden kann, verliert er / sie das Vertrauen und wird die Partei, die Geschäftsbeziehung meiden. Es gibt genügend negative Beispiele aus der jüngeren Politik und Wirtschaft: Korruption, Zweckentfremdung von Staatsmitteln, Schmiergeld. Kluge Firmen, Kommunikationstrainer/innen und Mediator/innen (siehe Kapitel 3.8, „Professionelle Konfliktbearbeitung: Streitschlichter und Mediation") lehren ihre Mitarbeiter/innen und Klient/innen, dass Wahrhaftigkeit das beste Ticket in der Kommunikation ist.

Manche **Täuschungserlebnisse** können über ein ganzes weiteres Leben entscheiden:
- Ist ein Volk einmal mit Aktien getäuscht worden, wird es in seiner Mehrheit nie wieder Aktien kaufen, es gibt ein deutsches Beispiel hierfür. Es ist schade um die Idee, das Volk an der Wirtschaft zu beteiligen.
- Einmal von einem Mann betrogen worden, werden manche Frauen niemals wieder etwas mit Männern zu tun haben wollen (es gibt unter den älteren Frauen nicht wenige davon, siehe Kapitel 2.3, „Beziehungen aufbauen und pflegen: Ein gutes Leben im Beziehungsnetz"), was für das ganze weitere Leben schade ist.

Auf jeden Fall ist die Beziehung zu der Firma, die überteuerte Aktien ausgegeben hat, oder zu diesem betreffenden Mann, der betrogen hat, ziemlich gestört.

„Die **Wahrheit, wenn immer möglich**" signalisiert nun auch **eine Grenze** und diese Grenze hat – wie soll es auch anders sein – wieder etwas mit Beziehungen zu tun: Nur dann, wenn man dem / der Anderen mit der **Entdeckung einer Wahrheit schwer oder gar lebensgefährlich schadet**, mag es erlaubt sein, ihm / ihr diese zu **verschweigen** oder eine Weile zu verschweigen oder über sie hinweg zu gehen, also aus Rücksicht auf den / die Andere/n, nicht auf sich selbst. **Sich selbst** allerdings **die Wahrheit vorzuenthalten (Selbstbetrug)**, sich selbst etwas vorzumachen, bringt gar nichts, die Wahrheit kommt, und dann zu einem höchst unpassenden Moment, ans Licht oder sie meldet sich im schlimmsten Fall in einer Weise, die den eigenen ganzen Lebensplan infrage stellen kann – als **Lebenslüge**.

2.1.9 Sei authentisch und entwickle (d)ein Gewissen

Mit dem Thema Selbstbetrug und Lebenslüge sind wir bereits bei einer weiteren wichtigen Maxime: „Sei authentisch". Sie besagt nicht mehr und nicht weniger, als dass wir in unserem Umgang mit anderen „wir selbst" sein sollen, „mit uns selbst im Reinen" sein sollen. Dies ist keineswegs zu verwechseln mit Ich-Sucht oder Egozentrismus, sondern ist nur ein Ausdruck der **Ehrlichkeit mit sich** und anderen. Authentizität meint, dass das innere Wollen und Fühlen möglichst weitgehend mit dem äußeren Tun und Reden im Einklang sein soll, übereinstimmen soll. Wie oft wird uns nahe gelegt, uns anders zu geben, uns anders zu verhalten, als wir fühlen, dass es richtig ist. Wie oft wird uns beigebracht, uns „zu verbiegen" oder **uns „selbst zu verleugnen"**. Dies mag eine Weile gehen, aber es bedarf großer Anstrengung, das „falsche Gesicht" durchzuhalten. Auf Dauer hält das kein Mensch aus und oft wird unauthentisches Verhalten vom Gegenüber auch rasch bemerkt.

Das **Auseinanderfallen** zwischen den **Inhalten der sprachlichen Rede** (stark im Inhaltsaspekt) **und der Gestik, Körperhaltung und Mimik** (stark im Beziehungsaspekt) ist oft ein Hinweis auf unauthentisches Verhalten, da man die Gestik, Körperhaltung und Mimik meist schlechter unter Kontrolle hat als die Sprache. Die Übereinstimmung der verbalen und körpersprachlichen Botschaft signalisiert Authentizität. Und dies ist meist auch sofort, auf Dauer aber immer erfolgreicher als das geteilte, kontrollierte Ich: Geschäftspartner/innen, Schüler/innen, Student/innen, Partner/innen, kurz: Mitmenschen merken schnell, ob jemand „dahinter steht", das heißt hinter seiner / ihrer Botschaft steht oder ob er / sie nur daherredet.

Dazu kommt, dass wir meist sehr wohl wissen und fühlen, wenn wir unwahrhaftig und nicht authentisch sind. Goethe hat Gott in seinem berühmten Faust-Buch sagen lassen *„Der Mensch in seinem dunklen Drange ist sich des rechten Weges wohl bewusst."* Damit sind wir bei einer wichtigen **inneren Stimme**, die uns zur Authentizität und Wahrhaftigkeit leitet, dem **Gewissen**. Das Gewissen kommt nicht von allein, es wird ausgebildet und es **wird entlang der Kultur und Kulturwerte, in denen wir leben, ausgebildet** und ist deshalb von Kultur zu Kultur etwas unterschiedlich, was manchmal zu Missverständnissen führt. Man kann diese innere Stimme verdrängen und vernachlässigen, man kann sie aber auch schärfen, insofern ist Goethes Satz etwas ergänzungsbedürftig. Ein gut ausgebildetes Gewissen bewahrt uns nicht nur vor vielen Lügen und Folgelügen und vor der Spaltung des Ichs, sondern auch vor der eventuell falschen Wahrheit zur falschen Zeit und am falschen Ort, denn das Gewissen „kennt" und schätzt das Gegenüber. Wir sollten uns darum bemühen, es auszubilden, und damit einfach „**feinsinniger**" zu werden – ein schönes und effektives Lebensziel.

2.1.10 Sei wesentlich und rede nicht herum

In unserer modernen Welt wird viel Unsinniges und Nichtssagendes dahergeredet. Man kennt die langatmigen Zeitgenoss/innen, die viel reden und nichts sagen. Das Thema ist so drängend, dass selbst sehr allgemeine Theorien der sprachlichen Kommunikation dieses Postulat (Behauptung) aufstellen.

Man spricht z. B. in der Werbe- und Politiksprache schon von „Plastikwörtern" und „Leerformeln" und Euphemismen, wie z. B. in der Politik und Wirtschaft *„entsorgen"* für „wegwerfen", *„freisetzen"* für „entlassen" oder *„das Netz der sozialen Sicherheit"*. In der Werbung heißt es dann z. B. *Coiffeur* oder *Hairstylist* für Friseur, *Dentagard* (*Zahnwächter*) für eine Zahnpasta oder *Nektar* für einen Saft. Diese Wörter machen etwas größer und wertvoller als es ist und manche kommunikativen Inszenierungen werden als Scheinkommunikationen, also gar nicht als echte Kommunikationen angesehen. Wir, in diesem Falle das Volk in seinen Sprichwörtern und Redensarten, scheinen das genau zu wissen, denn Redensarten und Sprichwörter wie: *„Der redet nur Blech."*, *„Der redet nur um den heißen Brei herum."* oder *„Der hat nichts zu sagen."*, *„Der drischt leeres Stroh."* usw. zeigen, wie viel Unwesentliches ohne Gehalt geredet wird. Manches Interview ist absolut „nichts sagend" und soll auch „nichts sagen" und es wundert einen, dass das alles von den Zuschauer/innen geduldet wird.

Wie wohltuend und ergiebig ist es dann, wenn jemand sich (wieder gemäß Einsicht und Urteil des Volkes) *„auf das Wesentliche beschränkt"* und *„zur Sache kommt"*. Sie ersparen sich und Ihren Kommunikationspartnern viel unnötige Mühe und Aufwand und sichern sich eine gute Zuhörerschaft, wenn Sie wesentlich bleiben. Und: Dies wird von Ihnen erwartet, keiner wendet sich *„leerem Gerede"* zu, bloß *„um die Ohren auf Durchgang zu stellen"*.

Gut, es gibt gewisse Floskeln, die ein Gespräch in Gang bringen sollen, wie die Bemerkung über das Wetter oder über das gute Aussehen der Partnerin / des Partners, aber diese sind nicht unwesentlich: Sie bringen das Gespräch in Gang oder halten es in Gang, sie sind Formen der kommunikativen Kontakt- und Beziehungsaufnahme oder „Schmiermittel" der Kommunikation. Ersparen wir also in unserer Kommunikationsgesellschaft unserem Partner / unserer Partnerin den „Kommunikations- und Datenmüll" (auch aus dem Computer), schweigen wir lieber, wenn wir nichts zu sagen haben und lassen wir gegebenenfalls auch die Ansichten anderer gelten, die im Augenblick etwas zu sagen haben. Dann wird man sich uns umso mehr zuwenden, wenn wir – wie von uns jedenfalls erwartet – einen wesentlichen Beitrag zum Thema leisten.

Teil 2: Konzepte und Praxis guter Kommunikation

2.1.11 Sei kooperativ und emphatisch zugewandt, mache das Leben nicht zu einem immerwährenden Kampf

Eine letzte immer geltende Verhaltensregel guter Kommunikation und eines erfüllten Lebens sei an dieser Stelle noch behandelt. Sie ist eigentlich selbstverständlich, in der Lebenspraxis leider aber oft nicht Realität. Man sollte meinen, dass in einer hoch arbeitsteiligen Gesellschaft, in der viele zusammenwirken müssen, damit etwas Gutes für alle oder wenigstens für viele herauskommt, das **Prinzip der Kooperativität** oberstes Lebensgebot ist. **Jede/r sollte sein / ihr Bestes** nach seinem / ihrem Vermögen dazu **beitragen und beitragen dürfen**.

Dem ist in der Realität häufig aber nicht so: Viele Menschen, Institutionen / Wirtschaftsunternehmen und sogar Staaten handeln nach dem Prinzip „*Das Leben ist Kampf!*" (wieder ein Sprichwort, also Wissen des Volkes!). Dies führt zu viel **Feindseligkeit, Konkurrenz und Misstrauen** und hat ein außerordentlich anstrengendes, von destruktiven Phantasien gesteuertes Lebensskript für die Institution wie für den / die Einzelne/n zur Folge. Berichte, Bilder, Nachrichten und Kommentare in Zeitungen, Rundfunk und im Fernsehen, Spielfilme und sogar das schöne Hobby Sport sind schon in ihrer Sprache voll von „Kampf- und Gewalt-Phantasien", ablesbar an den **Kampfmetaphern**: Da ist jemand dem andern „*unterlegen*" oder der „*Übermächtige*" „*geht zum Angriff über*", jemand ist „*oben*", der andere ist „*unten*", eine Argumentation ist „*erdrückend*", es gibt die „*feindliche Übernahme*" oder den „*Sturm auf den Gegner*", immer gibt es „*Sieger und Verlierer*" im großen Wettbewerb oder es herrscht „*Krieg in der Firma*". Selbst in der schönsten Sache der Welt, in Liebesbeziehungen, wird vom „*ewigen Kampf der Geschlechter*" gesprochen.

Der deutsche Diktator Adolf Hitler hat lange vor der „*Machtübernahme*" ein Buch mit dem Titel „*Mein Kampf*" geschrieben, er hat diesen Kampf wahrlich bis zu seiner und seines und anderer Völker „*Vernichtung*" getrieben. Auch der bürokratische Sozialismus in der Sowjetunion und in der ehemaligen DDR, war voll von Kampfmetaphern und manche Kampflieder und Aufrufe der Gewerkschaften bereiten mir von der Weltsicht und Sprache her Bauchschmerzen.

Ja, die Sprache verrät die Lebensmaxime eines Menschen und auch von Gesellschaften, wie z. B. die Kampfsprache in vielen sozialistischen Gesellschaften. Es ist eine Illusion zu glauben, dass man sich für das eigene Lebensskript dieser Sprache entziehen könnte. Zu stark sind die **Seinsanalogien**, das, was wir aus der **Realität der sprachlichen Bilder** mit uns herumtragen.

Dazu kommt, dass wir diese Kampfideologie unseren Kindern geradezu einüben, indem wir Computerspiele als Gewalt- und **Kriegsspiele (!)** gestalten, die Sportstunde zu einer **Wettkampfstunde statt Spielstunde** gestalten und uns selbst als Vorbilder mit gewalttätigen Spielen vergnügen. *„Kampfgeist"* und die *„Verlierer-Siegermentalität"* sind leider auch das Schmiermittel für die **Eskalation von Konflikten** (siehe Kapitel 3.4, „Destruktive Konfliktverläufe: Konflikteskalation"), die nicht nur die Volkswirtschaft unendlich viel Geld kostet, sondern z. B. in der Form von **Mobbing** (siehe Kapitel 3.5, „Entarteter Umgang mit Konflikten: Mobbing") auch Menschen psychisch zerstören kann.

Ist es wirklich notwendig, dass Manager/innen gerade in den hohen Positionen in speziellen Seminaren von Psycholog/innen (!) eine Kampfideologie förmlich beigebracht wird (ich weiß wovon ich rede, Stichwort *Geldmenschen* versus *Gutmenschen*).

Daraus folgend zwei aktuelle negative Beispiele:
- Es muss doch auch volkswirtschaftlich nicht sein, dass, wie dem Autor ein hoher Mitarbeiter aus dem RWE-Konzern jüngst berichtete, er etwa 80% seiner Arbeitszeit damit zubringe, Angriffe auf seine Person und Stelle bereits im Vorfeld abzuwenden. Niemand, den der Autor in ähnlicher Position dazu gefragt hat, hat ihm bislang widersprochen. Ein 2002 veröffentlichter Artikel „Wie die Bosse denken" aus der „Zeit" unterstreicht das eben Erwähnte.
- Und es muss doch nicht sein, dass die meisten Staaten (China, kaum dass es reicher wurde, auch) einen großen Teil ihres Sozialprodukts und noch mehr an intellektueller Leistung dafür ausgeben, bis an die Zähne bewaffnet in dieser Welt zu sein, während andererseits viele Menschen verhungern und die Erde im Geschwindschritt ausgebeutet wird.

Hat da das eigentlich überlebensnotwendige Prinzip der Kooperativität noch eine Chance? Ja, das hat es, denn wir sehen dieses, gewissermaßen als gegenläufiges Verhaltensmuster, täglich:
- im Großen in der **kooperativen, arbeitsteiligen Organisation von Produktionsstraßen**, wo jede/r seine / ihre ganz spezifische Rolle und Tätigkeit hat und alles nach einem wohlüberlegten Plan zusammengeführt wird,
- im Kleinen in den **vielfältigen Formen der Zusammenarbeit**, z. B. in einer Schiffsmannschaft, in einem Konstruktionsteam, auf dem Bau im Zusammenwirken und sinnvollen Nacheinander der Gewerke,
- im **Mannschaftsspiel** beim Sport,
- als **Sich-Ergänzen** bei größeren Unternehmungen oder
- **in der Familie und Partnerschaft**, manchmal sogar noch
- zwischen den Generationen.

Teil 2: Konzepte und Praxis guter Kommunikation

Wenn **wir uns als sinnvollen Teil eines größeren Ganzen betrachten** (was wir in der Familie, Firma, Stadt, Gesellschaft und im Universum sind!), die anderen als Helfer/innen und Mitarbeiter/innen, und uns nicht als etwas Besseres und allein, von Feind/innen umgeben auf weiter Flur sehen, dann wird uns dies nicht nur häufig an unnötigen Feindbildern, Konflikten und Konkurrenzzwängen vorbeiführen, sondern wir strahlen dann auch etwas ab, was anderen die Angst nimmt, im Feindesland zu sein. So kommen ihre guten, eben kooperativen Seiten zum Tragen und das ermöglicht uns allen ein **gelasseneres Leben**. Der vom Philosophen Martin Heidegger geprägte und von Klaus Meyer-Abich in vielfache Richtung ausgelegte Begriff des **Mitseins** (aller Menschen, ja Lebewesen und Dinge) ist der **Schlüssel für ein als verantwortungsbewusst und sinnerfüllt gefühltes und geführtes Leben**.

2.2 Von der Bewusstheit für gute Kommunikation. Konkrete Regeln guter Kommunikation miteinander verabreden

Das Kapitel gliedert sich in zwei Teile: die Erweckung und Stärkung von Bewusstheit in der eigenen Kommunikation und den Vorschlag für konkrete Regeln in Gesprächen.

2.2.1 Von der Bewusstheit für gute Kommunikation

Wir schließen das Thema Bewusstheitskategorien für gute Kommunikation von drei Seiten auf und knüpfen dabei an Ergebnisse des Nachdenkens in Teil 1 an:
- von den Voraussetzungen der Kommunikation her,
- von der / den Botschaft/en der Kommunikation her,
- von den Beteiligten der Kommunikation her.

2.2.1.1 Voraussetzungen für das Zustandekommen von Kommunikation und für gelingende Kommunikation

Voraussetzungen für das Zustandekommen gelingender Kommunikation sind:
- das Wissen darum, welche Inhalte, aber auch welche Sozialbotschaften und Gefühle übermittelt werden sollen: **Eine Nachricht haben** und sich ihrer Facetten bewusst sein (siehe unten),
- die Bereitschaft, diese Botschaft dem / der Anderen zu übermitteln und ihm / ihr ein möglichst umfassendes Verstehen zu ermöglichen: **Den Adressaten und seine Wirklichkeit kalkulieren** (siehe Kapitel

2.1.4, „Wir leben in verschiedenen, konstruierten Wirklichkeiten und es gibt Widersprüche"),
- die Fähigkeit und Bereitschaft des Empfängers, den empfangenen Signalen Bedeutungen zuzuordnen und die Bereitschaft, Nachricht/en auch pragmatisch zu rekonstruieren: **Verstehen können und verstehen wollen**.

All dieses scheint selbstverständlich, ist es aber nicht: Manchmal ist gar keine Nachricht da (*nichts zu sagen haben*), manchmal will man sie gar nicht vermitteln (*etwas für sich behalten*), manchmal „*wird nicht dieselbe Sprache gesprochen*", manchmal kann und möchte man nicht verstehen (z. B. „*die Ohren auf Durchgang stellen*"). Dies sich bewusst zu machen hilft, mit der kommunikativen Situation zurechtzukommen.

2.2.1.2 Die Facetten der Nachricht

Wichtig für gelingende Kommunikation ist die Fähigkeit zu erkennen, dass eine Botschaft nicht immer wörtlich zu nehmen ist, dass **hinter Botschaften andere Botschaften stecken** (können), je nach Sach- und Beziehungslage und der subjektiven Sicht der Dinge (siehe Kapitel 2.1.4, „Wir leben in verschiedenen, konstruierten Wirklichkeiten und es gibt Widersprüche") **Es ist möglicherweise etwas ganz anderes (mit-)gemeint als gesagt wird**. Man streitet z. B. über eine Anschaffung, in Wirklichkeit geht es aber um die Vormacht in der Beziehung. Es gibt bekanntermaßen auch verschiedene Facetten oder „Seiten" einer Nachricht, die immer mitschwingen. Für gute Kommunikation ist wichtig, diese Seiten zu (er-)kennen und zu versuchen, klare Hinweise zur Deutung der Nachricht zu geben. Es ist auch wichtig zu **sagen, wie etwas gemeint ist** (bzw. dies als Empfänger zu entnehmen) und die Entwicklung eines Bewusstseins dafür. Schulz von Thun hat **die vier Seiten einer Nachricht** herausgearbeitet (siehe Kapitel 1.5, „Auf dem falschen Ohr erwischt? Die vier Seiten einer Nachricht"), hier noch einmal die Kategorien mit einer Kurzerläuterung:

Jede Nachricht enthält:
- **den Sachaspekt**
  Immer wenn es „um die Sache" geht, steht diese Seite der Nachricht im Vordergrund oder sollte es wenigstens.
- **den Appellaspekt**
  Wir wollen etwas mit unserer Kommunikation erreichen und das wissen wir auch. In der Regel soll jemand etwas tun. Aber weiß es der / die Andere, z. B. der / die Schüler/in, Partner/in? **Am besten sagen wir, wie etwas gemeint ist**: „*Ich verspreche dir, ...*", „*Ich fordere dich auf, ...*", „*Ich frage dich, ...*".

- **den Beziehungsaspekt**
  Immer ist auch eine Sozialbotschaft dabei oder mitgemeint und wir wissen – wenn wir mal ehrlich sind – sehr genau, was wir alles tun, weil uns etwas an dem anderen Menschen liegt und was wir alles nicht tun, *wenn die Chemie nicht stimmt.* Keineswegs tun wir immer das, was vielleicht vernünftig wäre.
- **die Selbstoffenbarung**
  Wir stellen uns immer auch in der Nachricht selbst dar, das ist allerdings vielen Sendern (Menschen) gar nicht bewusst. Es wird aber vom Empfänger oft vermutet (z. B. *„der hat ja Angst"*). Andererseits können wir auch in Nachrichten einen Hinweis auf uns geben (Sprecherexplikation) und die Selbstoffenbarung klarstellen.

Schulz von Thun schreibt dazu:

„Wenn einer etwas von sich gibt, gibt er auch etwas von sich – dieser Umstand macht jede Nachricht zu einer kleinen Kostprobe der Persönlichkeit, was dem Sender nicht nur in Prüfungen und in der Begegnung einige Besorgnis verursacht. Mit dem zunehmenden Einfluss der Humanistischen Psychologie in Deutschland wurde uns klar, dass ein >Leben hinter Fassaden< zwar die Selbstoffenbarungsangst eindämmen kann, aber mit großen Kosten für die seelische Gesundheit und für die zwischenmenschliche Verständigung verbunden ist – mit diesem Aspekt ist das Thema der Echtheit (Authentizität) angesprochen."

2.2.1.3 Die Beteiligten

Wesentliche Fähigkeiten der Beteiligten im kommunikativen Handeln sind die folgenden:
- Gedanken fassen und klar mitteilen (kognitive Sprachfunktion),
- Phantasie entfalten (kreative Sprachfunktion),
- Gefühle ausdrücken können (expressive Sprachfunktion),
- sprachliche Handlungen deuten und zunehmend bewusst und verantwortlich vollziehen (pragmatische Sprachfunktion).

Dazu gehört weiter:
- eine Vertrauensbeziehung zwischen den Kommunikanten,
- die Fähigkeit zuzuhören, auf andere Menschen einzugehen, sich in sie hinein zu versetzen (siehe Kapitel 2.1.4, „Wir leben in verschiedenen, konstruierten Wirklichkeiten und es gibt Widersprüche"),

- das Sprechen der gleichen Sprache, d.h. sich der Sprache des Gegenübers anzupassen und ein dem Gesprächsgegenstand angemessenes Sprachniveau und Sprachregister zu wählen,
- die Akzeptanz verschiedener Sichtweisen und die Bereitschaft, über Möglichkeiten nachzudenken, individuelle und gemeinsame Ziele zu verhandeln und zu erreichen.

Aus all diesen ergeben sich **folgende Ziele für den besseren Umgang** miteinander (es wurden nur einige ausgewählt, das Meiste wird differenziert in anderen Einheiten behandelt):

...im Bereich Beobachtung und Wahrnehmung

Schulung des Beobachtungs- und Aufmerksamkeitsvermögens: Kommunikationsschwierigkeiten resultieren unter anderem aus unterschiedlicher Wahrnehmung und Interpretation von Aussagen und Handlungen. Das Nachdenken darüber, wie Missverständnisse entstehen, ist wichtig und es ist wichtig zu lernen, **die eigene, selektive und konstruierte Wahrnehmung** (*Jeder lebt in seiner Welt!*) **um den gewussten oder gefühlten Horizont des / der Anderen zu erweitern**. Dadurch können wir einen Perspektivenwechsel vornehmen.

...im Bereich verbaler und nonverbaler Ausdruck

Wichtig ist vor allem die **Wahrnehmung des eigenen Körpers** sowie die Bewusstmachung, wie sich Körperhaltung, Gesichtsausdruck und Stimmlage auf die Kommunikation auswirken (siehe Kapitel 1.4.4, „Sprache und Körpersprache: Zwei Modi der Kommunikation, ihre Stärken und Schwächen"). Notwendig ist die Auseinandersetzung mit weiteren nonverbalen Kommunikationsformen (Gestik, Sprechtempo, Satzmelodie, Betonung) und mit dem Unterschied zwischen Inhalt und Form einer Aussage.

...im Bereich Zuhören und Sich-Mitteilen

Durch die Auseinandersetzung mit der Bedeutung des Begriffs Zuhören können wir aktives, konstruktives Zuhören einüben und auch üben, wie wir uns effektiv mitteilen können (siehe Kapitel 2.9, „Keine Angst vor(m) Reden: Praktische Rhetorik").

...im Bereich Wahrnehmung von Gefühlen und Umgang mit Gefühlen

Wir müssen lernen, Gefühle bei uns und anderen zu erkennen und anzunehmen. Dadurch verdeutlicht sich uns die große Bedeutung von Gefühlen im Kommunikationsprozess und wir üben den konstruktiven Umgang mit Gefühlen ein.

...im Bereich Rollen- und Gesprächssituationen

Wir lernen, nicht **aus der Rolle zu fallen** und uns in der jeweiligen Situation korrekt zu verhalten, die eigenen Rechte und Pflichten in einem Gespräch wahrzunehmen und einzuhalten. Auch lernen wir mit Institutionen (Schule, Behörde, Arzt, Polizei) funktional umzugehen. Oft ist es das Schlimmste, *„aus der Rolle zu fallen"*.

2.2.2 Gesprächsregeln für gute Kommunikation verabreden

Die folgenden konkreten Regeln für gute Gespräche und den positiven Umgang miteinander sollen das „sinnhafte" Handeln, das bessere Verstehen, die Authentizität und Kooperation in der Kommunikation und die Behandlung des Wesentlichen fördern helfen. Sie sollen konkrete Verabredungen sein, die jede/n in geeigneter Weise in der Kommunikation „zum Zug" kommen lässt. Das gelingende Miteinander-Sprechen wird in Familien, Schulklassen oder Betrieben oft durch **Regeln guter Kommunikation** oder auch **Gesprächsregeln** unterstützt, die gut und möglichst für alle sichtbar an einer Wand im Besprechungs- oder Klassenraum hängen, wobei die Regeln bei entsprechenden Vorfällen auch reflektiert oder aktualisiert werden. Vorschläge und Vorlagen für Gesprächsregeln gibt es in Lehrbüchern und Kommunikationstrainings für die Schule, für Betriebe und Management. Die Regeln sehen je nach Verwendungszweck und Altersstufe sehr verschieden aus, deshalb werden hier nur wesentliche Regeln und Ziele einer möglichen Regelerarbeitung dargestellt.

Es könnten z. B. die folgenden Gesprächsregeln erarbeitet werden:
- Erst hören, dann sprechen!
- Jeder / Jede darf ausreden!
- Nicht ablenken: Bleibe beim Thema und nimm den Beitrag des / der Anderen auf!
- Zeig ruhig Gefühle und denke an die Gefühle des / der Anderen!
- Denke an das Selbstkonzept, die Rolle und das Interesse des / der Anderen.
- Überlege die Folgen von dem, was du sagst.

Teil 2: Konzepte und Praxis guter Kommunikation

Hierzu ein paar Erläuterungen und Beispiele

1. Erst hören, dann sprechen! – Die Notwendigkeit von Gesprächsregeln

Immer wieder kommt es zu ähnlichen Situationen wie folgender:

Zwei Bekannte unterhalten sich und kommen doch nicht in ein richtiges Gespräch. Der erste sagt: *„Ich wollte dir schon lange etwas sagen, was mich stört..."* Der zweite bezieht diese Äußerung spontan auf sich und fällt dem anderen ins Wort: *„Ich hab doch überhaupt nichts gemacht. Was willst du denn von mir?"* Die Sequenz zeigt offensichtliches Missverstehen. Schließlich sagt der erste verärgert: *„Ich hatte dich mit dem Stören doch gar nicht gemeint, warum kannst du nicht warten, bis ich ausgeredet habe?!"* Die Bekannten kommen deshalb nicht in ein Gespräch, weil sie eine wichtige Grundregel jeglicher Kommunikation, **einander zuhören und ausreden lassen**, nicht beachten.

2. Jede/r darf ausreden!

Disziplinlosigkeit in Gesprächen – wie bei dem Beispiel gerade schon gezeigt – ist selbst im Bundestag nicht selten: es gibt Zwischenrufe, der / die Redner/in wird unterbrochen, ein Gedanke kann nicht zu Ende geführt werden. Das ist nicht immer böse gemeint, sondern passiert auch im „Eifer des Gefechtes". **Gesprächsdisziplin** kann man am besten in der Nacharbeit eines konflikthaften Gespräches (Streitgespräch) beobachten und in gelenkten Diskussionen einüben.

Gesprächsdisziplin kann man begrenzt auch durch Sitzordnungen und Aufrufrituale einüben (siehe Kapitel 2.6, „Kommunikation in Gruppen: Kommunikative Arrangements und Gesprächsformen"). Auch ein Gesprächsstein, der weitergegeben wird, oder ein Gesprächsknäuel kann hier helfen. Ergebnisorientierte oder größere Konferenzen oder ein Parlament haben Gesprächsleiter/innen (Präsident/in oder Vorsitzende/r), die über das Rederecht (siehe Kapitel 2.7, „Präsentationen in Veranstaltungen und Moderation von Gesprächen") und das Ausreden wachen. Kurzzeitig kann ein/e Gesprächsleiter/in auch im Team, in der Klasse benannt werden, um diese Regel einzuüben.

3. Bleibe beim Thema, geh' auf den / die Andere/n ein.

Wie oft reden wir aneinander vorbei. Es wird etwas gesagt, der / die Nächste sagt wieder etwas anderes und kümmert sich nicht um das vorher Gesagte. Es ist bekannt, dass z. B. jüngere Schüler/innen oder manche, wenig geschulte Erwachsene überhaupt nicht in der Lage sind, sinnvoll zu kommentieren. Sie merken nicht einmal, dass sie nach zehn Minuten Gespräch dasselbe noch einmal sagen, so sehr sind sie auf sich selbst fixiert. Durch Rollenspiele (siehe Kapitel 2.3, „Beziehungen aufbauen und pflegen: Ein gutes Leben im Beziehungsnetz") und beobachtete Gespräche sowie die Analyse von mündlichen Gesprächen, die aufgenommen und dann verschriftlicht werden, kann man das Sprechverhalten bewusst machen und einüben. Man kann z. B. die Partie, bei der das Thema wieder aufgenommen wird, unterstreichen lassen und so die Themenverfolgung deutlich machen:

A: **Wir müssen uns deshalb noch einmal zusammensetzen.**
B: **Das bedeutet**, *wir müssen einen Termin finden.*
C: *Ich schlage den* **achtzehnten zehnten, neun Uhr** *vor.*
D: **Das** *geht bei mir leider nicht, ich habe dann eine andere Besprechung.*
C: **Welchen Termin** *schlagen Sie denn vor...?*

In manchen Fällen allerdings möchten die Kommunikationsteilnehmer/innen auch ganz **bewusst vom Thema ablenken**, z. B. weil es ihnen unangenehm ist. In Verhören handeln sie vielleicht so, weil es ihnen passiert, dass sie überführt werden oder weil sie etwas verschleiern möchten. Und noch eine Schwierigkeit: Sicher ist Ihnen der Typ des / der „weitschweifigen" Gesprächspartners, Gesprächspartnerin bekannt. Diese Menschen neigen dazu, in ihren Beiträgen immer wieder zu ganz anderen Themen zu kommen als die, mit denen sie begonnen haben. Auch scheinen sie nicht bei Themen bleiben zu können, zu denen sie sich eigentlich äußern sollten. Es sind schwierige Zeitgenoss/innen, weil man ihnen eigentlich nicht gern in die Rede fallen möchte und weil sie sich auch oft vor den Kopf gestoßen fühlen, denn sie meinen es ja gut. Aber es hilft nichts: Sie müssen sich an diese Gesprächsregel *„Bleibe beim Thema, geh' auf den anderen ein."* halten, wenn die Kommunikation nicht auf Dauer erlöschen soll.

4. Zeige Gefühle und denke an die Gefühle anderer!

Diese Regel scheint in überwiegend sachkommunikativen Anlässen nicht angebracht. Gern wird mit *„Nun seien Sie mal nicht so emotional!"* zur scheinbaren Ordnung gerufen. Das stimmt nicht, wie wir aus Kapitel 1.4.2, „Beziehungen sind das Wesentliche in unserem Leben und bestimmen die Inhalte", wissen, weil der Beziehungsaspekt die Kommunikation bestimmt. Alle Kommunikationsforscher/innen, Trainer/innen und Ratgeber/innen machen deutlich, wie wichtig dieser Aspekt in jedem Gespräch ist, nicht nur, dass er das Gespräch beflügeln kann, sondern auch, dass Störungen Vorrang haben müssen (siehe Kapitel 2.5, „Besser miteinander umgehen, zwei bekannte Konzepte").

Das Verdrängen von Gefühlen kostet nicht nur viel Kraft, sondern kann, in einer Gesprächsrunde erzwungen oder verbreitet, zu einer **Scheinkommunikation über die Sache** führen. Man spricht über das Urlaubsziel, kämpft aber um die Vormacht in der Beziehung. Manchmal weiß man nicht einmal, **wer das Problem hat** (siehe Kapitel 2.4, „Kommunikations- und Beziehungsrollen und das Rederecht: Beziehungsspiele"). Dies sollte immer gleich direkt angesprochen werden, damit erspart man sich und den anderen Kraft und Umwege bis zur Ratlosigkeit.

Dazu ein Beispiel

Der Autor kennt einen IT-Spezialisten, der (weltweit) wegen seiner Sachkompetenz immer wieder dann gerufen wird, wenn ein Projekt nicht gelingt oder Fehler auftreten. Er berichtet, dass es sich meistens mehr um Beziehungs- und Kommunikationsprobleme zwischen den Projektbeteiligten

(Rivalitäten, Überforderung, alte Hüte) handele, viel seltener um sachliche Fehler oder Inkompetenz. Diese Probleme versuche er zu lösen, manchmal weinen dabei gestandene Manager. Er wird dann wegen seiner Sachkenntnis (!), die ihm den „Zutritt" zum Projekt ermöglich hat und ihm Autorität verleiht, gelobt und geschätzt. Er sagt auch, eine/n Psychologen/in zu schicken, lohne sich nicht, weil die Erwartungen auf der Sachebene sind und bleiben.

Muss das alles sein? Können wir uns zu unseren Gefühle nicht bekennen (**Ich-fühle-mich-Botschaften**, siehe Kapitel 2.4, „Kommunikations- und Beziehungsrollen und das Rederecht: Beziehungsspiele")? Gehen Sie davon aus: Fast jeder zunächst nicht lösbare Konflikt in Ihrem Leben ist ein Gefühls- oder Beziehungskonflikt.

5. und 6. Achten Sie auf die Folgen bei dem, was Sie sagen: Denken Sie an das Selbstkonzept, die Rolle und das Interesse des / der Anderen!

Es gibt das Sprichwort *„Sage nicht immer was du weißt, aber wisse immer, was du sagst!"*. Weitere Sprichwörter (siehe Kapitel 1.3, „Dem Volk aufs Maul geschaut: Sprichwörter und Redensarten") sind *„Reden ist Silber, Schweigen ist Gold"* oder der Leitspruch eines bekannten Schulbuchverlegers *„Erst wäg's, dann wag's!"*. **Der Umgang mit den Interessen des / der Anderen verlangt oft viel Fingerspitzengefühl** und eben, wie schon gesagt, **Einfühlungsvermögen und Empathie** (siehe Kapitel 2.1.8, „Sei wahrhaftig, wann immer es geht, man erwartet es von dir"). Es geht um Rücksichtnahme, aber auch um eine positive, ergebnisorientierte Bearbeitung der Sachinhalte. In der Diplomatie – und wo ist Diplomatie nicht im Spiel – ist das Wissen über die Möglichkeiten des / der Anderen eine Grundvoraussetzung für den Erfolg: Asiat/innen bringt man z. B. dann in fast aussichtslose Situationen, wenn man sie nötigt, *„ihr Gesicht zu verlieren"*. Hier, und nicht nur in Asien, macht die westliche Politik und Wirtschaft immer wieder schwere Fehler: sie nimmt den / die Andere/n in seiner / ihrer Eigenart einfach nicht (genügend) wahr. Dies gilt auch in privaten Dingen, z. B. zwischen Mann und Frau. Es gibt die These, dass Mann und Frau in verschiedenen Kulturen leben, wie der Buchtitel des Bestsellers „Du kannst mich nicht verstehen" sagt (siehe Kapitel 1.6.10, „Weiblicher und männlicher Kommunikationsstil"). Manchmal denkt der Autor das nach 40 Ehejahren und viel Beziehungsarbeit auch. Die meisten Dinge laufen im Leben aber nur mit dem / der Andern, nicht gegen ihn / sie.

Verwendete Literatur
Büttner, Ralf: Rhetorik in der Schule. In: Mitteilungen des Deutschen Germanistenverbandes, 46, H. 3: „Rhetorik" (1999). S. 350-373.
Merger, Andrea: Rhetorik in der Schule. In: Rhetorik. Ein internationales Jahrbuch. Bd. 17. Tübingen: Niemeyer 1998.
Schulz von Thun, Friedemann: Miteinander Reden, Bd. 1. 34. Auflage Hamburg/Reinbek: Rowohlt 1998.
Spinner, Kaspar H.: Reden lernen. In: Praxis Deutsch, 24, H. 144 (1997). S.16-22.

2.3 Beziehungen aufbauen und pflegen: Ein gutes Leben im Beziehungsnetz

Das Thema Beziehungen ist für ein erfülltes und gesichertes Leben derart wichtig, dass wir es sehr gründlich und systematisch entfalten, gewissermaßen „nach allen Seiten".

2.3.1 Bedeutung von Beziehungen

Wir wissen, dass Kommunikation in Beziehungen abläuft, dass Beziehungen der Motor der Kommunikation sind, dass alle Kommunikationen durch den Beziehungsaspekt dominiert werden (siehe Kapitel 1.4.2, „Beziehungen sind das Wesentliche in unserem Leben und bestimmen die Inhalte"). Wir wissen auch, dass Menschen ohne Beziehungen nicht leben können, dass Beziehungsarmut und Beziehungslosigkeit den sozialen und manchmal auch physischen Tod bedeuten. Dass unsere „versingelte" Gesellschaft die Menschen vereinsamen lässt und von daher in Gefahr bringt, wird mittlerweile allgemein gesehen.

Beziehungen regeln die gesellschaftliche, ökonomische und emotionale Teilhabe des Menschen am Leben. Berufliche Beziehungen sind für das ökonomische Überleben wichtig. Vielfältige **Außenbeziehungen**, zu Institutionen (Behörden), zu Geschäften, Nachbarn, zum Hausbesitzer / zur Hausbesitzerin, zu Vereinen und Interessengruppen (Gewerkschaften, Parteien) usw. bestimmen die gesellschaftliche Teilhabe. **Private**, familiäre, verwandtschaftliche, Freundes- **und intime Beziehungen** helfen, die emotionale Erfüllung im Leben zu finden. Insofern spielen wir im Leben auch die verschiedensten Rollen und jede enthält spezifische Verhaltensweisen, Erwartungen, Pflichten und Rechte für uns und andere.

Das Leben in vielen Beziehungen ist aufwendig, aber immer lohnend. Als relativ glücklich und zufrieden gelten und fühlen sich Menschen, die in einem **Beziehungsnetz geborgen** sind. Beziehungsverlust ist immer schwer und oft ein Warnzeichen, **Isolierung** ein bereits fortgeschrittener **Beziehungsverlust**, der irgendwann auch nicht mehr umkehrbar ist. Sie sollten Beziehungen keinesfalls leichtfertig wegwerfen oder ablehnen. Wenn Sie mit einer Interpretation zu solchem Beziehungsverlust am Beispiel einer Erzählung aus der Literatur beginnen wollen, lesen Sie sich bitte den folgenden Text durch. Er handelt von Beziehungsarmut, die sich bis in die Beziehungslosigkeit dadurch entwickelt, dass auch das Kommunikationsmittel Sprache kommunikationsunfähig gemacht wird.

Peter Bichsel: Ein Tisch ist ein Tisch

Ich will von einem alten Mann erzählen, von einem Mann, der kein Wort mehr sagt, ein müdes Gesicht hat, zu müd zum Lächeln und zu müd, um böse zu sein. Er wohnt in einer kleinen Stadt, am Ende der Straße oder nahe der Kreuzung. Es lohnt sich fast nicht, ihn zu beschreiben, kaum etwas unterscheidet ihn von anderen. Er trägt einen grauen Hut, graue Hosen, einen grauen Rock und im Winter den langen grauen Mantel, und er hat einen dünnen Hals, dessen Haut trocken und runzelig ist, die weißen Hemdkragen sind ihm viel zu weit. Im obersten Stock des Hauses hat er sein Zimmer, vielleicht war er verheiratet und hatte Kinder, vielleicht wohnte er früher in einer andern Stadt. Bestimmt war er einmal ein Kind, aber das war zu einer Zeit, wo die Kinder wie Erwachsene angezogen waren. Man sieht sie so im Fotoalbum der Großmutter. In seinem Zimmer sind zwei Stühle, ein Tisch, ein Teppich, ein Bett und ein Schrank. Auf einem kleinen Tisch steht ein Wecker, daneben liegen alte Zeitungen und das Fotoalbum, an der Wand hängen ein Spiegel und ein Bild. Der alte Mann machte morgens einen Spaziergang und nachmittags einen Spaziergang, sprach ein paar Worte mit seinem Nachbarn, und abends saß er an seinem Tisch. Das änderte sich nie, auch sonntags war das so. Und wenn der Mann am Tisch saß, hörte er den Wecker ticken, immer den Wecker ticken. Dann gab es einmal einen besonderen Tag, einen Tag mit Sonne, nicht zu heiß, nicht zu kalt, mit Vogelgezwitscher, mit freundlichen Leuten, mit Kindern, die spielten – und das Besondere war, dass das alles dem Mann plötzlich gefiel. Er lächelte. „Jetzt wird sich alles ändern!", dachte er. Er öffnete den obersten Hemdknopf, nahm den Hut in die Hand, beschleunigte seinen Gang, wippte sogar beim Gehen in den Knien und freute sich. Er kam in seine Straße, nickte den Kindern zu, ging vor sein Haus, stieg die Treppe hoch, nahm die Schlüssel aus der Tasche und schloss sein Zimmer auf. Aber im Zimmer war alles gleich, ein Tisch, zwei Stühle, ein Bett. Und wie er sich hinsetzte, hörte er wieder das Ticken, und alle Freude war vorbei, denn nichts hatte sich geändert. Und den Mann überkam eine große Wut. Er sah im Spiegel sein Gesicht rot anlaufen, sah, wie er die Augen zukniff; dann verkrampfte er seine Hände zu Fäusten, hob sie und schlug mit ihnen auf die Tischplatte, erst nur einen Schlag, dann noch einen, und dann begann er auf den Tisch zu trommeln und schrie dazu immer wieder: „Es muss sich etwas ändern." Und er hörte den Wecker nicht mehr. Dann begannen seine Hände zu schmerzen, seine Stimme versagte, dann hörte er den Wecker wieder, und nichts änderte sich. „Immer derselbe Tisch", sagte der Mann, „dieselben Stühle, das Bett, das Bild. Und dem Tisch sage ich Tisch, dem Bild sage ich Bild, das Bett heißt Bett, und den Stuhl nennt man Stuhl. Warum denn eigentlich?" Die Franzosen sagen dem Bett „li", dem Tisch „tabl", nennen das Bild „tablo" und den Stuhl „schäs", und sie verstehen sich. Und die Chinesen verstehen sich auch. „Warum heißt das Bett nicht Bild?", dachte der Mann und lächelte, dann lachte er, lachte, bis die Nachbarn an die Wand klopften und „Ruhe!" riefen. „Jetzt ändert es sich!", rief er, und er sagte von nun an dem Bett „Bild". „Ich bin müde, ich will ins Bild", sagte er, und morgens blieb er oft lange im Bild liegen und überlegte, wie er nun dem Stuhl sagen wolle, und er nannte den Stuhl „Wecker". Hie und da träumte er schon in der neuen Sprache, und dann übersetzte er die Lieder aus seiner Schulzeit in seine Sprache, und er sang sie leise vor sich hin. Er stand also auf, zog sich an, setzte sich auf den Wecker und stützte die Arme auf den Tisch. Aber der Tisch hieß jetzt nicht mehr Tisch, er hieß jetzt Teppich. Am Morgen verließ also der Mann das Bild, zog sich an, setzte sich an den Teppich auf den Wecker und überlegte, wem er wie sagen könnte.

Dem Bett sagte er Bild.

Dem Tisch sagte er Teppich.

Dem Stuhl sagte er Wecker.

Der Zeitung sagte er Bett.

Dem Spiegel sagte er Stuhl.

Dem Wecker sagte er Fotoalbum.

Dem Schrank sagte er Zeitung.

Dem Teppich sagte er Schrank.

Dem Bild sagte er Tisch.

Und dem Fotoalbum sagte er Spiegel.

Also:

Am Morgen blieb der alte Mann lange im Bild liegen, um neun läutete das Fotoalbum, der Mann stand auf und stellte sich auf den Schrank, damit er nicht an die Füße fror, dann nahm er seine Kleider aus der Zeitung, zog sich an, schaute in den Stuhl an der Wand, setzte sich dann auf den Wecker an den Teppich, und blätterte den Spiegel durch, bis er den Tisch seiner Mutter fand. Der Mann fand das lustig, und er übte den ganzen Tag und prägte sich die neuen Wörter ein. Jetzt wurde alles umbenannt: Er war jetzt kein Mann mehr, sondern ein Fuß, und der Fuß war ein Morgen und der Morgen ein Mann. Jetzt könnt ihr die Geschichte selbst weiter schreiben. Und dann könnt ihr, so wie es der Mann machte, auch die andern Wörter austauschen:

läuten heißt stellen,

frieren heißt schauen,

liegen heißt läuten,

stehen heißt frieren,

stellen heißt blättern.

So dass es dann heißt: Am Mann blieb der alte Fuß lange im Bild läuten, um neun stellte das Fotoalbum, der Fuß fror auf und blätterte sich aus dem Schrank, damit er nicht an die Morgen schaute. Der alte Mann kaufte sich blaue Schulhefte und schrieb sie mit den neuen Wörtern voll, und er hatte viel zu tun damit, und man sah ihn nur noch selten auf der Straße. Dann lernte er für alle Dinge die neuen Bezeichnungen und vergaß dabei mehr und mehr die richtigen. Er hatte jetzt eine neue Sprache, die ihm ganz allein gehörte. Aber bald fiel ihm auch das Übersetzen schwer, er hatte seine alte Sprache fast vergessen, und er musste die richtigen Wörter in seinen blauen Heften suchen. Und es machte ihm Angst, mit den Leuten zu sprechen. Er musste lange nachdenken, wie die Leute zu den Dingen sagen.

Seinem Bild sagen die Leute Bett.

Teil 2: Konzepte und Praxis guter Kommunikation

> Seinem Teppich sagen die Leute Tisch.
> Seinem Wecker sagen die Leute Stuhl.
> Seinem Bett sagen die Leute Zeitung.
> Seinem Stuhl sagen die Leute Spiegel.
> Seinem Fotoalbum sagen die Leute Wecker.
> Seiner Zeitung sagen die Leute Schrank.
> Seinem Schrank sagen die Leute Teppich.
> Seinem Spiegel sagen die Leute Fotoalbum.
> Seinem Tisch sagen die Leute Bild.
>
> Und es kam soweit, dass der Mann lachen musste, wenn er die Leute reden hörte. Er musste lachen, wenn er hörte, wie jemand sagte: „Gehen Sie morgen auch zum Fußballspiel?" Oder wenn jemand sagte: „Jetzt regnet es schon zwei Monate lang." Oder wenn jemand sagte: „Ich habe einen Onkel in Amerika." Er musste lachen, weil er all das nicht verstand. Aber eine lustige Geschichte ist das nicht. Sie hat traurig angefangen und hört traurig auf. Der alte Mann im grauen Mantel konnte die Leute nicht mehr verstehen, das war nicht so schlimm. Viel schlimmer war, sie konnten ihn nicht mehr verstehen. Und deshalb sagte er nichts mehr. Er schwieg, sprach nur noch mit sich selbst, grüßte nicht einmal mehr.

Übung: Untersuchen Sie!
- Wodurch wird die Sprache in dieser Geschichte kommunikationsunfähig gemacht?
- Inwiefern ist die Hauptfigur schon am Anfang beziehungsarm? Markieren Sie entsprechende Stellen im Text.
- Mit welchen Aussagen – bitte wieder markieren – stellt der Autor dar, dass die Hauptfigur nun noch beziehungsärmer geworden ist und wodurch zeigt er an, dass die Hauptfigur den sozialen Tod durch Mangel an Kommunikation erleidet?

2.3.2 Arten von Beziehungen

Die meisten menschlichen Beziehungen kann man mit folgenden Begriffspaaren relativ genau beschreiben:
- **private gegenüber formalen** Beziehungen,
- **gewählte gegenüber vorgegebenen** Beziehungen,
- **kurzfristige gegenüber langfristigen** Beziehungen.

Dies wird im Folgenden an Beispielen erläutert.

Beziehungen können entweder formaler oder informeller, privater Natur sein.

Formaler Natur sind z. B.:
- **Berufliche Beziehungen**: Meister/in – Geselle/Gesellin, Schaffner/in – Fahrgast, Professor/in – Studierende usw. Berufliche Beziehungen sind Langzeit-Beziehungen, sie sind meistens nicht gewählt sondern vorgegeben. Man findet im Berufsleben, in der Firma, Behörde die entsprechenden Strukturen vor.
- Andere **institutionelle Beziehungen** sind oft Kurzzeit-Beziehungen, sie sind meist auch nicht selbst gewählt, aber das ist möglich: Arzt/Ärztin – Patient/in (selbst gewählt, ab dann aber formal), Polizist/in – Verkehrsteilnehmer/in, Lehrer/in – Schüler/in, Richter/in – Angeklagte/r (alle in der Regel nicht selbst gewählt).
- Einseitig selbst gewählte formale Beziehungen von kurzer Dauer sind z. B. die von Käufer/in zu Verkäufer/in, von Sportler/in zu Fitnesstrainer/in, von dem oder der Reisenden zu dem oder der Taxichauffeur/in, vom Gast zum / zur Restaurantkellner/in usw.

Berufliche Beziehungen sind also dauerhafte institutionelle Beziehungen. Die Rollen in formalen Beziehungen sind klar geregelt, die Kommunikationsmuster, Rederechte usw. ebenfalls, und es ist wichtig, sich adäquat je nach Rolle oder Institution zu verhalten.

Privater Natur sind – von verwandtschaftlichen Beziehungen in die man hineingeboren wird, mal abgesehen – oft **informelle Beziehungen**, deren innere Ausgestaltung von den Teilnehmer/innen zumindest zu einem guten Teil selbst geleistet werden kann. Sie unterliegen also nicht so formal definierten Rollen und Kommunikationsbeschränkungen, auch wenn diese sich z. T. dann doch herausbilden:
- **Verwandtschaftliche Beziehungen** (deren eine institutionelle Seite sich manchmal, z. B. in Konflikten deutlich zeigt) sind z. B. die zwischen Vater – Kind, Mutter – Tochter, Großvater – Enkelin, Tante – Neffe, Schwiegersohn – Schwiegereltern. Es handelt sich hier immer um lang dauernde nicht selbst gewählte Beziehungen, die durch den

Familienzusammenhang gegeben sind. Ihre nicht sehr exakt definierte formale Seite führt manchmal zu Schwierigkeiten (falsche Erwartungen), und auch ihre existentielle Bedeutung, d.h. die Vorgegebenheit (dass man sie nicht einfach verlassen kann und auch dass sie im Leben wichtig sind), macht sie nicht immer einfach.

- Daneben gibt es **persönliche**, lang dauernde **Beziehungen**: zuallererst Liebesbeziehungen, Ehebeziehungen, aber auch Freundschaften, Kameradschaften, Mitgliedschaften in Vereinen, Chören, Sport-, Freizeitgruppen, Klubs, diese sind, wie angedeutet, selbst gewählt, konstituieren persönliche, manchmal auf förmliche Verpflichtungen wie die Ehe, Mitgliedschaft in einem Verein, und sie können (ggbfs. nach Regeln) auch beendet werden. Sie ermöglichen eine relativ selbst gestaltete Teilhabe.
- Daneben gibt es persönliche, kurz dauernde **Gelegenheitsbeziehungen**: Gesprächspartner/innen, Angesprochene/r im Gespräch, Helfer/in in einer Situation, Partygast, Urlaubsbekanntschaft, Mitsportler/in... Man begegnet sich oft in Situationen, „wählt" dann aber den Beziehungspartner, die Beziehungspartnerin zumindest für eine kurze Zeit, natürlich mit deutlich geringerem Gestaltungsspielraum, die Überführung in eine Langzeitbeziehung ist möglich.

2.3.3 Das Beziehungsnetz: Beziehungen eingehen, halten und pflegen

Hier zunächst eine kleine wahre Geschichte:

Es gibt den Fall eines Mannes, der ein zweites Mal und spät in seinem Leben geheiratet hat. Seine neue Frau war bislang noch nicht verheiratet gewesen. Als strenge Katholikin zog sie auch erst nach der Heirat mit ihrem Partner zusammen. Als der Autor, nachdem die Flitterwochen vorbei waren, mal anrief, um sich nach den beiden zu erkundigen, sagte ihm sein Freund: *„Du kannst froh sein, dass du mich erwischt hast, meine Frau telefoniert in der Freizeit meistens und lange ihre Freundinnen und Freunde an, du glaubst gar nicht, wie viele Freunde sie hat und wie sie sich um die kümmert."* Hier wird deutlich, dass gerade lange Allein-Lebende (Frauen ganz besonders) in einem vielfältigen Netz von Beziehungen leben, angefangen von der besten Freundin, vielleicht auch der Mutter, aber dazu eine Vielzahl von weiteren Freundinnen und Freunden, von Bekanntschaften, Arbeitskolleg/innen, „zuständig" jeweils für die verschiedensten Lebensbereiche. Und solche Netze wollen aufwendig, mit Telefon und Brief, Besuchen und Blumen, Zuwendung und Trost gepflegt sein, was ein aufregendes, schönes, abwechslungsreiches Leben beschert, ja das Leben eigentlich ist. Der Kreis kann kleiner sein oder werden, wenn man in einer intensiven glücklichen **Hauptbeziehung** lebt, aber niemals sollte er auf diese schrumpfen, noch sollte ein Misserfolg in einer Beziehung dazu führen, ganz auf Beziehungen zu verzichten.

Dazu noch eine wahre Geschichte:

Ein Mann ist seit längerem geschieden, hat sich aus seiner Familie gelöst und ist auch im Beruf ein Einzelgänger geworden. Man muss den Kontakt zu ihm suchen, weil er sich nicht meldet. Mittlerweile ist er pensioniert und erzählte dem Autor sorgenvoll neulich am Telefon das Folgende: *„Du, ich habe ein Rückenproblem und hatte neulich einen so starken Hexenschuss, dass ich meine Wohnung gut eine Woche nicht verlassen konnte, erreichte gerade mit Mühe das Klo. Ich konnte nichts einkaufen, nichts kochen, wusste nicht, was ich machen sollte und habe zuletzt von Resten und aus Dosen gelebt."* Auf die Rückfrage: *„Ja hast du denn niemanden, einen Nachbarn oder einen ehemaligen Arbeitskollegen, der dir mal was einkauft und der einen Schlüssel hat?"* antwortete er: *„Nein."* *„Hat dich denn nicht mal jemand angerufen, deine Tochter oder so?"* *„Ach, die, nein,... du mir ist klar geworden, wenn ich plötzlich einen Herzinfarkt oder so was bekommen hätte, die hätten mich vielleicht erst nach einer Woche gefunden."* Es wurde dann am Telefon miteinander ein Plan verabredet, der nun langsam anläuft und folgende Kontaktmöglichkeiten beinhaltet: die Wohnungsnachbarn zu besuchen, sie zu einer Tasse Kaffee einzuladen, in die Kneipe zu gehen, mal im Betrieb anzurufen, wie es so läuft. Es wird deutlich, Beziehungen sind einerseits manchmal im wörtlichen Sinne **„überlebenswichtig"**, andererseits müssen sie auch gehalten und gepflegt werden. Viele Beziehungen zu haben, bereitet vielleicht manchmal Stress, es ist aber ein Stress, der sich auszahlt.

Besonders schön und der ewige Wunschtraum von fast allen Menschen ist eine **Liebes- und Lebensbeziehung**. In ihr orientiert man sich besonders stark auf einen anderen Menschen, mit dem man vieles in seinem **Leben teilen** möchte. Es ist nicht nur die schönste Nebensache, sondern die **schönste Hauptsache** in dieser Welt und es ist nachgewiesen, dass das Leben in einer Liebesbeziehung, ob nun **Lebenspartnerschaft** oder **Ehe**, im wahrsten Sinne des Wortes lebensbereichernd und lebensverlängernd wirkt. Solche Beziehungen unterliegen zwar dem fortwährenden Wandel, schaffen auch oft **Abhängigkeiten** und verlangen viel **Beziehungsarbeit** (siehe Kapitel 2.3.4, „Schwierigkeiten in Beziehungen"), bieten aber sehr viel **Halt und Geborgenheit** und heilen alte Wunden.

In einer solchen Beziehung kommt es am ehesten auch zu der **Anreicherung der eigenen Persönlichkeit durch Leitbildübertragung**: Eigenschaften und Verhaltensweisen des anderen Partners / der anderen Partnerin, die man in der **intimen Kommunikation** und in der **Aushandlung der Beziehung** schätzen lernt, werden in die eigene Person aufgenommen. Das kann ein Hobby sein, das kann ein Verhaltensgrundsatz sein, das kann ein Lebensziel sein. Das große Vertrauen und die mit einer Lebenspartnerschaft verbundene Hingabe bewirken eine **Öffnung zur Weiterentwicklung** für beide Partner/innen. Die Schwierigkeiten und Gefährdungen solcher Liebes- bzw. Lebensbeziehungen sollen nicht geleugnet werden, dazu wird unten gehandelt.

Achten Sie also auf Ihre Beziehungen, leisten Sie die **notwendige Beziehungsarbeit**, tun Sie lieber schon jetzt das, was mir eine kürzlich pensionierte Kollegin sagte: *„Früher, als ich berufstätig war, habe ich oft Menschen am Telefon abgewimmelt, war froh, auch mal allein zu sein. Seit ich pensioniert bin, tue ich das nicht mehr, ich bin auf >Halten< eingestellt, und das tut mir gut."*

2.3.4 Schwierigkeiten in Beziehungen

Beziehungen gibt es nicht zum Null-Tarif, Beziehungen bereiten auch Schwierigkeiten. Dazu gehört schon der natürliche „Widerstand", der auftritt, wenn wir Beziehungen eingehen, je innigere, desto mehr Widerstand! Beziehungen, so meinen wir, teilweise mit Recht, sind Bindungen, schränken unsere Wahlfreiheit ein und deshalb gilt für viele: *„So prüfe, wer sich ewig bindet, ob sich nicht was besseres findet!"*

Man möchte ein bisschen vor dem Sprichwort warnen, **vertane Beziehungschancen sind oft vertane Lebenschancen** und manch eine/r hat es bereut, ein **Beziehungsangebot** zurückgewiesen zu haben. In unserer „versingelten" Welt mit ihrem „Selbstverwirklichungswahn" bieten sich nicht mehr so viele echte Beziehungsangebote. Ein gutes inneres Gefühl beim Eingehen und Pflegen einer Beziehung ist hier ein guter Ratgeber und ein bisschen Mut kann nicht schaden. Man kann gegebenenfalls, wenn sich eine Beziehung nicht als tragfähig oder gut erweist, ja auch wieder aussteigen, und manche Beziehungen gehen einem / einer auch durch die Entscheidung des / der Anderen oder aus anderen Gründen wieder verloren.

Natürlich ist es so, dass **jede Trennung auch ein bisschen wie Sterben** ist, aber ein Stück Leid hat mit Glück ganz viel zu tun und Glück gibt es eigentlich nur in Beziehungen, gemeinsam. Da wir alle aber nach positiven Beziehungen streben und sehr genau wissen, dass dahinter die Einsamkeit kommt, müsste, mit einiger bewusster Anstrengung, ein beziehungsreiches Leben kommunikativ machbar sein, dazu geben viele der folgenden praktischen Hinweise für Liebesbeziehungen und zum Rollenverhalten sowie die Beziehungsspiele reichlichen Anhalt.

Teil 2: Konzepte und Praxis guter Kommunikation

Vertiefung 1: Schwierigkeiten in Liebesbeziehungen

Eine besondere Schwierigkeit stellen in Partner- und Ehebeziehungen die langfristigen **Veränderungen der Partner/innen in verschiedenen Lebensphasen** und **Seitensprünge** oder **Untreue** dar. Obwohl der Seitensprung und noch mehr eine längere „**Außenbeziehung**" gesellschaftlich verpönt sind und eine starke Belastung für das Vertrauensverhältnis in intimen Beziehungen darstellen, kommen solche Beziehungen in der Lebenspraxis oft vor. Gut abgesicherte Schätzungen und Statistiken sagen aus, dass **jeder zweite Mann und jede dritte Frau** längerfristig solche Außenbeziehungen erleben, unterhalten haben und dass z. B. jedes neunte dänische Kind nicht von dem angegebenen Partner gezeugt wurde. Das hängt damit zusammen, dass wir:

- uns in **Lebensrhythmen** jeweils wesentlich verändern und entwickeln, die Partner/innen nicht selten in verschiedene Richtungen,
- dass heute das Aufnehmen einer Außenbeziehung durch berufliches Getrenntsein, **lockende Angebote** aus einer wenig prüden Umwelt (Parties, Swinger-Klubs, Kontaktanzeigen, Internet), und auch durch die Möglichkeiten der Verhütung beim Sex erheblich erleichtert wird,
- dass die **gelockerten Moralvorstellungen** und auch die Emanzipation der Frau in ihrem Selbstbild und auch ihrer Berufstätigkeit und materiellen Selbständigkeit den Zwang, in einer Beziehung zu bleiben, wesentlich verringert haben,
- dass **eine** Beziehung keineswegs alle Bedürfnisse der Beteiligten abdecken kann,
- und nicht zuletzt, dass wir alle wesentlich länger leben als früher und die vielleicht aufrichtig gewollte und **versprochene Ewigkeit der Liebe zu ewig** wird.

Auch die Tatsache, dass viele Paare keine Ehe mehr eingehen, sondern als Lebensgefährten unverbindlicher zusammenleben, trägt dazu bei, dass viele Lebenspartnerschaften durch Außenbeziehungen ergänzt / gestört werden.

Zumindest zwei der oben genannten Punkte sollen ausführlicher erläutert werden. In Jürg Willis Buch „*Psychologie der Liebe*" werden die Lebensphasen einer Liebes- oder Ehebeziehung anschaulich dargestellt, von der ersten Verliebtheit über diverse **Distanzierungs- und Enttäuschungsphasen**, das Auseinanderleben zwischen Mann und Frau in unterschiedlichen Lebensbezügen (Karriere, Familie), die Alterssehe.

Jede Phase hat ihre **spezifischen Gefährdungen**, z. B. beim Mann, wenn er sieht, wie sich seine Frau den Kindern zu- und von ihm abwendet oder z. B. dadurch, dass die Frau, die sich der Familie stark gewidmet hat, nach Ende dieser Phase ein Identitätsproblem in der Beziehung und ein Karriereproblem hat, der Mann aber auf dem Höhepunkt seiner eigenen Karriere steht oder dass im Alter die Grade der Hinfälligkeit und die verbleibenden Lebensziele oft sehr unterschiedlich sein können und ähnliches.

Dazu kommt auch, dass die Gründe für das Finden zweier Menschen und die Art der Beziehung, die sie entwickeln, **nicht immer die einer authentischen, gleichberechtigten und frei gestalteten Beziehung** sind, sondern dass sie oft in „**Kollusionen**", in symbiotischer Komplementarität **voneinander abhängig** sind, ohne dass dies ihnen auf Dauer Freude bereitet.

Außenbeziehungen gibt es in zwei Formen, als kompensatorische Beziehungen oder als Parallelbeziehungen.

Sehr häufig sind **Kompensationsbeziehungen**, d.h. die Partner / ein Partner / eine Partnerin sucht/en in dem / der jeweils dritten oder gar vierten „Partner/in" etwas, was ihnen in ihrer Hauptbeziehung fehlt oder versagt wird:
- die **Fußballfreundin**, weil die eigene Frau nicht mitgeht,
- der **Tanzpartner**, weil der Partner ein Tanzmuffel ist,
- der technisch begabte **Hausfreund** oder Gesprächspartner zum Diskutieren (auch die **beste Freundin**, die manchmal mehr weiß als der Ehemann, gehört dazu),
- kurzzeitig auch der **Kurschatten**, der Skilehrer oder die Urlaubsbekanntschaft, weil man allein ist.

Grund dafür ist die Tatsache, dass **kein Mensch so reich ist, dass er alle Bedürfnisse seines Partners, seiner Partnerin befriedigen kann**, einiges wird immer unbefriedigt bleiben. Eine kompensatorische Beziehung mag und sollte sich bei etwas Toleranz und gutem Vertrauensverhältnis erträglich gestalten – manchmal wird allerdings auch mehr daraus, eine Parallelbeziehung (s. u.). Dem Autor ist eine nicht unsympathische Frau begegnet, die mit nicht weniger als vier Männern in einem „gut sortierten" Beziehungsgeflecht lebt, in der Praxis findet man auch kaum vorstellbare und weder in der Psychologie noch in der Literatur „behandelte" Erscheinungsformen vor.

Kennzeichnend für die kompensatorische Beziehung ist der begrenzte Beziehungsinhalt, z. B. Tanzen, Kultur, Wandern..., und zwar auch dann, wenn eine solche Beziehung gelegentlich über den eigentlichen Kompensationszweck hinausgeht: eine Ferienfahrt mit dem Tanzpartner, ein Wohnungskaufkredit an die Segelfreundin oder Unterstützung bei Krankheit...

Schwieriger wird es, wenn **verlorene Innigkeit, tiefgehende Unzufriedenheit, enttäuschte Lebenserwartungen** und vieles andere mehr und manchmal auch eine neue Verliebtheit (in eine Jüngere oder in einen attraktiveren Mann) zu einer **Parallelbeziehung** führen.

Meistens liegt einer solchen Außenbeziehung ein **Geflecht von Verursachungen** zugrunde, das den Beteiligten nicht bewusst ist, keineswegs ist es immer eine Lieblosigkeit eines Partners / einer Partnerin, wie gern angenommen. Oft liegt eine **Interpunktion von Ereignisfolgen** zugrunde (siehe Kapitel 1.4.5, „Beziehungsmuster: Von Gleichheit, Ungleichheit, Konkurrenz und Zusammenwirken"), es gibt **kein eindeutiges „Du bist schuld"**. Paartherapeut/innen suchen deshalb die Gründe oft auch bei dem / der „stehen gebliebenen", beharrenden Partner/in und nicht allein bei dem / der aktiven, wegstrebenden Partner/in. Die viel vertretene Ansicht, dass eine Außenbeziehung die alte Hauptbeziehung „auffrischen" kann, spiegelt diesen Erfahrungshintergrund, ist aber sicher eine riskante „Ermutigung". Der / Die wegstrebende Partner/in sucht jedenfalls meistens etwas sehr Entbehrtes und eine Aufarbeitung lohnt sich auch bei einer letztendlichen Trennung, damit man gegebenenfalls nicht wieder in dieselbe Falle, sprich **Kollusion**, tappt; das Ziel sollte sein: *„Beim nächsten Mann, der nächsten Frau wird alles anders!"*.

Bei einer Parallelbeziehung werden **Exklusivansprüche**, z. B. auf die zeitliche und emotionale Verfügbarkeit, auf Intimität und Sex und natürlich auch die Vertrauensbeziehung **verletzt**, so dass ein großes Problem beim Leben und natürlich auch bei der Offenlegung einer solchen Außenbeziehung entsteht, ebenso wie bei der Verheimlichung. Ein einfacher Rat, wie man so etwas lösen kann, kann hier nicht gegeben werden. Ein Aufdecken in einem Frühstadium – die Beziehung kann durch den natürlichen Widerstand ja auch rasch enden und es entsteht in jedem Fall eine enorme Belastung für den Partner / die Partnerin – kann ebenso verkehrt sein, wie die Verheimlichung mit all ihren Lügen.

Es hilft nichts, in unserer Gesellschaft gehört die kompensatorische oder auch die Parallelbeziehung zu den echten **Lebensrisiken** (wie auch die Ehe, wie jedermann weiß) und wieder ist zu konstatieren, dass die **Modellierungen in der Psychologie und auch die Darstellungen in der Literatur weit hinter den Erscheinungsformen in der Realität zurückbleiben**, so dass auch der Paartherapeut, die Paartherapeutin oft lange tasten muss. Wir beobachten nicht nur die **moderne SMS- und Internetbeziehung**, in der Liebesbeteuerungen und intimster Austausch zur Tagesordnung gehören, die Partner/innen sich aber nie oder nur selten sehen, sondern wir beobachten auch in regelmäßigen Rhythmen nur jeweils kurz aber heftig gelebte **Alternativ-Beziehungen** (vgl. den Roman „Salz auf meiner Haut" von Benoite Groult). Der Autor weiß von einer hoch gebildeten Frau, die in regelmäßigen Abständen mit einem verheirateten Mann, der drei Kinder hat, Treffen hat und in den Urlaub fährt oder von einer Frau, die mit einem Mann zusammen ist, dessen Frau ebenfalls eine Parallelbeziehung hat. Beiden ist die Tatsache bekannt, die Ehe hält dennoch schon sieben Jahre und gilt als gut. **Außen- und Dreiecksbeziehungen** gehören zu den **Widersprüchen in unserem Leben**. Und: nach neuesten Untersuchungen scheitern Liebes- und Ehebeziehungen heute oft nicht so sehr daran, was in ihnen vorgeht, sondern daran, welche **Erwartungen und Anforderungen die Partner/innen an sich selbst** darin haben.

Lösungen, die auf einen Erhalt der alten Beziehung gerichtet sind, können oft nur **mit viel Geduld und Toleranz und in intensiver Beziehungsarbeit** gefunden werden und zu dieser sollte man, nicht erst, wenn das Kind in den Brunnen gefallen ist, dringend raten. Beziehungsarbeit, **das immerwährende Gespräch** mit möglichst wenig tabuisierten Bereichen, die regelmäßige Überprüfung von Ritualisierungen auf „Versteinerung" geben nicht nur die Möglichkeit, schleichende Veränderungen und Entwicklungen der Partner/innen frühzeitig zu erkennen und sich darauf einzustellen oder unerfüllte Erwartungen zu erkennen, ehe sie in Kompensations- oder Außenbeziehungen münden, sondern sind auch das beste „Schmiermittel" für den Beziehungsalltag, die tägliche Erneuerung der Beziehung. In unserer heutigen Kommunikationsgesellschaft und in der zwischen den Geschlechtern gelebten Gleichberechtigung ist **das Aushandeln von Beziehungen** unumgänglich. Viele, und gerade auch besonnene Paare gehen heute in Trennung, aber auch das erfolgreiche „Durchhalten" ist nicht nur in Drucksituationen an der Tagesordnung. Für das Durchhalten ist ein Verhalten, ja eine Kompetenz wichtig, die Fähigkeit zur Vergebung. Vergebung / Verzeihen löscht eine Schuld aus, **ist ein echtes aus Liebe und Zuwendung heraus gewährtes Geschenk** und trägt nichts nach und rechnet nichts auf. Sie ist zugleich ein Vertrauensgeschenk in die Zukunft und vermag das in einer Beziehung an Konflikten zu lösen, was sich der rationalen Lösung entzieht. Wir müssen uns ja auch darüber klar sein, dass die Liebe kein „Bestand", sondern ein täglich gegebenes Geschenk ist und damit ist Vergebung der Liebe verwandt. **Vergebung ist wie die Liebe kein Allheilmittel, sie ist aber ein starkes „Heilmittel".**

Vertiefung 2: Schwierige Beziehungen in engen Gesellschaftsbezügen, hier das Beispiel „An Bord"

In kaum einer Situation ist man, auch beziehungsmäßig, so aufeinander angewiesen, wie an Bord. *„Nur der Einhandsegler streitet nie"* heißt es und dennoch wünscht sich fast jede/r Einhandsegler/in eine/n Partner/in an Bord. Die Beispiele scheinen nur auf den ersten Blick speziell, sie lassen sich sehr gut auch auf den Betrieb, die Schule oder eine Lebensgemeinschaft übertragen. Es werden exemplarisch zwei „paradoxe" Beziehungskonstellationen etwas ausgeführt, die stellvertretend auch für andere Beziehungssituationen, z. B. im Militär, in manchen Kleinbetrieben, aber auch (Groß-)Familien stehen.

1. Beispiel: Die komplementäre Männerbeziehung

Oft entschließen sich zwei gute Freunde über länger oder auch nur für einen Törn zusammen auf einem Boot zu segeln. **Einer ist immer der Skipper** oder der Kapitän, es ist zu hoffen, auf Grund seiner auch vom Anderen **anerkannten Qualifikation in der Sache und Person**. Nicht selten ist er es aber auch, weil er der Eigner des Bootes ist oder nur formal besser ausgewiesen. Obwohl Freundschaften an sich auf die Gleichwertigkeit der Partner angelegt sind, wird hier unausweichlich auch ein komplementäres Element (siehe Kapitel 1.4.5, „Beziehungsmuster: Von Gleichheit, Ungleichheit, Konkurrenz und Zusammenwirken") eingeführt. Dies ist schon an sich für die bestehende Freundschaft ein Problem, aber es kann noch schwieriger als schwierig werden, wenn einer oder beide nicht über große menschliche Qualitäten verfügen, die solche Widersprüche aushalten. Der Skipper kann „kraft Amtes" eine **destruktive Komplementarität** bewirken, derart, dass er sich immer stärker macht, Konfliktsituationen, die es immer mal gibt, für sich entscheidet, so dass dem Anderen bald nichts mehr übrig bleibt, als zu gehen oder den Aufstand zu wagen, nicht selten mit fatalen Folgen auf See: Mord und Totschlag. Viele gute Freundschaften sind schon auf See zerbrochen, auch der Autor blieb davon nicht verschont.

Schwierig wird es auch, wenn ein Skipper seine **Machtbefugnisse allzu sehr zur Schau stellt** oder auslebt: Der Autor hat auf einem Charterschiff (als Co-Skipper) erlebt, dass jemand schon bei der Einweisung der neuen Crew tatsächlich darauf hinwies, dass er als Skipper berechtigt sei, jemanden gegebenenfalls auch in der Kabine einzuschließen. Es wurde psychodynamisch ein Horrortörn, obwohl der Skipper seemännisch durchaus kompetent war, es gab sofort Widerstand von ebenfalls kompetenter Seite und natürlich fand der „herbeigeredete" Einschluss statt, der Törn war für den Autor die stärkste Mediationsherausforderung in seinem Leben, im Widerstreit zwischen der Aufgabe als Unterstützer des Skippers und der Empathie als Mensch für andere Menschen.

2. Beispiel: Die Paradoxie des Charterskippers

Ein weiteres Problem kann entstehen, **wenn ein Charterskipper**, der ja auch als Dienstleister (Reiseveranstalter) für die Chartercrew da ist, **mit seiner Dienstleistungsfunktion nicht umgehen kann**. Einerseits ist er verpflichtet, der Crew unvergessliche, schöne Törnerlebnisse zu verschaffen, andererseits befehligt er die Crew, hat gesetzlich die alleinige Verantwortung und Sorge um sein Schiff und hat sehr viel Macht an Bord. Es kann dann zu unerträglichen Kollisionen kommen: Auch der Autor machte solche Erfahrungen, die ja auch auf paradoxen Erwartungen beruhen, obwohl ihm vorsichtiges kommunikatives Verhalten nicht ganz fremd ist. Zwei Chartertörns von 14 Tagen pro Jahr genügen vollkommen, um in Stress zu kommen. Kurz gesagt und etwas verallgemeinert: Als Teilnehmer an Segelreisen oder auch als Seemann (oder als Soldat, Betriebsangehöriger, Familienmitglied) kann man schon ziemlich merkwürdige Skipper / Vorgesetzte erleben, die obendrein nicht selten unfreiwillig in diese Positionen gekommen sind.

Literaturhinweis
Birkenbihl, Vera F.: Kommunikationstraining. Zwischenmenschliche Beziehungen erfolgreich gestalten. 10. Auflage München: mvg 1990.
Jellouschek, Hans: Wie Partnerschaft gelingt – Spielregeln der Liebe. Freiburg: Herder 1999.
Willi, Jürg: Psychologie der Liebe. Stuttgart: Klett-Cotta 2002.

2.4 Kommunikations- und Beziehungsrollen und das Rederecht: Beziehungsspiele

2.4.1 Gesellschaftliche Rollen und Rollenverhalten

Wir alle „spielen" in unserem Leben verschiedene Rollen, je nachdem, ob wir bei der Arbeit oder in der Schule sind, in unseren verschiedenen Sozialbeziehungen, auf Ämtern (Institutionen) oder in Gruppen. Das Spielen dieser Rollen ist aber aus Sicht der Kommunikation ziemlicher Ernst. In der Rolle zu bleiben und diese behutsam auszugestalten, ist eine der wichtigsten Voraussetzungen für positive und erfolgreiche Kommunikation. Man muss fähig sein, im Leben verschiedene, wechselnde Rollen zu übernehmen und erfolgreich auszufüllen. Diese Fähigkeit ist mit **Rollenflexibilität und sozialkompetentem Verhalten** gut umschrieben. Die Fähigkeiten haben keineswegs notwendigerweise mit dem Verlust von Authentizität und Selbstkonzept zu tun, auch, wenn dies durch das Verfestigen von ungünstigen Rollenvorstellungen oder manchmal in Auswirkung von streng institutionalisierten Rollenzwängen (vgl. z. B. die so genannte „Rekrutenschizophrenie" bei jungen Soldaten) geschieht. **Rollen** werden uns oft durch **soziale Normen des Zusammenlebens** insbesondere durch Institutionen und formale Beziehungen aufgezwungen, meist sind dies dann **hierarchische Rollenkonzepte**:

- Vorgesetzte/r und Untergebene im Betrieb,
- Lehrer/in und Schüler/innen,
- Kapitän und Matrosen auf einem Schiff,
- Polizist/in und Verkehrsteilnehmer/innen,
- Offizier/innen und einfache Soldat/innen im Militär.

Daneben gibt es viele Formen **funktionalen Rollenverhaltens** im Bereich des zweckmäßigen, kooperativen Zusammenwirkens:
- von Mann und Frau in einer guten Beziehung,
- von gemeinsam lernenden Schüler/innen,
- von Arbeiter/innen in einer Fabrik,
- von Staaten zueinander, was einen eigenen diplomatischen Dienst erfordert.

Funktionales Rollenverhalten muss aber nicht immer auf Gleichheit beruhen wie z. B. bei dem Verhältnis zwischen:
- Verkäufer/in und Kund/innen,
- Arzt/Ärztin und Patient/innen,
- von Trainer/in und Spieler/innen.

Auch das Verhältnis von Eltern zu ihren Kindern ist zunächst einmal ein funktionales, es kann sich aber zu einem hierarchischen Rollenkonzept formalisieren, wenn die Eltern aus ihrem Status heraus immer die Oberhand beanspruchen und sich dazu dann auch formaler Hilfestellungen bedienen. Funktionale Beziehungen sind durch kooperatives, sachgebundenes Verhalten charakterisiert. Sie bleiben auch funktional, wenn die Rollenpartner/innen die Überlegenheit eines/r Partners / Partnerin in einem gegebenen Zusammenhang freiwillig akzeptieren und eine innere Dynamik / Entwicklungsoffenheit dabei ist. Die Grenze zu institutionellen „starren" Rollen ist zumindest teilweise offen und funktionales (neben institutionellem) Verhalten wird in der Beziehung zwischen Lehrkräften und Schüler/innen auch immer wieder angestrebt und manchmal auch zwischen Soldat/innen und Offizier/innen, Polizist/innen und Gefangenen, Richter/innen und Angeklagten als etwas Besonderes erlebt. Wichtig für uns ist die **Fähigkeit zu flexibler Rollenübernahme** (nicht umsonst trainieren kleine Kinder das) und die Verfügung über ein **großes Rollenrepertoire**. Eine Hochschullehrerin kann sich z. B. von einem Studenten im Fitnessstudio trainieren lassen (funktionale Rollen) und dort seinen Anweisungen strikt folgen, das ändert aber nichts an den „umgekehrten" Rollen, wenn er dann bei ihr seine Prüfung ablegt (institutionelle Rollen).

Bedenkt man das funktionale **Rollenverständnis von Mann und Frau**, kann man etwas ins Grübeln kommen, wenn man berücksichtigt, dass es daneben auch ein geschlechtsspezifisches Rollenverhalten gibt. Gemeint sind die oft beschriebenen und heiß diskutierten unterschiedlichen Verhaltensweisen von Jungen und Mädchen oder Männern und Frauen, besonders im Umgang und in der Kommunikation miteinander (siehe Kapitel 1.6, „Kommunikationsstile: Die Mischung ist wichtig"). Die Diskussion über die Unterschiede ist nicht streitig, wohl aber ihre Ursachen der Unterschiedlichkeiten (Sozialisation oder Anlage, gesellschaftlich, situationsfunktional oder wesensbedingt, vgl. auch das Konzept des „doing gender").

Die wesentliche Veranlassung für die Ausprägung von Rollenverhalten und ihren Erwerb sind die „Sozialisation" in Form von Umwelt- und Beziehungserfahrungen. Rollen werden weitestgehend sozial vermittelt und sind das Ergebnis gesellschaftlicher Differenzierung. Das Verfügen über ein großes Rollenrepertoire, also die Fähigkeit, verschiedenste Rollen einnehmen zu können, ist ein wichtiger Ausdruck von Sozialkompetenz. Das notwendige Gleichgewicht zwischen Rollenübernahme und der Bewahrung des eigenen Selbst bildet sich ebenfalls als Erfahrung im Umgang miteinander ganz wesentlich heraus.

In der Methode des **Rollenspiels** (s. u.), das in betrieblichen Weiterbildungskursen wie auch im schulischen Rahmen angewendet wird, können die Teilnehmenden sich **in neuen Rollen erproben**, z. B. ein Vorstellungsgespräch durchspielen, so dass dann in der Echt-Situation die **Rollensicherheit** gegeben ist. Der Nutzen des Rollenspiels für die Erwachsenenbildung, Schuldidaktik oder in therapeutischen Zusammenhängen ist sehr groß. Hier kann in einem sanktionsfreien Raum eine Vorübung von Rollenübernahme und eine Ausbildung von Rollenkonzepten, wie man sich in den jeweiligen Situationen zu verhalten hat, geschehen. Nicht umsonst lieben kleine Kinder diese Rollenwechsel, so lernen sie Situationen aus anderer Perspektive kennen (Mutter-und-Kind-Spiel oder Doktorspiele), die für sie im weiteren Leben wichtig werden. Rollenspiele sind deshalb für wesentliche Lebens- und Konfliktsituationen wie für das Konzept eines Kommunikationstrainings sehr sinnvoll. Der Hintergrund von Rollenspielen wird im nächsten Teilkapitel genauer beleuchtet.

Übung

Wer darf was zu wem sagen? Das Rederecht und die Weise, mit der man etwas zu jemand sagt, sind eng mit Beziehungsfragen und gesellschaftlichen Rollenverteilungen verbunden.

Teil 2: Konzepte und Praxis guter Kommunikation

Wer darf was zu wem sagen bzw. wer sagt vorzugsweise was zu wem? (Mehrfachnennungen möglich)			
	Schüler/in zu Schüler/in	Lehrer/in zu Schüler/in	Schüler/in zu Lehrer/in
„Die Tafel ist voll."			
„Putz die Tafel!"			
„Kannst du mir helfen, die Tafel sauber zu machen?"			
„Wir müssen noch die Tafel sauber machen."			

Auflösung:

Wer darf was zu wem sagen bzw. wer sagt vorzugsweise was zu wem? (Mehrfachnennungen möglich)			
	Schüler/in zu Schüler/in	Lehrer/in zu Schüler/in	Schüler/in zu Lehrer/in
„Die Tafel ist voll."	x	x	x
„Putz die Tafel!"	x	x	
„Kannst du mir helfen, die Tafel sauber zu machen?"	x	x	
„Wir müssen noch die Tafel sauber machen."	x	x	x

Im Folgenden soll das Rollenspiel in seiner Herangehensweise und seinen Zielen kurz dargestellt werden.

2.4.2 Rollenspiel

Die Methode des Rollenspiels wird vielfältig in der Schul- und Ausbildungspraxis eingesetzt. Man findet sie sowohl in Managementkursen, der betrieblichen Weiterbildung, als Psychodrama (Jacob Levy Moreno) in der Psychotherapie, als Szenisches Spiel in der Schule und in der Kriminalistik. Auch in Kommunikations- und Konflikttrainings, in Zukunftswerkstätten und Planspielen, in betrieblichen Assessment-Centern zur Personalauswahl werden alltägliche Situationen nachgespielt, wie z. B. bei der Simulation eines Vorstellungsgesprächs.

Ursprünglich wurden Rollen nur im Theater von Schauspieler/innen nach der Vorlage eines Theaterstücks gespielt. Die Darsteller/innen verkörpern dabei die Rollen, die sie auswendig gelernt haben und auf der Bühne vortragen. Dabei vertauschen sie die eigene Wirklichkeit mit der Wirklichkeit der gespielten Rolle. Die Schauspieler/innen stellen sich und ihr Verhalten zur Schau.

Beim Rollenspiel ist die Grundvoraussetzung das spielerische Erleben **von alltäglichen Situationen**. Dabei steht das Durchspielen der Situationen mit verschiedenen Verhaltensvorstellungen im Vordergrund, niemand soll zur Schau gestellt werden. Während des Spiels kann das Verhalten in der Situation ausprobiert werden und danach kann die spielende Person diese Erfahrung in die eigene Wirklichkeit übertragen. Ein Ziel ist es, durch das Rollenspiel **Sicherheit im Verhalten und die Fähigkeit zur Kooperation** zu festigen. Dadurch, dass jeder Mensch während seiner Entwicklung ein bestimmtes Programm von Verhaltensmustern erwirbt, besitzt er auch die Fähigkeit, verschiedene Rollen anzunehmen und diese Rollen zu wechseln. Bestimmte Erwartungen sind an alle Rollen bezüglich des Verhaltensmusters geknüpft. In der Rolle drücken sich also die Erwartungen Dritter und gesellschaftliche Normen aus, die auf uns eingewirkt haben und täglich weiter einwirken. Diese Rollen, die wir gelernt haben, werden im Rollenspiel aktiviert.

Die **Ziele des Rollenspiels** sind nach Josef Broich in zwei Vorstellungen zu suchen: Zum Einen bietet das Rollenspiel die Möglichkeit zur Verbesserung der eigenen Handlungsfähigkeit und zum Anderen gibt es die Trainingsmöglichkeit der folgenden sozialen Fähigkeiten und Fertigkeiten:

- Einfühlungsvermögen,
- Entscheidungsfähigkeit,
- Kommunikationskompetenz,
- Kreativität,
- Selbstbestimmung,
- Situationsbewusstsein,

- Kooperation,
- Vorwegnahme von künftigem Geschehen (Antizipation).

Zur Realisierung sozialer Situationen im Spiel sind diese Kompetenzen notwendig, die sich unter den beiden Begriffen **soziale Kompetenz und kommunikative Kompetenz** zusammenfassen lassen. Vor allen die soziale Kompetenz dient beim Rollenverhalten dazu, Rollen flexibel zu gestalten. Die kommunikative Kompetenz ermöglicht die mimische und sprachliche Fähigkeit zum Umgang mit Lebenssituationen. Pädagogische Rollenspiele (Szenisches Spiel) dienen einer selbst gesteuerten Erfahrungsbildung und gewährleisten eine vertiefte kognitive Annäherung an literarische Werke. Auch machen sie lern- und erfahrungsintensive, ermutigende Lernprozesse möglich.

Einsatz des Rollenspiels und der Spielphasen

Bei der Hinführung zum und dem Einsatz des Rollenspiels lassen sich nach Broich aufeinander aufbauende Spielphasen unterscheiden:

- **Die Hinführung zur Spielfähigkeit** ist nötig, da durch ungewohnte öffentliche Gruppensituationen eine Spielhemmung auftreten kann. Die Vorraussetzung für das Gelingen ist deshalb, dass vor jedem Rollenspieleinsatz eine möglichst hohe Gruppensicherheit der Spieler/innen mit einer gemeinsamen Zielsetzung geschaffen wird. Ein Mittel zur Rollenspielbefähigung sind nonverbale und verbale Interaktionsübungen.
- **In der Motivationsphase** wärmt sich die Spielgruppe auf, es werden Vorinformationen zu der zu spielenden Szene, zum Spielinhalt, zum Spielverlauf, zur Rollenbesetzung und zu den Beobachtungsschwerpunkten gegeben. Auch wird die Rollenübernahme mit den Mitspieler/innen und Beobachter/innen geklärt, die Regelung zum Rollentausch wird besprochen. In der Spielpraxis sind die Stufen der Motivationsphase nicht immer einhaltbar, da die Spielvorbereitung im Vergleich zum Spiel selbst als sekundär angesehen wird. In diesem Fall sollte die Interaktionsphase vorher stärker berücksichtigt werden.
- **Die nächste Phase beinhaltet das Spielbarmachen der Spielsituation**, indem der Szenenaufbau und der Spielinhalt geplant werden: Wer, warum, wo, wie, wann, was – mit den Bedingungen des realen Umfeldes. Auch werden die konkreten Beobachtungskriterien der Zuschauer/innen vereinbart, wobei auf den Wirklichkeitsbezug des Spiels bei den Verhaltensweisen, den Kommunikationsformen und den Problemlösungsstrategien der Spieler/innen geachtet werden muss. Diese Kriterien gehen von einem idealen Spielaufbau aus. **Bei der Spielphase** wird die Spielzeit eines spontanen und freien Rollen-

spiels auf höchstens zehn Minuten begrenzt. Bei einer längeren Dauer wird die Spielunlust der Mitspieler/innen erhöht und die Beobachtungsfähigkeit der Zuschauer/innen im Spielablauf erheblich eingeschränkt.

Am Ende wird noch der Wirklichkeitsbezug des Spiels besprochen: „Welche Schlussfolgerungen können aus dem Spiel für die eigene Lebenspraxis gezogen werden?"

Verwendete Literatur
Broich, Josef: Rollenspielpraxis. Vom Interaktions- und Sprachtraining bis zur fertigen Spielvorlage. Köln: Maternus Verlag 1999.
Petermann, Franz; Petermann, Ulrike: Training mit Jugendlichen. Förderung von Arbeits- und Sozialverhalten. 6. überarbeitete Auflage Göttingen: Hogrefe 2000. S. 39.
Scheller, Ingo: Szenisches Spiel. Handbuch für die pädagogische Praxis. Berlin: Cornelsen Scriptor 1998.
Schulz von Thun, Friedemann: Miteinander reden. Störungen und Klärungen. 35. Auflage Hamburg/Reinbek: Rowohlt 2001.

2.5 Besser miteinander umgehen, zwei bekannte Konzepte von Thomas Gordon und Ruth C. Cohn

2.5.1 Wer hat das Problem? Kommunikative Straßensperren und Türöffner – Das Konzept von Thomas Gordon zur Verbesserung der Kommunikation in Familie, Lerngruppe und Schule

Der amerikanische Pädagoge und Psychologe Thomas Gordon ist mit seinen Büchern „Familienkonferenz" und „Lehrer-Schülerkonferenz" sehr bekannt und populär geworden. Von nicht wenigen Kommunikationstrainer/innen und Pädagog/innen wird das Konzept sehr empfohlen. Ausgangspunkt von Gordons Überlegungen für die Gruppe, Schule und die Familie ist die Erkenntnis, dass die Kommunikation und das effektive Lernen **durch untergründige Beziehungs- und Selbstwertprobleme gefährdet sind** und dass die Gruppen- oder Familienmitglieder nur dann effektiv kooperieren und Schüler/innen nur dann wirklich lernen können, wenn sie **von solchen Störungen frei** sind oder befreit werden.

Eine ganz wichtige Frage bei solchen Störungen ist: **Wer hat das Problem?** Wenn es z. B. in der Klasse laut ist, reagiert die Lehrkraft normalerweise mit der Forderung nach Ruhe, oft in der Form eines Befehls: *„Seid leise!"* oder *„Ruhe!"* Bei den Schüler/innen, die mit ihren Privatgesprächen ja „kein Problem haben", führt diese Aufforderung in der Regel zu innerem oder äußerem Widerstand. Oder wenn ein Kind in seinem unaufgeräumten Zimmer lebt und die Mutter anordnet, aufzuräumen, führt dies, weil ja das Kind mit dem Zimmer kein Problem hat, zu Widerstand. Das Problem hat nämlich die Lehrkraft bzw. die Mutter, so Gordon, sie fühlt sich gestört.

Gordon empfiehlt hier, dass die Person, die jeweils das Problem hat, auch entsprechend kommuniziert: **Keine normativen Du-Botschaften, sondern authentische Ich-Botschaften!** Also z. B.: *„Ich fühle mich durch die Unordnung, die Unruhe gestört, ich kann so gar nicht weitermachen / damit umgehen."* Auch wenn sich die Mutter oder die Lehrkraft z. B. einmal gesundheitlich nicht wohl fühlt, hilft eine entsprechende Ansage mehr als das hektische Bestehen auf der eigenen Autorität (wie es oft geschieht), z. B.: *„Ich möchte gern für euch da sein, aber da ich mich nicht wohl fühle, bitte ich euch um Rücksichtnahme."*

Gordons Ausführungen und einige seiner Beispiele wirken zwar manchmal etwas idealistisch, aber dem Autor dieses Buches ist die Richtigkeit und Nützlichkeit seiner Aussagen für die kommunikative Praxis und die eigene Lehrtätigkeit sehr gut bekannt.

Ich-Botschaften wirken in schwierigen Situationen oftmals Wunder. In der Gruppe, Familie oder Klasse wird oft die Beobachtung gemacht, dass die Teilnehmer/innen, Mitglieder, Schüler/innen, spüren sie innere Anteilnahme und Annahme seitens der appellierenden Person, meist bereit sind, ausgesprochen kooperativ mitzuwirken. Schwierigkeiten und Widerstände treten eher dann auf, wenn harsche Befehle oder unbegründete Aufforderungen (auch wenn sie sinnvoll scheinen) gegeben werden oder wenn die Mitglieder, Teilnehmer/innen nicht genau wissen, was sie eigentlich tun sollen. Zu positivem Umgang miteinander gehört eine **rücksichtsvolle aber klare Authentizität**, die uns die Einschätzung der eigenen und fremden Situation und unseres Gegenübers ermöglicht.

Kommunikation wird nach Gordon (auch) behindert oder verhindert, wenn man durch sein kommunikatives und sprachliches Verhalten so genannte **kommunikative Straßensperren** errichtet, z. B. folgende Verhaltensmuster an den Tag legt:

- befehlen, kommandieren, anordnen,
- warnen, drohen,
- moralisieren, predigen, mit „müsstest" und „solltest" argumentieren,
- raten, Lösungen oder Vorschläge anbieten,
- belehren, Vorträge halten, mit logischen Argumenten kommen,
- verurteilen, kritisieren, widersprechen, beschuldigen,
- beschimpfen, Klischees verwenden, etikettieren,
- interpretieren, analysieren, diagnostizieren,
- loben, zustimmen, positive Bewertungen geben,

- beruhigen, mitfühlen, trösten, unterstützen,
- fragen, sondieren, verhören, ins Kreuzverhör nehmen,
- zurückziehen, ablenken, sarkastisch sein, aufheitern, zerstreuen.

Dabei mögen manche dieser Straßensperren auf den ersten und vielleicht auch auf den zweiten Blick nicht als solche erscheinen. Gordon ist hier übersensibel, manchmal scheinen auch Gruppenleiter/innen oder Lehrpersonen von einer falschen Vorstellung des kommunikativ Positiven geleitet.

Dies soll an den Beispielen **Loben und Trösten** kurz diskutiert werden: Beides gilt eigentlich als **positive Ansprache** gerade in einer Kommunikation oder Pädagogik, die durch Empathie und Zuwendung getragen ist. Dennoch müssen wir uns darüber klar sein, **dass sowohl beim Loben als auch beim Trösten, der / die jeweils Lobende und Tröstende über den Beziehungs- und Selbstoffenbarungsaspekt gleichzeitig mitkommuniziert, dass er der / die starke, überlegene Partner/in ist, der dem / der Anderen helfen muss**. Auch wird umgekehrt behauptet / gezeigt, dass die getröstete Person getröstet werden muss, gewissermaßen schwach und abhängig von der Zuwendung des / der Starken ist. In der Schule und in Gruppen, die durch eine grundsätzlich institutionell von den Beteiligten her ungleiche Rollenbeziehung und -er-wartung (zwischen Lehrer/in und Schüler/innen, Vorgesetzten und Untergebenen) getragen ist, wird das Trösten sicher etwas zwiespältiger empfunden als in der Familie. Unseres Ermessens ist das Verhalten „um Loben herum" und das Verhalten „um Trösten herum", in der Schule und Familie gegenüber Kindern, sensibel angewandt, durchaus auch ein kommunikativer Türöffner.

Kommunikative Türöffner sind die Gegenkategorie kommunikativen Verhaltens, das Gordon skizziert. Er meint damit eine Sprache der Annahme und der Rücksichtnahme auf den Anderen / die Andere. Dazu gehören, wie schon ausgeführt:
- die Ich Botschaften,
- das aktive Zuhören,
- das Eingehen auf das von dem / der Anderen Gesagte und anderes mehr.

2.5.2 Störungen haben Vorrang! Das Konzept der Themenzentrierten Interaktion (TZI) von Ruth Cohn

Die Psychologin und Psychoanalytikerin Ruth C. Cohn, 1912 geboren, entwickelte im amerikanischen Exil das Konzept der **Themenzentrierten Interaktion**, im folgenden TZI. Ihr Werk, das auch im Zusammenhang mit ihrem persönlichen Schicksal als Jüdin steht, ist eines der interessantesten und „weiblichsten" Verarbeitungen des Themas positive Kommunikation.

Die TZI soll zu einem aktiven, schöpferischen und entdeckenden Leben, zu einem lebendigem Lernen und Arbeiten verhelfen. Die Berücksichtigung des Menschen als unverwechselbares Individuum steht bei der TZI-Methode im Vordergrund. Sie strebt ein dynamisches Gleichgewicht an zwischen den Bedürfnissen der einzelnen Personen, der Gruppe, deren Aufgabe und dem Umfeld. Damit berücksichtigt die TZI wichtige Aspekte des Nachrichtenquadrats: die Sach-, Beziehungs-, Appell- und Selbstoffenbarungsebene. Einsatz findet die TZI heute in allen Arbeits- und Lebensbereichen, insbesondere in der Gruppen- und Teamarbeit, in der Erwachsenenbildung, neuerdings auch in der Schule. Eine Reihe von Handlungsgrundsätzen der Kommunikation ist im TZI-Strukturmodell Cohns festgehalten:

das Ich-Postulat	Sei dein eigener Chairman (deine eigene Leitperson)! Es gibt Dinge, die ich ändern kann, also tue ich es. Es gibt Dinge, die ich nicht ändern kann, also lasse ich es. „Wenn die Realität der Einzelnen, der Gruppen und Institutionen – gut oder böse – akzeptiert wird, wird der Weg zur Veränderung frei."
das Wir-Postulat	Die Menschen in der Gruppe haben ein gemeinsames Anliegen; dabei gilt: Störungen und Betroffenheit haben Vorrang, werden ernst genommen. „Wer an Lösungen interessiert ist, muss lernen, sich in die Tiefe zu begeben, ein Problem auszuloten. Das heißt häufig, nicht oberflächlich sein, sich nonkonform verhalten, unbequem sein."
das Es-Postulat	Das Thema ist wie ein runder, zu erkundender Raum. Es hat viele Eingangstüren. Jede/r muss seinen / ihren eigenen Zugang suchen.
das Globe-Postulat	Das Umfeld der Gruppe ist eine reale Gegebenheit und muss bei der Arbeit berücksichtigt werden. Jeder Faktor beeinflusst jede/n. „Das System beeinflusst die beteiligten Menschen und die Menschen beeinflussen das System. So kann jeder Gruppenteilnehmer Einfluss nehmen auf das System."

In dem Aufsatz von Dr. Christine Wolbrandt *„Das Gruppengespräch als Reifungsweg – Erfahrungen mit der themenzentrierten Interaktion nach*

Ruth Cohn" wird das Menschenbild der TZI wie folgt näher ausgeführt, seine Beachtung vermag bereits aufgrund der darin enthaltenen Wertschätzung, die uns wichtig sein sollte, Kommunikation zu verbessern:

- Jeder Mensch hat einen einmaligen Platz in der Welt. Er ist ein autonomes Wesen, nimmt diese Autonomie aber nur unvollständig wahr. Werden die Menschen dazu fähiger, empfinden viele das als Gesundung.
- Der Mensch ist ein ganzheitliches Wesen, das in seiner Leiblichkeit im Denken, Fühlen und Handeln eine Einheit ist.
- Der Mensch ist ein Wesen, das in ununterbrochener Beziehung zu anderen steht, auch wenn er sich zeitweilig zurückgezogen hat.
- Der Mensch ist ein verantwortliches Wesen, das auch zu verzichten bereit ist, sofern seine Bedürfnisse von den anderen wahrgenommen und anerkannt werden.
- Der Mensch ist ein geschichtliches Wesen. Er lebt in der Spannung von Vergangenheit und Zukunft und hat sich in der Gegenwart zu bewähren.
- Der Mensch fühlt sich gesund, wenn er zwischen diesen verschiedensten Polaritäten die Balance immer neu herstellen kann.

Wir schließen die Kurzvorstellung mit einer Bemerkung von Ruth Cohn zum Stichwort „Theorien":

„Gute Theorien sind gut geerdete Schienen, auf denen die Praxis weiter gleitet. Je weiter die Landschaft und je größer das Schienennetz, umso wichtiger sind Grundkenntnisse der Umgebung, Präzision der Technik und Sorgfalt für die Weichenstellung."

Verwendete Literatur

Cohn, Ruth C.; Terfurth, Christina (Hg.): Lebendiges Lehren und Lernen. TZI macht Schule. 3. Auflage Stuttgart: Klett-Cotta 1997.
Gordon, Thomas: Lehrer-Schüler-Konferenz: Wie man Konflikte in der Schule löst. Hamburg/Reinbek: Rowohlt 1977.
Gordon, Thomas: Familienkonferenz. Hamburg/Reinbek: Rowohlt 1976.
Wolbrandt, Christine: Das Menschenbild der TZI. In: Schleswig Holsteinisches Ärzteblatt 10/79 oder:
www.humanistische-aktion.de/kommunik.htm#rei (Stand 2007).

Teil 2: Konzepte und Praxis guter Kommunikation

2.6 Kommunikation in Gruppen: Kommunikative Arrangements und Gesprächsformen

Mit der neuen Sensibilität für kommunikative Vorgänge in den verschiedensten Situationen, im Team, im Unterricht und in institutionellen Zusammenhängen verbinden sich auch grundlegende Veränderungen in der Organisation und Moderation von Kommunikation in Gruppen. Diese betreffen äußere Rahmenbedingungen wie Sitzordnungen, Formen der Zusammenarbeit, die Lenkung von Gesprächen und Gesprächsarrangements. Wir haben da einiges auch aus der angelsächsischen Rhetorik- und Gesprächskultur gelernt (siehe Kapitel 2.8, „Argumentieren und Manipulieren: Rhetorische Sozialtechnologie in Gesprächen"). Die folgende Darstellung von verschiedenen kommunikativen Arrangements soll nicht nur Ihnen die Möglichkeiten der eigenen Arrangierung geeigneter Kommunikationsabläufe geben, sondern Ihnen auch die Orientierung in kommunikativen Zusammenhängen, in denen Sie sich ggbfs. selbst befinden, erleichtern.

2.6.1 Äußere Rahmen(-bedingungen): Sitzordnung und kommunikative Intentionen

In Großveranstaltungen (Frontalunterricht, Vortrag, Vorlesung, Podiumsdiskussion) wird noch immer die **Kolonnensitzordnung** bevorzugt. Viele Veranstaltungsräume (Vortragssäle, Parlamente) sind so eingerichtet. Die Kolonnensitzordnung ermöglicht die **einseitige Kommunikation** des / der Vortragenden mit einer großen Gruppe, verweist das „Auditorium" (Hörerschaft) allerdings weitgehend in die Passivität. Nur durch Melden und Zwischenrufe kann man hier die Einseitigkeit des Informationsflusses aufbrechen, der / die Vortragende bekommt kein oder nur ein sehr geringes Feedback. Für die Informationsvermittlung an große Gruppen ist diese Sitzordnung zu empfehlen, für jegliche Form der Zusammenarbeit in Gruppen aber nicht. Oft empfiehlt sich deshalb die Auflösung der Kolonnensitzordnung zugunsten von **Tischgruppen**. Viele Schulen gehen deshalb bei der Einrichtung ihrer Klassenräume davon ab und stellen auf Gruppentische um; dasselbe ist in Seminarräumen üblich und in Besprechungszimmern möglich. Die Kommunikation in der Gruppe wird durch die Tischgruppen erleichtert; Arbeitsaufträge können ohne größeren organisatorischen Aufwand schneller erledigt werden.

Wägt man die **Vor- und Nachteile** einer solchen Anordnung ab, so kann Folgendes gesagt werden: Gruppentische verstärken den Binnenkontakt der Gruppe, schwächen aber den Außenkontakt und zerteilen die Klasse oder große Gruppe. Bei Präsentationen muss sich ein Teil der Schüler/innen oder Teilnehmer/innen zum Abschreiben oder Betrachten umdrehen. Die

Tischgruppen-Sitzordnung ist daher nur für die Arbeit in kleinen Gruppen geeignet. Für den Vortrag oder den Frontalunterricht in der Schule ist sie von Nachteil, weil die Zuhörer/innen von dem / der Vortragenden und der Sache ab- und aufeinander hingelenkt werden.

In Besprechungszimmern und kleineren Informationsveranstaltungen ist die Anordnung der Tische im **Hufeisen oder Rechteck** üblich geworden. Hier können sich die Teilnehmer/innen jeweils ansehen, die Orientierung auf den Vorsitz oder ein Podium ist aber möglich. Auch die Einführung des **Stuhlkreises** in der Schule oder in Seminaren leistet diese gemeinsame Orientierung, allerdings ist die Zusammenarbeit in Untergruppen nicht möglich.

Nach solchen **kommunikativen Intentionen** müssen also die verschiedenen Sitzordnungen gewählt werden, das ist in der Schule, Hochschule, Parlamenten und ihren Ausschüssen und auch in der Wirtschaft durchaus ähnlich, also bei:

- einer Großgruppe und einem Vortrag: besser Kolonnensitzordnung hintereinander,
- Partner- und Gruppenarbeit: besser Tischgruppen, und
- manchmal ist sogar die Einzelarbeit (Büro) notwendig.

Im Folgenden werden ausgewählte Sitzordnungen unter kommunikativen und moderationstechnischen Gesichtspunkten näher erläutert.

Der Gesprächskreis

Eine sehr kooperative Sitzordnung, auch für etwas größere Gruppen, ist der **Gesprächskreis**. Die verschiedenen Möglichkeiten der Gesprächsinteraktion sind besonders vielseitig beim Gesprächskreis, der gebildet werden sollte, wenn etwas zur Einstimmung berichtet oder erzählt werden soll („Lagebesprechung" im Team). In der Grundschule gibt es den so genannten „Morgenkreis", zu Beginn der Woche den „Montagskreis" oder am Ende der Schulwoche den „Freitagskreis". Wichtig ist dabei, dass die Teilnehmer/innen eine gewisse Übung gewinnen, möglichst schnell und geordnet im Kreis Platz zu nehmen, damit es zu einem selbstverständlichen **Ritual** werden kann.

Der Gesprächskreis (und auch das Rechteck) ermöglicht eine gewisse Intimität; es sollte darauf geachtet werden, dass jede/r jede/n ohne hinderliche Barriere anschauen kann und niemand in der zweiten Reihe sitzt. Dabei ist es selbstverständlich, dass der / die Leiter/in / Lehrer/in nicht die dominante Position einnimmt, indem er / sie z. B. allein aufruft; der / die Leiter/in sitzt zwischen den Teilnehmer/innen, und meist ergibt sich eine zwanglose Gesprächsfolge. Eigentlich handelt es sich beim Gesprächskreis schon um eine kommunikatives Ritual, da er auf bestimmte Kommunikationsinhalte (Kontakt finden, Anwärmen) und Befindlichkeit der Teilnehmer/innen (eine gewisse Intimität) hin funktionalisiert ist.

Sehr schön ist auch die „Übung" des **Gesprächsteins** oder **Gesprächsfadens**, der in der Schülergruppe oder in (therapeutischen) Intimgruppen als Aufwärmübung gern eingesetzt wird: Hier wird ein Gesprächstein weitergegeben oder ein Wollknäuel zugeworfen.

Das Hufeisen

Je nach kommunikativer Intention sind selbstverständlich auch noch andere Sitzanordnungen möglich. Für Diskussionen und Konferenzen z. B. ist die **Hufeisenform** am besten geeignet, da jede/r jede/n anblicken und ansprechen kann und gleichzeitig durch die Tischbarriere eine gewisse Distanz gewahrt bleibt. Dies gilt mit kleinen Abweichungen auch für die Podiumsdiskussion, bei der das Hufeisen in ein Auditorium eingebettet ist.

Eine **Podiumsdiskussion**, die, wie oft gemacht, als „Leiste" (die Diskutant/innen sitzen nebeneinander) angeordnet wird, ist keine, sondern führt zu „Fensterreden" an das Publikum und nicht zum Aufeinandereingehen der Diskutant/innen aufeinander, die sich, ihre nonverbalen Botschaften, ja nicht sehen können.

Eine besondere Form des **doppelten Hufeisens** hat z. B. der Uno-Sicherheitsrat gewählt. Die Stimmberechtigten Mitglieder sitzen im inneren Hufeisen, Sachverständige und zugelassene Beobachter/innen im äußeren Hufeisen.

Man sollte also die Folgen, die von äußeren Rahmenbedingungen wie Sitzordnungen abhängen, nicht unterschätzen. Bei Konferenzen zwischen Staaten, bei denen es oft um lebenswichtige Kommunikation und Entscheidungen geht, ist das Arrangement der Sitzordnung schon die halbe Miete für den Erfolg.

2.6.2 Institutionelle Gesprächsformen und Gesprächsrituale

Gesprächsfähigkeit ist eine zentrale Qualität der mündlichen Kommunikation, die von den Beteiligten möglichst weitgehend beherrscht werden sollte. Wie leicht Gespräche durch wenige Bemerkungen oder ein nicht beachtetes Einführungsritual scheitern können, können Sie im Kapitel 2.2, „Von der Bewusstheit für gute Kommunikation. Konkrete Regeln guter Kommunikation miteinander verabreden", noch einmal nachlesen. Der Sprechwissenschaftler Helmut Geißner hat eine klare Definition vorgelegt:

> „Gesprächsfähig ist, wer im situativ gesteuerten, personengebundenen, sprachbezogenen, formbestimmten, leibhaft vollzogenen Miteinandersprechen – als Sprecher wie als Hörer – Sinn so zu konstituieren vermag, dass damit das Ziel verwirklicht wird, etwas zur gemeinsamen Sache zu machen, und der zugleich imstande ist, sich im Miteinandersprechen und die im Miteinandersprechen gemeinsam gemachte Sache zu verantworten."

(Geißner, 1981, S. 129)

Hier die wichtigsten Gründe für gutes Verstehen und einige Fehler im Gesprächsverhalten. **Gutes Verstehen im Gespräch hängt ab von folgendem Verhalten**:
- dem genauem Ausdruck und gemeinsamen Verständigungsmitteln.
- davon, dass die Partner/innen über das Gleiche sprechen und nicht Verschiedenes meinen.
- davon, dass beide bereit sind, die andere Person zu akzeptieren und deren Meinung ernst zu nehmen.
- davon, dass alle versuchen, nicht zu viel in einem Beitrag zu sagen, da sonst die anderen nur verwirrt werden.

Fehler, die die Verständigung beeinträchtigen:

Hörer/innen-Fehler:	Sprecher/innen-Fehler:
Man probt, während andere noch sprechen, bereits den eigenen nächsten Gesprächsbeitrag.	Man organisiert die Gedanken nicht, bevor man spricht.
Der / Die Hörer/in erfasst nicht den ganzen Sinn der Aussage.	Es werden zu viele Aussagen und Ideen unverbunden in eine Äußerung gebracht.

Man versteht mehr als die Partner/innen sagten, weil man deren Gedanken weiterdenkt.	Es wird aus Unsicherheit immer weiter geredet, ohne die Auffassungskapazität der Hörer/innen zu berücksichtigen.
Weniger Vertrautes wird in eigene Denkschemata eingeordnet.	Man überhört bestimmte Punkte in den Ausführungen der Partner/innen.

Wichtig für den Erfolg von Gesprächen ist aber auch ihr gezieltes Arrangement. Es gibt eine Vielzahl von Gesprächsformen, die jeweils für verschiede Kommunikationssituationen geeignet sind. Besonders die Lehrkommunikation hat für das Unterrichtsgespräch spezielle Formen entwickelt, aber auch für öffentliche Veranstaltungen und den Parlamentarismus gibt es stark ritualisierte Formen des Gesprächs (Debatte u. a.). Hier und im Kapitel 2.9, „Keine Angst vor(m) Reden: Praktische Rhetorik", werden wir Ihnen die wichtigsten dieser Gesprächsformen vorstellen – theoretisch und auch in Beispielen. Es gibt dann auch Fragen, Übungen und „Drehbücher" zu den verschiedenen Typen. Die verschiedenen Arten von Gesprächen unterscheiden sich u. a. durch den Grad ihrer „Verregelung": **Diskussion, Streitgespräch, Pro-und-Contra-Gespräch, Debatte sowie sokratischer Dialog sind stark verregelte Gesprächsformen**, die meist der Erörterung umstrittener konsensbedürftiger Fragen und Probleme dienen. Diese durch die Medien geprägten Gesprächsformen, die ihren Vorläufer in der Disputation des Mittelalters haben, dienen in der Schule, in der Ausbildung und in Kommunikationskursen auch der Einübung in konsensfördernde oder demokratische Formen der Konfliktlösung sowie der Schulung der Argumentationsfähigkeit. **Folgende fünf Gesprächsformen** sind für die Erkenntnisfindung in Lehre / Unterricht und in der Lerngruppe besonders geeignet und eingeführt:

- Offenes Gespräch
- Lehrergespräch oder gelenktes Unterrichtsgespräch
- Fragend-entwickelndes Gespräch
- Freie Diskussion
- Debattenformen

1. Offenes Gespräch

Das offene Gespräch, die Unterhaltung, die häufig am Beginn einer Themenbearbeitung steht, ist die am wenigsten formalisierte Form. Hier nimmt sich der Moderator / die Moderatorin oder die Lehrperson weitgehend zurück und lässt den Teilnehmer/innen freien Raum, ihre eigenen Erfahrungen, Bedürfnisse und Phantasien spontan zu äußern, offen zu legen und zu reflektieren. Dergestalt gewonnene Ergebnisse werden an der Tafel oder Flipchart festgehalten, es kann auch dazu aufgefordert werden, jeweils eine Frage zu stellen. Diese Fragen werden dann (gemeinsam oder durch den Leiter / die Leiterin) abgearbeitet.

2. Lehrergespräch oder gelenktes Unterrichtsgespräch

Hier gibt der / die Lehrende Inhalt und Ziel des Gesprächs vor und motiviert die Schüler/innen gleichzeitig, durch regelmäßige Zwischen- und Rückfragen (Verständnis-, Wiederholungs-, Beispiel-, Prüfungsfragen) zum aufmerksamen Nachvollziehen des Gedankenganges.

3. Fragend-entwickelndes Gespräch

In dieser Gesprächsform, auch „sokratischer Dialog" genannt, lässt der / die Lehrende (wie Platon in seinen philosophischen Erörterungen Sokrates) die Lernenden als entwickelnde Gesprächsführer/innen auftreten. Der / die Lehrende nutzt geschickt die Vorkenntnisse der Lernenden (z. B. Schüler/innen) sowie ihr logisches oder spontanes Argumentationsvermögen, um einen Sach-, Sinn- oder Problemzusammenhang aus der Sicht und in der Sprache der Lernenden fragend zu entwickeln.

4. Freie Diskussion

Diskussionen können sehr lebendig sein und im gegenseitigen Austausch zu neuen Erkenntnissen und Perspektiven führen. Wir alle verfolgen Diskussionen im Fernsehen oder nehmen vielleicht selbst an solchen Gesprächen teil. Sie können spontan und informell sein, aber auch stärker reguliert durch Diskussionsleiter/innen. Manchmal wird durch eine **Podiumsdiskussion** auch **ein „lebendiger Vortrag"** gehalten: Das Auditorium hört zunächst den Diskutant/innen auf dem Podium zu und erhält dann Gelegenheit, zurückzufragen oder die Diskussion neu anzustoßen. Auf jeden Fall gilt es hier besonders, die üblichen und ggbfs. zusätzlichen Gesprächsregeln (siehe Kapitel 2.2, „Von der Bewusstheit für gute Kommunikation. Konkrete Regeln guter Kommunikation miteinander verabreden") einzuhalten, damit kein Chaos entsteht und jede/r zu seinem / ihrem Recht kommt, besonders im Ausbildungskontext und im schulischen Bereich. In kleineren, vertrauten und auf der persönlichen Ebene weitgehend konfliktfreien Gruppen gestaltet sich die Diskussion meist problemlos. Bei Diskussionen mit vielen Teilnehmer/innen, in konflikthafter Atmosphäre oder strittigen Angelegenheiten ist aber eine Gesprächsleitung notwendig, manchmal müssen auch Techniken der Moderation (siehe Kapitel 2.7, „Präsentationen in Veranstaltungen und Moderation von Gesprächen") angewendet werden.

5. Debattenformen

Debatten kennen wir vor allem aus den Parlamenten. Sie dienen der Entscheidungsfindung für Gesetze und unterliegen strengen Regularien, der Geschäftsordnung, gewisser Vorgaben und speziellen Ausführungsbestimmungen sowie der Leitung etwa durch den Parlamentspräsidenten, die Parlamentspräsidentin. Man kann aber auch in Seminaren, in der Gruppe und im Unterricht in spielerischer Weise Debatten planen und durchführen; dabei geht es dann um die Einübung in formalisierte Gesprächsformen und das Training der dazu erforderlichen Fähigkeiten, vor allem die angemessene Argumentation. Im Folgenden finden Sie ein Übungsbeispiel zur „Amerikanischen Debatte", das als Kommunikationsspiel sicher für alle interessant ist.

Übung

Die Amerikanische Debatte

Ein Spiel mit zwei gleich starken Gruppen (drei bis sechs Personen pro Gruppe): Eine Gruppe vertritt die Pro-Position, die andere die Contra-Position. Das Thema ist vorgegeben bzw. man hat sich vorher darauf geeinigt. Die Gruppen setzen sich so gegenüber, dass der / die erste Sprecher/in der Pro-Partei dem / der ersten Sprecher/in der Contra-Partei genau gegenübersitzt, der / die zweite Pro-Sprecher/in dem / der zweiten Contra-Sprecher/in usw. Alle Redebeiträge sollten – wie in den meisten „richtigen" Parlamenten auch – zeitlich begrenzt werden. **Die Debatte gliedert sich in mehrere Runden**:

Runde 1 Vorbereitete Statements: Es beginnt die Pro-Partei. Die erste Person gibt ihr Statement ab, dann die zweite Person usw. Alle Sprecher/innen der Pro-Partei tragen hintereinander in der Reihenfolge der Sitzordnung ihre Statements vor. Dann ist die Contra-Partei am Zug: Alle Contra-Sprecher/innen tragen hintereinander ihre Statements vor.

Runde 2 Entgegnungen: Alle Sprecher/innen müssen die Argumente, die von dem / der direkten Gegenspieler/in vorgetragen wurde, aufgreifen und versuchen, diese zu entkräften. In der zweiten Runde beginnt die Contra-Partei. Es sprechen erst alle Vertreter/innen der Contra-Partei, dann die Vertreter/innen der Pro-Partei, wieder jeweils in der Reihenfolge der Sitzordnung.

Runde 3 Freie Wortmeldungen: nach der Redner/innenliste (begrenzt auf zehn bis 20 Minuten).

Verwendete Literatur

Allhoff, Dieter-W.; Allhoff, Waltraud: Rhetorik und Kommunikation: Ein Lehr- und Übungsbuch zur Rede- und Gesprächspädagogik. 11. Auflage Regensburg: Bayerischer Verlag für Sprechwissenschaft 1996.
Allnach, Konstanze; Rusch, Caroline: Rhetorik. Erfolgreiche Gesprächsführung. Redetechnik und Körpersprache. Mit Übungen und Musterreden. München: Compact Verlag 1995.
Geißner, Helmut: Von der Sprecherziehung zur Sprechwissenschaft. München: Beck 1981.
Glöckel, Hans: Vom Unterricht. Lehrbuch der Allgemeinen Didaktik. Bad Heilbrunn: Klinkhardt 1990.
Hartig, Wilfred: Moderne Rhetorik und Dialogik. Rede und Gespräch in der Kommunikationsgesellschaft. 12. Auflage Heidelberg: Sauer 1993.
Lüger, Heinz-Helmut (Hg.): Beiträge zur Fremdsprachenvermittlung: Gesprächsanalyse und Gesprächsschulung. 2. Auflage Konstanz: SLI 1995.
Meyer, Hilbert: Unterrichtsmethoden, Band II. Darmstadt: Wissenschaftliche Buchgesellschaft 1987.
Pabst-Weinschenk, Marita: Reden im Studium. Ein Trainingsprogramm. Frankfurt am Main: Cornelsen Scriptor 1995.
Pabst-Weinschenk, Marita; Berthold, Siegwart (Hg.): Sprecherziehung im Unterricht. München: Reinhardt 1997 (= Sprache und Sprechen, Schriften-

reihe der Deutschen Gesellschaft für Sprechwissenschaft und Sprecherziehung e.V., Bd. 33).

2.7 Präsentationen in Veranstaltungen und Moderation von Gesprächen

2.7.1 Präsentationsformen

Die Präsentation in Besprechungen und öffentlichen Veranstaltungen / Vorträgen ist in unserer modernen Medienwelt außerordentlich wichtig geworden. Wir können heute in teils „lebenden" Formaten, z. B. in Power Point, Tabellen, Schaubildern anbieten und so das Erarbeitete oder Vorgetragene veranschaulichen. Aufwendige Präsentationen sind in unserer auf Inszenierung und Event ausgerichteten Lebenswelt Standard geworden. Vorbei ist die Zeit, in der ein/e Lehrer/in in einer Schulklasse nur mit der **Tafel** arbeitete und die Unterrichtsergebnisse **im Augenblick ihres Entstehens „dynamisch" festhielt**, weitgehend spontan und mit Einfügen von Änderungen während des Lernprozesses. Obwohl die Tafel etwas aus der Mode geraten ist, ist diese Form auch heute noch ein sehr sinnvolles Präsentationselement. Sie wird in Büros angewendet als „Weißwandtafel", auf den mit verschieden farbigen Stiften geschrieben werden kann. Verbunden mit einem Kopierer („Copyboards") kann man sich am Ende der Präsentation eine Kopie der Aufzeichnung erstellen lassen. Die Stifte der Weißwandtafel sind abwaschbar. **Plakate und Stellwände**, an denen man sich bereits **vor einer Veranstaltung** ein Bild über die zu verhandelnde Sache machen kann, gehören zu den gern gewählten Präsentationsmitteln. „Mit Liebe gemacht", ermöglichen sie, einen guten Zugang zur Zuhörerschaft oder den Beteiligten einer Besprechung zu gewinnen. Eine ganz moderne Form ist schließlich die **Power-Point-Präsentation**, eine Weiterentwicklung der Arbeit mit **Overhead-Folien**. Hier wird mithilfe des Computers und des Beamers eine dynamische Folienarbeit produziert, in der in eine Folie noch etwas darüber gelegt werden kann, Folien wieder aufgerufen werden können und gegebenenfalls auch etwas eingezeichnet werden kann, ein gewisser Ersatz für die Tafel. Die Flipchart ist eine transportable Haltevorrichtung für spezielles großformatiges Flipchart-Papier, auf das man mit dicken Stiften schreiben kann. Die beschriebenen Blätter lassen sich vorbereiten und nach der Präsentation mitnehmen.

Präsentationen erregen und erhalten die Aufmerksamkeit, sie gehören eigentlich in den weiteren Bereich der **Werbung**. Diese hat selbst sehr typische Präsentationsformen gefunden. Dazu gehören die **Anzeige**, heute eine Bild-Text-Präsentation, der **Spot**, ein Kurzfilm, der meist eine fiktive Kommunikationssituation präsentiert und natürlich die Großformen wie

Katalog und Broschüre. Immer geht es dabei um die Darstellung des Nutzens und der Vorteile einer Ware oder Dienstleistung, meistens auch um die Präsentation eines **Zusatznutzens, der gar nicht automatisch zur Ware gehört** (z. B. durch Darstellung glücklicher Kinder mit einer Zahnpasta, einer hübschen Frau mit einem Auto, einer Ideallandschaft mit einem zu verkaufenden Haus). Werbung ist heutzutage nach ausgeklügelten **Präsentationsregeln** aufgebaut, eine solche Formel ist die **AIDA-Formel für den Aufbau von Anzeigen und Werbespots**. Eine **Schlagzeile** oder ein **Bild** dient als „eye-catcher" und soll, **Aufmerksamkeit** (attention) wecken. Sie hat meist nichts mit der Ware zu tun, eine schöne Landschaft, eine glückliche Familie, ein Urlaubsbild „stimmen ein" und machen, wie eine ungewöhnliche Wortbildung, neugierig. Der **Fließtext** oder die Spot-Kommunikation soll informieren, **Interesse** (interest) und meist auch den **Wunsch** (desire) wecken und der **Slogan** dann die **Kaufhandlung** (action) nahe legen. Mehr und mehr werden solche Strategien auch in anderen Präsentationen, z. B. der Politik angewendet.

2.7.2 Moderation

Die Moderation (von moderamen, lat. Hilfsruder) ist eine moderne Form der Gesprächsarrangierung am Konferenztisch für Seminare und Gruppenveranstaltungen. Neben den formalen organisatorischen Bedingungen werden auch die Beziehungsebene und das inhaltliche Geschehen von der moderierenden Person mitgestaltet. Die Methode basiert auf einer sinnvollen Verbindung von Visualisierung und Gruppenlenkung. Moderation ist eine geeignete Methode, die besonders bei großer Komplexität eines vorliegenden Problems und der Betroffenheit vieler Personen hilfreich ist. Die Phasen der Moderation sind nach Rudolf Donnert und Andreas Kunkel:

- Die Gruppe einstimmen.
- Ein Problembewusstsein schaffen.
- Verschiedene Interessen klarstellen.
- Die verschiedenen Probleme auflisten und gewichten.
- Neue Gruppenergebnisse vor der gesamten Gruppe bearbeiten.
- Gruppenergebnisse vor der gesamten Gruppe präsentieren.
- Die Diskussion in der Gruppe.
- Eventuell einen gemeinsamen Aktionsplan für das spätere Vorgehen erarbeiten.

Der / Die Moderator/in bedient sich gewisser ausgearbeiteter Techniken, z. B. **„warming-ups", dies sind Vorstellungsrunden**, um die Menschen erst einmal zusammenzubringen. Auch Techniken der **Präsentation** und Techniken der **Strukturierung von Gesprächsabläufen wie Brainstorming** oder das **Blitzlicht** sowie der Einsatz von **Metaplan** finden Verwendung. Im Folgenden werden einige Moderationstechniken und -anforderungen kurz dargestellt (heutzutage kann man bereits eine Ausbildung zum / zur Moderator/in machen), für Genaueres wird auf Literatur verwiesen. **Moderator/innen** brauchen vor allem die folgenden Qualifikationen, die wir auch von den Gesprächsregeln her kennen:

- zuhören können,
- verstehen können,
- zusammenfassen können,
- Gefühle zeigen.

Eine spezielle Form der Moderation von Gesprächsabläufen ist die Metaplantechnik. Darunter versteht man die visualisierte Leitung von Gesprächsprozessen, bei der einzelne Gedanken der Teilnehmenden stichwortartig auf Kärtchen geschrieben und gemeinsam an Pinnwänden (Metaplanwand) strukturiert und bewertet werden. Dies eignet sich vor allem für gemeinsame Arbeitsgespräche, die der Klärung und Entscheidung dienen.

Blitzlicht

Das Blitzlicht ist ein Kommunikationsinstrument, mit dessen Hilfe eine Gruppe schnell ein Bild der Gefühle, Wünsche und Erwartungen der Mitglieder gewinnen kann. Es sollte am Anfang und am Ende jeder Sitzung durchgeführt werden. Die Teilnehmer/innen können das Blitzlicht auch einfordern, wenn Unlust, Desinteresse oder Aggression zu spüren sind. Jedes Gruppenmitglied reihum nimmt dabei Stellung zu Fragen wie: was erwarte ich von der heutigen Gruppenarbeit, was hat mich geärgert oder gefreut an der Gruppenarbeit, wie hat mir die Sitzung gefallen? Die Gruppenmitglieder gehen nicht gegenseitig auf die Beiträge der anderen ein, eine Diskussion soll erst stattfinden, wenn alle ihr kurzes Statement abgegeben haben. Oft werden durch das Blitzlicht Störungen in der Gruppe sichtbar und können bei der weiteren Zusammenarbeit berücksichtigt werden. Auch wird ein Meinungsbild aller Teilnehmenden eingeholt, diejenigen die meist schweigen, sprechen und die Dominanten sprechen nicht allein.

Kontrollierter Dialog

Beim Kontrollierten Dialog wird das Gespräch so geführt, dass eine Person spricht, und eine andere Person zuhört. Eine dritte Person beobachtet das Gespräch und kontrolliert, dass die Regeln eingehalten werden. Ist die sprechende Person mit ihrem Beitrag zu Ende, wiederholt die zuhörende Person das, was sie von dem Gesprächsbeitrag der anderen Person verstanden hat, und spricht dann über ihre eigenen Ansichten. Daraufhin wiederholt die zuhörende Person das Gehörte in eigenen Worten und spricht dann darauf bezogen in eigener Sache. So entsteht ein zeitverzögertes Gespräch, das dazu dienen soll, das gegenseitige Verständnis zu sichern, da durch die stetige Wiederholung des eben Gehörten Missverständnisse schon im Vorfeld sichtbar werden und geklärt werden können. Deshalb ist diese Gesprächsform besonders für schwierige Gespräche über kontroverse Themen sehr hilfreich, vergleichen Sie auch die Mediation in Konflikten (siehe Kapitel 3.8, „Professionelle Konfliktbearbeitung: Streitschlichter und Mediation"). Dass man im Alltag nicht immer so kontrolliert diskutieren kann, versteht sich von selbst. Man sollte aber in der Lage sein, jederzeit einen Gesprächsablauf so kontrolliert durchführen zu können.

Übung: Kontrollierter Dialog

Bitte wählen Sie sich zu zweit ein Thema, bei dem Sie möglichst nicht einer Meinung sind. Versuchen Sie dann, es „kontrolliert" zu diskutieren. Das bedeutet, bevor Sie der anderen Person antworten, fassen Sie immer erst mit eigenen Worten kurz zusammen, was sie gesagt hat. Dieses verstehende Wiederholen und Zusammenfassen sollen zu Übungszwecken während des gesamten Gesprächs durchgeführt werden. Wenn eine dritte Person die Übung beobachtet, kann Sie Ihnen zurückmelden, wie gut Sie zusammengefasst haben.

Literatur

Donnert, Rudolf; Kunkel, Andreas: Präsentieren gewusst wie. Würzburg: Lexica Verlag 1999.
Gudjons, Herbert: Spielbuch Interaktionserziehung. Bad Heilbronn: Schneider Verlag 1992.

2.8 Argumentieren und Manipulieren: Rhetorische Sozialtechnologie in Gesprächen

Wir bieten eine kurze Einführung und zwei Konkretisierungen.

2.8.1 Was heißt und wozu dient praktische rhetorische Sozialtechnologie?

Moderne kommunikative Sozialtechnologie ist heute ein weites Feld. Sie reicht vom Einsatz rhetorischer Mittel über Formen der Präsentation bis zu Moderation und Mediation. Wir beschränken uns hier auf die **rhetorische Sozialtechnologie**, weil wir die anderen Bereiche in eigenen Kapiteln behandeln.

Rhetorische Sozialtechnologie wird hier als ein zentraler Bereich innerhalb der Argumentations- und Gesprächskommunikation verstanden. Sie umfasst Mittel und Techniken der sprachlichen und gestisch-mimischen Kommunikation, die geeignet sind, dem Redebeitrag oder der Äußerung zum Erfolg zu verhelfen. Diese werden exemplarisch, besonders für den Bereich der Argumentation unten angesprochen. In der Praxis einer Rhetorik als praktische Sozialtechnologie geht es vor allem darum, den / die Gesprächspartner/in zu überzeugen und / oder manchmal auch zu überreden.

Jede/r weiß, wie oft es in verschiedenen Lebenssituationen notwendig ist, unsere Interessen zu vertreten, anderen unsere Positionen klar zu machen und diese möglichst auch durchzusetzen – am Arbeitsplatz, in der Familie oder in Paarbeziehungen, in der Schule, an der Universität, aber auch vor Gericht oder in einer Bewerbung. Es kann auch darum gehen, etwas zu verkaufen oder in der Teambesprechung eine Entscheidung anzuregen. Dafür müssen wir argumentieren und überzeugen, also entsprechende verbale Fertigkeiten entwickeln.

Praktische Sozialtechnologie in der modernen Wissensgesellschaft ist geeignet:
- zur Steigerung der Kommunikationsfähigkeit,
- zur Lösung von Führungsproblemen und Konflikten,
- zur Erweiterung der Fähigkeiten zum freien Sprechen,
- zur Anfertigung wirkungsbezogener Texte,
- zum Durchschauen von Argumentations- und Manipulationstechniken in Politik, Massenmedien, Werbung,
- zur Dekodierung von verhüllten Botschaften (sie stellt unter anderem die folgenden Fragen: 1. Welches ist der Zweck des Redebeitrags? 2. Welches sind die Mittel, mit denen der / die Sprecher/in / Redner/in diesen Zweck zu erreichen versucht?)

2.8.2 Die rhetorische Frage als Beispiel für ein rhetorisches Mittel

Sicher kennen Sie den Begriff **Rhetorische Frage** und Sie wissen, dass es sich dabei um eine Frage handelt, die keine echte Antwort erwartet, sondern eher einer Aufforderung gleichkommt. Sie wird als rhetorisches Mittel im Sinne der indirekten Lenkung eines Gesprächs oder einer Argumentation eingesetzt. Alltägliche Beispiele dafür sind:

- Freundin zu Freund: *„Gibst Du mir noch eine Chance?"*
- Quizmaster zu Kandidaten: *„Meinen Sie wirklich, dass Ihre Antwort richtig ist?"*
- Vertreter an der Tür: *„Haben Sie nicht doch etwas Zeit für mich?"*
- Stammtischgespräch: *„Du willst doch jetzt nicht noch ein Bier trinken?"*
- Großvater zum Enkel: *„Du hast doch bestimmt noch Hunger?"*
- Mutter zur Tochter: *„Du willst doch so nicht nach draußen gehen?"*

Aber warum stellt man dann solche Fragen, etwa in Streitgesprächen, Verkaufsgesprächen oder in Politikerreden, aber auch in der alltäglichen Kommunikation? Der Grund liegt darin, dass **Fragen eine Art (Schein-)Gespräch eröffnen** und so den kommunikativen Prozess beleben und dass man durch rhetorische Fragen in Form einer **persönlichen Ansprache** das Interesse der Zuhörerschaft wecken kann. Und darum geht es zunächst: Man will die Zuhörenden mit der rhetorischen Frage direkt ansprechen und gegebenenfalls auch gespannt machen auf das, was folgt, deren Aufmerksamkeit herausfordern, sie zum Mitdenken und Mitfühlen bewegen.

Rhetorische Fragen als indirekte Aufforderungen:
- erhöhen die **Flexibilität** im Denken der Hörer/innen,
- lenken die **Aufmerksamkeit** auf bestimmte, von ihnen gewählten Aspekte,
- **beleben** den Argumentationsprozess,
- **„öffnen"** den Intellekt Ihrer Hörer/innen und führen über Erstaunen zu neuen Einsichten,
- bringen Ihre Hörer/innen dazu, neue Einsichten (mit Ihnen) quasi **selbst** zu **entdecken**.

2.8.3 Argumentieren

Argumentieren ist die zentrale **Tätigkeit in der Überzeugung und Überredung**. Das Argument ist ein komplexes Element in der Kommunikation, deshalb eine ausführliche Definition:
- **Argument**: (lat. argumentum Darstellung, Beweis) *„etwas, was als Beweis, Bekräftigung einer Aussage vorgebracht wird"*
  (Duden: Fremdwörterbuch)
- **Argumentation**: (lat. argumentatio Beweisführung) *„Komplexes sprachliches Verfahren zur einvernehmlichen Klärung kontroverser Meinung. Der Kern einer A. besteht in der schlüssigen Anknüpfung von Strittigem an Unstrittigem."*
  (Lexikon der Sprachwissenschaft)

Eine Argumentation kann
- **„fair" (partnerorientiert)** oder
- **„unfair" (nicht-partnerschaftlich) geführt werden.**

A) Partnerorientierte Grundprinzipien

Beim schriftlichen oder mündlichen Argumentieren will man:
- **„Strittiges" klären,**
- **Konflikte bewältigen** und / oder
- **Standpunkte austauschen und gegeneinander abwägen.**

Häufig sollen durch Argumentationen Entscheidungen getroffen werden. Wer beim Argumentieren überzeugen will, muss den / die Andere/n als Gesprächspartner/in mit eigenen Vorstellungen, Auffassungen und Meinungen akzeptieren. Einverständnis und ggbfs. auch Kompromiss sind das Ziel des Argumentierens. Allerdings endet Argumentieren auch häufig damit, dass man Standpunkte gegeneinander abgrenzt.

B) Nicht-partnerschaftliches Argumentieren

Nicht selten will man beim Argumentieren auch nur eigene Vorstellungen oder die Interessen einer bestimmten Gruppe durchsetzen, partnerschaftliche Anerkennung und Kompromissfähigkeit bleiben dann leicht auf der Strecke. Wenn man den **Standpunkt des Gegenübers** in einer Argumentation **erschüttern** will, kann man:
- entweder die Richtigkeit seiner / ihrer Argumente bestreiten
- oder die Genauigkeit seiner / ihrer Argumente bezweifeln.

Daneben gibt es aber auch Techniken, die eher stark leitend, manipulierend sind. Sie werden als nicht-partnerschaftliche Argumentationstechniken bezeichnet.

Techniken des nicht-partnerschaftlichen Argumentierens

Es gibt eine **Vielzahl** von Argumentationstechniken, die man als nicht-partnerschaftlich, also auch als **„unfair"**, ansehen kann. Eine gewisse Legitimation können solche Techniken allenfalls aus der kommunikativen Situation (z. B. beim Verhör) oder als helfende Strategien erhalten. Dennoch trägt man bei der Verwendung der Strategien eine große Verantwortung. **Man kann seine/n Gesprächs„partner/in" z. B.:**

- durch **Rückfragen** zur (dauernden) Präzisierung zwingen,
- durch **Vorwegnahme** eines möglichen Einwandes in die Defensive bringen,
- durch Betonung der Kehrseite (**Ja – aber**) von seiner / ihrer eigenen Betrachtung abbringen,
- durch **Ausweichen** vom eigentlichen Diskussionsgegenstand ablenken,
- durch **scheinbare Zustimmung** in einzelnen Dingen „nur" im Gesamten Unrecht geben.

Man bezeichnet die Techniken beim nicht-partnerschaftlichen Argumentieren auch in der folgenden Art und Weise:
- Bestreite-,
- Personalisierungs-,
- Vergleichs-,
- Ausweich-,
- „Ja – aber"-,
- Verwirrungs-,
- Abwertungs-,
- Hinhalte-,
- Scheinstützen-,
- Emotionalisierungs-,
- Übertreibungs-,
- Entstellungs-,
- Autoritäts- oder
- Fangfragentechnik

Nicht-partnerschaftliches Argumentieren, hier am Beispiel „Killerphrasen" (in der Schule): Killerphrasen sind Aussagesätze, die einen Sachverhalt so darstellen, als wäre er eine **allgemeingültige Wahrheit**. Tatsächlich aber ist es nur eine Meinung, die veränderbar ist, wie z. B.:

- *Die (Lehrer/innen) ändern sich doch sowieso nicht...*
- *Da (in unserer Schule) lässt sich nichts machen...*
- *Wir machen doch andauernd Projekte...*
- *Dafür haben wir viel zu wenig Zeit...*
- *Das klappt nie...*
- *Da macht doch keiner mit...*
- *Es hat ja eh keiner Lust dazu...*
- *Das interessiert doch sowieso keinen...*
- *Das war doch schon immer so...*
- *Bei mir geht das einfach nicht...*
- *Das kriegen wir nie hin...*
- *Versteh' ich sowieso nicht...*
- *Das hat keinen Sinn...*
- *Die Lehrerin hat doch keinen Bock drauf...*

Verwendete Literatur
Gora, Stephan: Grundkurs Rhetorik. Eine Hinführung zum freien Sprechen. Lehrerband und Schülerband. Stuttgart: Klett Schulbuchverlag 1992.
Herbig, Albert F. (Hg.): Konzepte rhetorischer Kommunikation. St. Ingbert: Röhrig 1995.
Kopperschmidt, Josef: Allgemeine Rhetorik. Einführung in die Theorie der Persuasiven Kommunikation. Stuttgart: Kohlhammer 1973.
Pabst-Weinschenk, Marita: Reden im Studium. Ein Trainingsprogramm. Argumentieren, Körpersprache. 4. Auflage Frankfurt am Main: Cornelsen Scriptor 2000.

2.9 Keine Angst vor(m) Reden: Praktische Rhetorik

Die Rhetorik ist eine Wissenschaft mit langer Tradition. Sie ist **Redekunst und praktische Sozialtechnologie** zugleich. Alle drei Aspekte sollen kurz für die normale Lebenspraxis angemessen dargestellt werden. Rhetorik ist, wie viele moderne Seminarangebote und die Aufnahme in Ausbildungsprogramme aller Art zeigen, (wieder) im Kommen und hat im angelsächsischen Bereich eine durchgehende Tradition. Rhetorische Kenntnisse sind in einer Wissens- und Kommunikationsgesellschaft in allen Führungspositionen in Wirtschaft, Politik und Journalismus, in Lehrberufen, aber auch in Vereinen und im persönlichen Leben notwendig. Die Kenntnis der Rhetorik hilft uns zu durchschauen, was immer wieder von Rednern / Rednerinnen und Menschen mit uns gemacht wird.

2.9.1 Klassische Rhetorik: Nur ganz wenige Bemerkungen zur Geschichte

- 5. vorchristliches Jahrhundert: Die Rhetorik bildet sich in Griechenland zur Schlichtung vom Eigentums- und anderen Rechtsstreitigkeiten heraus: systematische Schulung in der Argumentation und in sprachlicher Überzeugung und Überredung.
- Schon in der griechischen Antike Professionalisierung im Sinne der Ausbildung von Rhetoren (Isokrates, Lysias von Syrakus), Integration in den Lehrplan der höheren Bildung.
- Theoretische Grundlegung durch die „Rhetorik" des Aristoteles.
- Neue Blüte im antiken Rom als Theorie (ars rhetorica) wie Praxis (ars oratoria) der Rede. Bei Cicero und besonders bei Quintilian („Institutio oratoria") wird die Rhetorik in ihrem Wert für die Politik und besonders für Bildungsprozesse beschrieben.
- Im Mittelalter bleibt die Rhetorik, nun entsprechend der christlichen Lehre (Augustinus) modifiziert, ein zentraler Teil des Triviums der septem artes liberales, also der höheren Schulbildung.
- Angelegt bereits in der Antike und verstärkt in der Renaissance und bis ins 18. Jahrhundert hinein ist die Rhetorik ein zentraler Bestandteil der Produktion und Rezeption von Dichtung, aber auch von theologischen, philosophischen und anderen wissenschaftlichen Texten.
- Ende des 18. Jahrhunderts löst sich die Rhetorik als System auf, sie bleibt aber wesentlich für das staatlich-gesellschaftliche Leben, für die Politik, das Rechtswesen und auch für die Bildungsinstitutionen.
- 20. Jahrhundert: Wiederbelebung der Rhetorik im Rahmen einer kommunikationstheoretischen Bestimmung: Besonderes Gewicht erlangt sie durch die verwendeten Techniken als Instrument des Informationstransfers und für die Analyse kommunikativer Handlungen in der Medienkommunikation.

Zuletzt: Wichtige Informationen zur Rhetorik im Internet: www.uni-tuebingen.de/Rhetorik/.

2.9.2 Inhalte und Ziele der klassischen Rhetorik

Wir alle können reden – nicht zuletzt diese Fähigkeit macht uns zu Menschen, wie allgemein angenommen wird. Aber damit können wir noch nicht Reden halten, im Gegenteil, viele haben Angst vorm Reden. Diese zunächst schlichte Feststellung hat weit reichende Konsequenzen. Sie wurde bereits in der griechischen und römischen Antike erkannt, der Zeit, in der die Redekunst entwickelt wurde. Die großen Theoretiker der Rhetorik (Aristoteles, Cicero und Quintilian) führten aus, dass zur „Redefähigkeit" (lat. natura) als Naturanlage die folgenden drei Dinge hinzukommen müssen, wenn der Mensch nicht nur einfach reden will, sondern „gut" reden.

1. Kunst und Wissen (lat. ars, doctrina)

Der Begriff Kunst bezeichnet in der Rhetorik ein „Können", eine bestimmte, hier überwiegend verbale Fähigkeit, die **Redekunst**. Es ist die „Kunst", ein Anliegen in einer gekonnten, präzisen und ansprechenden Weise formulieren zu können. Dazu gehört nach den Vorstellungen der klassischen Rhetorik ein Wissen über die Sachverhalte, über die ich reden will, wie auch ein Wissen über die **rhetorischen Figuren**. Das sind sprachliche Bilder (Metaphern) und feste Redewendungen (Topoi), die ich anwenden will. Weiterhin gehört zum guten Reden:

2. Erfahrung und Übung (lat. exercitatio)

Hier geht es um die Technik, unser Anliegen möglichst verständlich und überzeugend vorzutragen, sowohl durch die Wahl unserer Worte, als auch durch Stimmführung, Gestik, Intonation etc. Mit diesem Teil beschäftigt sich die **Sprecherziehung**.

3. Redeziele und Ziele der Rhetorik

Historisch entwickelte sich die Rhetorik vor allem aus der Politik und dem **Rechtswesen**, wo sie auch heute noch den größten Einfluss hat. Ein demokratischer Staat funktioniert auf seinen verschiedenen Ebenen (Bund, Land, Kreis, Stadt) nur über Redeaustausch und eine teamorientierte Wirtschaft wird ebenfalls sehr stark über Vortrag und geordnete Entscheidungsprozesse gesteuert. Das Gleiche gilt für das Rechtswesen, in den öffentlichen Medien und mit Einschränkungen auch für die Lehrberufe. Deshalb gehört eine Rhetorikausbildung für Politiker/innen, Manager/innen, Jurist/innen und Journalist/innen heute praktisch zur regulären Ausbildung dazu. An Äußerungsformen in Konflikten können wir auch heute die Grundformen des Rhetorischen gut ablesen. Ein/e Politiker/in muss z. B. über Kunst und Wissen, Erfahrung und Übung verfügen, um seine / ihre Wähler/innen in gleicher Weise für sich gewinnen zu können, ein/e Manager/in oder Funktionär/in muss seine / ihre Mitarbeiter/innen gekonnt überzeugen. Auch ein/e Anwalt / Anwältin muss über eine Rhetorik in Wort und Schrift verfügen, um sein / ihre Klient/innen erfolgreich vor Gericht verteidigen zu können. **Ziel** der Rhetorik ist es deshalb seit ihrem Beginn, Mittel an die Hand zu geben, um andere Menschen – Vertragspartner/innen, ein Publikum, das Gericht, überhaupt eine Zuhörerschaft – zu **überzeugen** oder

auch zu **überreden**. Beides wird mit dem lateinischen Begriff der **Persuasio** bezeichnet. Daraus ergeben sich auch die Formen, mit denen diese persuasive Wirkung erzielt werden soll:
- die rationale Überzeugungsarbeit mit Argumenten,
- die emotionale, affektive Einwirkung auf das Publikum.

Die Kenntnis der wichtigsten Einsichten der Rhetorik hilft Ihnen nicht nur, eigene **Reden vorzubereiten** (im kleineren Kreis kommt praktisch jeder in diese „Verlegenheit"), sondern Sie haben dann auch die Möglichkeit, **Reden zu analysieren**, sich gegebenenfalls auch ihrer Überzeugungsmanöver (Persuasion) zu entziehen oder kritisch damit umzugehen: Sie wissen, was mit Ihnen gerade getan wird.

2.9.3. Und jetzt das klassische Modell

Die fünf Produktionsstadien der öffentlichen Rede bilden das wichtigste systematische Einteilungsprinzip der Rhetorik. Diese Arbeitsschritte sind grundlegend für fast jede Art von Reden und regeln die Ausarbeitung einer Rede vom Auffinden der Gedanken bis zum medialen Vortrag.

1. Inventio:

Am Anfang steht die Erkenntnis des **Themas**, seine Zuordnung zu einer der drei klassischen **Redegattungen (Gerichtsrede, Politische Rede, Festrede)**, und das Auffinden aller zur wirkungsvollen Behandlung des Gegenstands nötigen Argumente und Materialien. Zu deren Erforschung hat die Rhetorik ein eigenes System von Suchkategorien (Topik) ausgebildet, die personen- oder problembezogen alle möglichen Fundorte für Argumente, Beweise oder sonstige Belege erschließen.

2. Dispositio:

Im zweiten Arbeitsstadium hat der / die Autor/in die **Gliederung des Stoffes** festzulegen. Dabei bildet die Frage nach der Angemessenheit der Gliederung der Sache und der Angemessenheit für das Publikum ein wichtiges Kriterium. Mit der Lehre von den vier Redeteilen hat die Rhetorik systematische Hilfestellungen für diese Aufgabe entwickelt. Die vier Redeteile bestehen aus:
- Einleitung (exordium),
- Darlegung des Sachverhalts (narratio),
- Argumentation und Beweisführung (argumentatio),
- Redeschluss (conclusio, peroratio).

3. Elocutio:

Das dritte Arbeitsstadium umfasst die **sprachlich-stilistische Produktion** der Rede. Die Elocutio ist das differenzierteste Teilgebiet der Rhetorik. Es umfasst die **Figuren und Topoi** sowie Regeln für den Wortgebrauch und die Satzfügung, soweit diese nicht nur der grammatischen Korrektheit, sondern der **Sprachrichtigkeit und Deutlichkeit**, den stilistisch-rhetorischen Zwecken dienen. **Angemessenheit** in Bezug auf Inhalt und Zweck der Rede sind die obersten Stilqualitäten, Redeschmuck wird verwendet, jedoch wird alles Überflüssige vermieden.

Um allen Wirkungsabsichten zu entsprechen, hat die Rhetorik zum Teil sehr komplizierte Stillehren entwickelt, doch allein die wohl auf Theophrast zurückgehende **Dreistillehre hat sich durchgesetzt** und beherrschte die Geschichte der europäischen Beredsamkeit und Literatur bis ins 19. Jahrhundert. Die Dreistillehre unterscheidet zunächst die **schlichte, schmucklose**, sowohl dem belehrenden Zweck wie der alltäglichen Kommunikation angepasste Redeweise von der auf **Unterhaltung und Gewinnung der Zuhörer/innen** ausgerichteten Redeweise. Diese bedient sich des Redeschmucks auf eine wohldosierte Weise und soll so eine sympathische Beziehung zwischen Redner/in und Publikum herstellen. Von diesen beiden abgesetzt wird als Alternative die **großartige, pathetisch-erhabene Ausdrucksweise**, die alle rhetorischen Register zieht und die Zuhörer/innen mitreißen will. Sie ist besonders handlungsbezogen und zielt auf Entscheidung und praktische Veränderung aufgrund der zuvor durch Darlegung und Argumentation erreichten Einstellungsveränderung oder -sicherung.

4. Memoria:

Hier konzentriert sich der / die Redner/in auf das **Einprägen der Rede** ins Gedächtnis (memoria) mittels mnemotechnischer Regeln und bildlicher Vorstellungshilfen, heute oft als **Probevortrag** angewendet.

5. Actio:

Das letzte Produktionsstadium besteht in der **Verwirklichung der Rede** durch Vortrag (**pronuntiatio**), **Mimik, Gestik** und sogar **Handlungen (actio)**. Die Rhetorik entwickelte eine ausgefeilte **Sprechtechnik**, Regeln zur körperlichen Beredsamkeit und in neuerer Zeit eine Rhetorik der **Präsentation** (siehe Kapitel 2.7, „Präsentationen in Veranstaltungen und Moderation von Gesprächen") und der medialen Darbietung. In diesem letzten rhetorischen Arbeitsstadium liegt auch der Ursprung von Schauspiel/er- und

Teil 2: Konzepte und Praxis guter Kommunikation

Theatertheorien sowie der *„gesellschaftlichen Beredsamkeit"*, wie Adolf von Knigge seine Kunst des „Umgangs mit Menschen" nannte.

2.9.4 Moderne praktische Rhetorik: So reden Sie erfolgreich!

Das klassische Modell wurde in neuerer Zeit durch das *8-Stufenmodell* (nach Dale Carnegie) ergänzt. Es werden acht wichtige Hinweise gegeben, die für eine erfolgreiche Rede grundlegend sind:

1. Welche Ziele und Strategien verfolgen Sie mit ihrer Rede? Wer sind Ihre Zuhörer/innen?
2. Mentale Vorbereitung: Machen Sie sich die eigene (Erfolgs-)Vision bewusst.
3. Körperliche Vorbereitung: Bereiten Sie sich mit Stimme, Mimik, Gestik und dem richtigen Stehen auf den Auftritt vor.
4. Bauen Sie die Brücke von sich zu Ihren Zuhörer/innen oder lassen Sie diese bauen.
5. Mit einem schwungvollen Anfang ziehen Sie die Teilnehmer/innen in Ihren Bann.
6. Die Rede muss abwechslungsreich und lebendig bleiben – so kommen Ihre wichtigen Botschaften bei den Zuhörenden an.
7. Schaffen Sie einen bleibenden Eindruck, den Ihr Publikum mit nach draußen nehmen kann.
8. Machen Sie die Fragenden zu Gewinner/innen – geben Sie mit den Antworten weitere wichtige Botschaften mit.

2.9.5 Weitere Hinweise zur praktischen Rhetorik

1. Wer redet, muss die Beziehungsebene stets berücksichtigen.

Eine Rede ist immer auch eine Kommunikationssituation. Wir wissen, dass jede Kommunikation auf zwei Ebenen verläuft, auf der (sachlichen und überwiegend verbalen) Inhaltsebene und auf der (emotionalen) Beziehungsebene. Wir kommunizieren immer auf beiden Ebenen gleichzeitig, jedoch ist im Zweifelsfalle die Beziehungsebene die entscheidende Ebene (siehe Kapitel 1.4, „Fünf grundsätzliche Annahmen über kommunikatives Handeln und Beziehungen"). Beim Vortragen einer Rede oder eines Referats, aber auch bei zielgerichteten Konversationen (Gesprächsrhetorik), sollte man diese Erkenntnis im Blick behalten. Es geht also nicht allein um die Kraft der besseren (sachlichen) Argumente, sondern darum, sich und seine Absicht in einer Weise zu präsentieren, die mit einer positiven Aufmerksamkeit der Zuhörer/innen rechnen kann.

2. Stimmen Sie Ihre Zuhörer/innen positiv auf die Rede ein!

Schaffen Sie eine Atmosphäre, die Ihre sachlichen Argumente fruchtbar werden lässt und beugen Sie so einer emotionalen Blockade vor!

3. Innere Einstellung

Die innere Einstellung, die wir unserem Publikum (Gesprächspartner/innen, Kolleg/innen oder Schüler/innen) gegenüber haben, teilt sich immer auch ohne Worte durch Tonfall, Betonung, Pausen und Körpersprache mit. Es gilt also, sich selbst kritisch zu überprüfen (Selbst-Inventur):
- Wie stelle ich mich dar?
- Welche körpersprachlichen Signale sende ich aus?
- Wie ist meine Stimmführung?
- Welche sprachlichen Unzulänglichkeiten (Intonation, Dialekt etc.) habe ich?

Am besten ist es, wenn man sich von Zeit zu Zeit im Probevortrag auch von anderen (etwa Freund/innen) beurteilen lässt oder sich selbst „verfremdet", etwa durch Ton- oder Videoaufnahmen. Vorläufig können wir auch schon zwei Grundregeln für den Vortrag der Rede aufstellen:
- Nie sofort zu sprechen beginnen!
- Betrachten Sie zuerst Ihr Publikum, stellen Sie Kontakt her und versuchen Sie, die Zuhörer/innen in ihrer Zusammensetzung einzuschätzen. Nehmen Sie zuerst Kontakt auf!

4. Ich habe Angst...

Jeder Mensch kennt die Angst, sich vor anderen zu präsentieren. Diese ist besonders stark in bestimmten Situationen wie Prüfungen, Vorstellungsgesprächen, beim ersten Rendezvous, vor Gericht, vor der Rede auf einer Geburtstagsfeier. Die Ängste können wir unterscheiden in eine:

Sozialangst	Der Umgang mit anderen löst Angstgefühle aus, auch in so genannten „normalen" Situationen. Eine solche Angst kann, wenn sie stark wird, zu einer erheblichen Beeinträchtigung der Lebensqualität führen und muss dann vielleicht mit therapeutischen Mitteln angegangen werden. Ist die Sozialangst nicht derart stark, können auch spezielle Kommunikationsübungen (aus einem Kommunikationstraining) helfen, sie abzubauen.

Teil 2: Konzepte und Praxis guter Kommunikation

Redeangst	Speziell die Redesituation wirkt Angst auslösend. Fast jede/r kennt eine solche Angst: der Schauspieler, die Lehrerin, der Prüfungskandidat, die Chefin, der Gelegenheitsredner.

Angst wirkt hemmend! Sie bringt uns dazu, zu stottern, rot zu werden, im extremen Fall erleben wir eine totale Blockade: Nichts geht mehr, wir vergessen den eingeprägten Text, verhaspeln uns ständig, sind unkonzentriert, können auf die anderen nicht mehr eingehen.

Einige Tipps gegen Redeangst

„Reden" heißt in unserem Zusammenhang keineswegs nur: eine förmliche Rede halten. In den verschiedenen Redesituationen können folgende Tipps gegen die Angst helfen:

Positive Erfahrungen beim Sprechen und Reden machen!

Man sollte sich, auch wenn es zunächst Angst macht, so oft wie möglich in Redesituationen begeben, ein mündliches Referat vortragen, sich aktiv an Diskussionen beteiligen etc.

Rhetorik- und Redetrainings werden von Erwachsenenbildungsinstitutionen, privaten Firmen und Universitäten angeboten. Entsprechendes Lehrmaterial in Buch- oder Kassettenform steht auch zur Verfügung. Auch so können Redeängste abgebaut werden (wenn die Trainingskonzepte gut sind).

5. Unbekannte Situationen kennen lernen!

Unbekanntes macht uns Angst, das ist eine allgemein menschliche Erfahrung. Den einen packt diese Angst mehr, die andere weniger. Auf jeden Fall ist es normal, in solchen Situationen, in neuen Umgebungen, mit neuen Menschen unsicher zu werden. Für Redesituationen heißt das zweierlei: Zunächst einmal sollte man in relativ vertrauten Umgebungen zu reden beginnen, da fällt es leichter. Und – wenn es geht – sollte man sich mit neuen Orten und Personen erst einmal vertraut machen, wenn man etwas zu sagen hat.

Übermäßige Redeangst kann zur **Blockade** führen: Was also tun? Wir können diese Empfindung in zwei Komponenten zerlegen:

- **Die Aufregung.** Sie ist zunächst einmal normal. In Untersuchungen hat man herausgefunden, dass Redeängstliche beim Redebeginn am aufgeregtesten sind, während nicht so Redeängstliche den höchsten Gipfel der Aufregung schon in der Minute vor Redebeginn haben. Es könnte also hilfreich sein, die **Aufregung eine Minute vor Redebeginn zuzulassen** oder gar zur fördern.
- **Die Angst vor Misserfolg.** Meistens ist diese Angst nicht berechtigt, sofern man die Situation richtig einschätzt und **gut vorbereitet** ist (z. B. bei einer förmlichen Rede). Dann kann man im Allgemeinen mit dem Wohlwollen der Zuhörer/innen rechnen, die auch kleinere Unvollkommenheiten (etwa Versprecher) nicht übel nehmen oder sogar sympathisch finden.

6. Vortragsweise und Wirkungskraft der Rede

Es kommt für die Wirkungskraft einer Rede nicht allein auf das Was, also den Inhalt an, sondern in mindestens ebenso starkem Maße auf das Wie, die Art der Präsentation. Hier einige Ratschläge, wie Sie Ihren Vortrag / Ihr Referat optimieren können:

- **Den Blick auf Medien freihalten!**
  Vergewissern Sie sich, dass alle Zuhörenden stets einen freien Blick auf die eingesetzten Medien haben – die Tafel, das Bild des Projektors / Beamers oder den Bildschirm des Fernsehers.
- **Standort wechseln.**
  Dies – in Maßen praktiziert – gibt Ihnen die Möglichkeit, Ihre Gedanken zu sammeln und zu formulieren. Als dramaturgisches Element eingesetzt, können Sie mit Standortwechseln Themenabschnitte beenden oder neu beginnen.
- **Blickkontakt.**
  Halten Sie Blickkontakt zur Ihrem Publikum. Es fühlt sich dadurch auch persönlich angesprochen. Suchen Sie Ihre Formulierungen nicht auf dem Boden oder an der Decke – dies wirkt zerstreut oder überheblich. Wenn Sie Blickkontakt mit dem Publikum haben und halten, können Sie sofort Reaktionen des Publikums erkennen und darauf eingehen (fragende Blicke, Zustimmung durch Kopfnicken).
- **Nicht auf einzelne Teilnehmer/innen fixieren!**
  Es gibt in der Rhetorik die Weisheit: „Du hast immer einen Freund in der Gruppe", jemand, der / die durch Lächeln oder Zunicken seine / ihre Zustimmung signalisiert. Behalten Sie diese/n „Freund/in" im Auge, aber fixieren Sie ihn / sie nicht ständig.

Vertiefung

Tipps für den öffentlichen Vortrag von einer betrieblichen Mitarbeiterweiterbildung – Rhetorik

Sprechdenken im Fünfsatz

- 1. Satz: Die Rednerin / der Redner muss die Zuhörer/innen interessieren, aufmerksam machen, sie einbeziehen.
- 2. bis 4. Satz: Die Gedanken müssen auf ein Ziel hin klar geordnet werden. Die Rednerin / der Redner muss (auswählen) argumentieren.
- 5. Satz: Es muss deutlich werden, was die Rednerin / der Redner will: Warum spreche ich, Was ist?, Was müsste sein?, Wie lässt sich das erreichen?, Was sollen die Menschen tun? (Aufforderung)

25 Regeln, unmessbare Wirkung

- Regel 1: Formulieren Sie aktiv!
  „Wir befürworten diesen Antrag." Statt: „Dieser Antrag wird von uns befürwortet."
- Regel 2: Sprechen Sie persönlich!
  Verwenden Sie öfter „wir" oder „Sie" statt des unpersönlichen „man".
- Regel 3: Fassen Sie sich kurz!
  Einer der schlimmsten Fehler überhaupt ist langes Schwafeln. Klare überschaubare Statements, nicht zu lang, nicht zu kurz! In der Kürze liegt die Würze!
- Regel 4: Bilden Sie überschaubare Sätze!
  Das was Sie sagen, darf nicht zu lang sein. Die Sätze, die Sie im Einzelnen sprechen, sollten ebenfalls keine Bandwurmsätze sein.
- Regel 5: Fragen Sie nach!
  Es gibt keine dummen Fragen, es gibt nur dumme Antworten! Fragen zeugen von Wissbegier!
- Regel 6: Indikativ statt Konjunktiv!
  Beliebt und bekannt sind Formulierungen wie: „ich würde sagen" oder „ich möchte nur beinahe glauben". Nun würde ich das ja nicht nur sagen, sondern ich sage es ja tatsächlich in dem Augenblick. Der Indikativ klingt wesentlich bestimmter.
- Regel 7: Wiederholen Sie!
  Benutzen Sie ganz bewusst Wiederholungen in Ihrer Rede. Sie steigern damit die Wirkung. Bsp.: „Nur wenn wir, und zwar alle ohne Ausnahme, jetzt zusammenhalten, kommen wir aus diesem Schlamassel wieder raus!"
- Regel 8: Machen Sie nicht jedes Modewort mit!
  Die Werbung mag ohne Wortkreationen wie „kuschelweich" oder „aromaversiegelt" nicht auskommen. Der / Die Sprecher/in sieht sich al-

lerdings nur in der Lage, die genannten Beispiele als ironische Zitate zu benutzen. Machen Sie nicht jeden Schwachsinn mit!
- Regel 9: Zitate und Sprichwörter einflechten!
  Dies ist besonders wirkungsvoll am Anfang und am Ende einer Rede.
- Regel 10: Spielen Sie mit Worten!
  Ein Wortspiel ist immer eine feine Sache. Gewöhnlich dient es dazu, Lachen oder Lächeln zu erzeugen. Ein Wortspiel prägt sich bei den Zuhörer/innen besonders gut ein, hat einen hohen Erinnerungswert. Bsp.: „Eifersucht ist eine Leidenschaft, die mit Eifer sucht, was Leiden schafft!"
- Regel 11: Denken Sie in Gegensätzen!
  Verbinden Sie in einem Satz, einem Ausspruch oder Wort Gegensätzliches zu einer überraschenden Einheit. Bsp.: „Bittersüße Liebe".
- Regel 12: Überraschen Sie!
  Lenken Sie die Zuhörerschaft auf eine falsche Fährte, um diesen Trick dann hinterher zur Überraschung aller aufzudecken. Bsp.: „Das Essen war nicht gut. Es war hervorragend."
- Regel 13: Regen Sie zum Mitdenken an!
  Geben Sie dem Zuhörer, der Zuhörerin die Chance mitzudenken. Bsp.: „Dieses Problem muss jede/r für sich selbst lösen."
- Regel 14: Mut zur Lücke – die Pausentechnik.
  Das Wichtigste an einer Rede sind die Pausen. Sie strukturieren die Rede, gliedern sie in Sinnabschnitte.
- Regel 15: Brechen Sie auch mal ab!
  Brechen Sie, um die Spannung zu erzeugen, mitten im Satz (aber bitte gekonnt!) ab. Schauen Sie danach die Zuschauer/innen an, nur so erzeugen Sie Sicherheit.
- Regel 16: Seien Sie offen!
  Reden Sie zuhörergewandt, stehen Sie möglichst nicht mit verschränkten Armen.
- Regel 17: Unterstreichen Sie mit einer Geste den Sinn Ihrer Worte!
  Wenn Sie offen stehen, können Sie auch leicht mit Ihren Händen die Wirkung Ihrer Worte unterstreichen.
- Regel 18: Halten Sie Blickkontakt!
  Schauen Sie ihre Zuhörer/innen an.
- Regel 19: Sprechen Sie langsam!
  Sie können kaum zu langsam, wohl aber zu schnell sprechen! Reden Sie in Sinnabschnitten!
- Regel 20: Visualisieren Sie!
  Untermalen Sie Ihren Vortrag durch Tafelbilder, Schaubilder, Diagramme.

- Regel 21: Bringen Sie Bilder!
  Untermalen Sie nicht nur durch sichtbare Bilder, sondern auch durch hörbare, so genannte Metaphern.
- Regel 22: Vergleichen Sie!
  Bringen Sie Vergleiche! Nennen Sie z. B. nicht nur nüchterne Zahlen.
- Regel 23: Üben! Üben! Üben!
  Übung macht den Meister, die Meisterin. Wichtig ist die Redepraxis. Das Reden muss einem zur schönen Gewohnheit werden.
- Regel 24: Mut zu Fehlern!
  Haben Sie den Mut zu Fehlern, dann fällt das Reden nur noch halb so schwer. Eine Rede muss nicht perfekt sein. Im Gegenteil! Gerade die kleinen Schwächen machen Sie menschlich und damit sympathisch!
- Regel 25: Bleiben Sie natürlich!
  Man sollte sich zwar ab und zu kontrollieren, soll sich verbessern, an sich arbeiten. Doch wir sollten alle unsere Natürlichkeit bewahren.

7. Auftritt vor der Gruppe trotz Nervosität

Um emotionale Schwankungen im ersten Augenblick auszugleichen, gibt es mehrere Möglichkeiten:

- *Der schweigsame Rundblick*
  Der / Die Leitende blickt schweigend in die Runde und nimmt zu so vielen Personen wie möglich Augenkontakt auf, um sich so mit der Gruppe vertraut zu machen. In den meisten Fällen verursacht dies nicht nur innere Ruhe des Leiters / der Leiterin, sondern bringt auch die oft vorherrschende Unruhe in der Gruppe zum Erliegen.
- *Der Sympathieträger*
  Der / Die Leitende pickt sich eine Person aus der Gruppe heraus, die ihm / ihr spontan sympathisch ist oder zumindest freundlich und ruhig wirkt und blickt sie freundlich an, um sich selbst damit zu beruhigen. Diese Person wird auch während der Präsentation immer wieder als Fixpunkt benutzt, um sich selbst wieder zur Ruhe zu bringen, sobald man nervös wird.
- *Der Mikrofontest*
  Sofern mit einem Mikrofon gearbeitet wird, kann man auch den Mikrofontest (ob er nun notwendig ist oder nicht) benutzen, um die Stimmung aufzulockern. Man benutzt einfach einen kleinen Gag zum Testen, statt den üblichen „1-2-3-Tests".

- *Gang durch die Menge*
  Wenn die Örtlichkeiten es erlauben, kann man auch, statt von der Seite oder von hinten auf die Bühne / ans Pult etc. zu gehen, den Weg durch die Gruppe wählen. So schafft man bereits eine Distanzüberbrückung, bevor die Präsentation angefangen hat.
- *Der Geburtshelfer*
  Wenn jemand zur Verfügung steht, der / die eine kleine Einleitung sprechen kann oder den / die Leitende/n vorstellen kann, sollte man diese Möglichkeit nutzen, wenn man sehr nervös ist. So beginnt die Präsentation mit einem freundlichen Dialog, statt mit einer abrupten Gruppenkonfrontation.
- *Der offene Fehler*
  Statt zu versuchen, einen gemachten Fehler zu vertuschen, sollte man ihn ruhig offen und freundlich zugeben. Fehler sind menschlich und schaffen Sympathie, weil plötzlich etwas passiert, das alle verbindet. Perfektion schafft Kühle und Distanz.
- *Connecting Motion*
  Man kann der eigenen Nervosität vorbeugen, indem man, sofern es die Veranstaltung zulässt, ständig die körperliche Distanz zwischen sich und der Gruppe variiert. Dadurch ist es schwerer, die psychische Distanz als statische Größe und als Bedrohung wahrzunehmen.
- *Beruhigungsfragen*
  Wenn jemand selbst realisiert, dass er / sie nervös ist, kann er / sie sich durch Fragen ohne sachbezogenen Aspekt wie „Hören Sie mich alle gut?" oder „Können Sie da hinten auch alles sehen?" wieder beruhigen.
- Schweigen Sie niemals einen Fauxpas tot!
- Suchen Sie die *Bewegung*, wenn es geht!
- Lächeln macht ruhiger!
- Ein kleiner Gag ist wie ein Glas Sekt. Er erfrischt und belebt!
- Fundiertes Wissen ist die Basis jeder Kontrolle!

Und, fit in Rhetorik? Ein Feedbackbogen für die Zuhörer/innen nach dem Vortrag:

		1	2	3	4	5	
Sprechtempo	zu schnell / zu langsam						richtig
Tonmodulation	monoton						gute Betonung
Artikulation	undeutlich						deutlich
„ähm"-Laute	oft						keine
Pausentechnik	keine						gut
Augenkontakt	wenig						viel
Gestik	keine						angemessen
Haltung	keine						angemessen
Verständlichkeit	kompliziert						einfach
Übersichtlichkeit	unübersichtlich						gegliedert
	Weitschweifigkeit						Kürze
Emotionale Reaktion	interessant						langweilig
	aufschlussreich						banal
	wichtig						unwichtig
	nützlich						nutzlos

Verwendete Literatur

Gora, Stephan: Grundkurs Rhetorik. Eine Hinführung zum freien Sprechen. Lehrerband und Schülerband. Stuttgart: Klett Schulbuchverlag 1992.
Herbig, Albert F. (Hg.): Konzepte rhetorischer Kommunikation. St. Ingbert: Röhrig 1995.
Kopperschmidt, Josef: Allgemeine Rhetorik. Einführung in die Theorie der Persuasiven Kommunikation. Stuttgart: Kohlhammer 1973.
Pabst-Weinschenk, Marita: Reden im Studium. Ein Trainingsprogramm. Argumentieren, Körpersprache. 4. Auflage Frankfurt am Main: Cornelsen Scriptor 2000.

Literatur zur Klassischen Rhetorik und ihrer Geschichte
Ueding, Gert: Klassische Rhetorik. München: Beck 1995.
Ueding, Gert; Steinbrink, Bernd: Grundriss der Rhetorik. Geschichte, Technik, Methode. 2. Auflage Stuttgart: Metzler 1994.

Literatur zu Sprechangst
Berthold, Siegwart: Reden lernen. Übungen für die Sekundarstufe I und II. Frankfurt am Main: Neue deutsche Schule 1997.
Kriebel, Reinholde: Sprechangst. Analyse und Behandlung einer verbalen Kommunikationsstörung. Stuttgart: Kohlhammer 1984.

Teil 3: Umgang mit Konflikten

Der Umgang mit Konflikten ist für viele Menschen nicht leicht, ja manche fühlen sich (in manchen Situationen) nicht konfliktfähig. Es besteht auch die Gefahr, im Verlauf eines Konflikts die Kontrolle über sich und den Konflikt zu verlieren.

Hier zu lernen, einen kühlen Kopf zu bewahren, den Konflikt und das Handeln der Parteien darin erst einmal zu analysieren und geeignete Strategien für den Umgang mit dem Konflikt zur Verfügung zu haben und die Strategien der Gegenpartei zu erkennen, dazu gibt der folgende Teil Anhalt und Hinweise.

Und es ist ja auch gut zu wissen, dass ein Konflikt manchmal mehr mit einem selbst als mit der Sache zu tun hat, dass es besser ist, einem Konflikt aus dem Wege zu gehen, und dass nur selten ein Konflikt mit Sieg oder Niederlage dauerhaft beendet werden kann.

Noch einmal: In diesem Teil wollen wir – ausführlich – klären, was Konflikte eigentlich sind, welche Ursachen und Anlässe sie haben, wie sie eskalieren können und natürlich auch, wie wir mit ihnen umgehen und sie konstruktiv lösen können.

3.1 Konflikte gibt es immer und überall: Konflikttypen und Konfliktpotential

Konflikte gehören zu unserem alltäglichen Leben – in mehr oder minder schwerwiegender Form. Es stellt sich zunächst die Frage:

3.1.1 Was ist eigentlich ein Konflikt?

Konflikt: Zusammenstoß, Zwiespalt, Widerstreit (Duden 1996)

Etwas genauer nach Karl Berkel (1999) und Johan Galtung (1972):

> „Wir definieren Konflikt als eine Eigenschaft eines Systems, in dem es miteinander unvereinbare Zielvorstellungen gibt, so dass das Erreichen des einen Zieles das Erreichen des anderen ausschließen würde."

> „In der Psychologie, aber auch in den Sozialwissenschaften allgemein, spricht man von einem Konflikt dann, wenn zwei Elemente gleichzeitig gegensätzlich oder unvereinbar sind."

Teil 3: Umgang mit Konflikten

Konflikte sind integraler Bestandteil jeglichen Zusammenlebens. Da Konflikte häufig als Kampfsituationen wahrgenommen werden, entfaltet sich leicht eine innere **Konfliktdynamik**, die eine friedliche, konstruktive und gewaltfreie Regelung nicht mehr möglich macht. Dabei ist die Einstellung, dass der eigene Gewinn nur durch den Verlust des Gegners zu erzielen sei (das so genannte „Nullsummenspiel") weit verbreitet. Untersuchungen über das Verhalten von Menschen in Konfliktsituationen haben gezeigt, dass eine Mehrheit der Personen dazu neigt, den eigenen Vorteil durch immer intensiveren Einsatz oder striktes Beharren auf der eigenen Position wahrzunehmen und dies selbst dort, wo sich Misserfolge abzuzeichnen beginnen. Dieses Verhaltensmuster wird begleitet durch eine fortschreitende Einschränkung der Wahrnehmungs- und Entscheidungsfähigkeit.

> „Konflikte beeinträchtigen unsere Wahrnehmungsfähigkeit und unser Denk- und Vorstellungsleben so sehr,", schreibt der Konfliktforscher Friedrich Glasl, „dass wir im Lauf der Ereignisse die Dinge in uns und um uns herum nicht mehr richtig sehen. Es ist so, als würde sich unser Auge immer mehr trüben; unsere Sicht auf uns und die gegnerischen Menschen im Konflikt, auf die Probleme und Geschehnisse wird geschmälert, verzerrt und völlig einseitig. Unser Denk- und Vorstellungsleben folgt Zwängen, deren wir uns nicht hinreichend bewusst sind."

Glasl hat vor dem Hintergrund langjähriger wissenschaftlicher und pädagogisch-praktischer Erfahrungen *neun „idealtypische" Stufen der Konflikteskalation* herausgearbeitet. Näheres dazu im Kapitel 3.4, „Destruktive Konfliktverläufe: Konflikteskalation". Sie sind hilfreich, um Konflikte besser verstehen und analysieren zu können sowie um Auswege aus der Konfliktdynamik zu entwickeln.

Übung 1: Was fällt mir zum Begriff „Konflikt" ein?

An was denken Sie, wenn Sie das Wort „Konflikt" hören? Schreiben Sie bitte auf einen Zettel untereinander die ersten zehn Ausdrücke, die Ihnen jetzt dazu einfallen, z. B.: Auseinandersetzung oder Krieg.

Überlegen Sie nun, ob Sie die einzelnen Begriffe oder Ausdrücke als etwas Positives (+), etwas Negatives (-) oder als etwas empfinden, das weder gute noch schlechte Gedanken auslöst (0). Tragen Sie hinter jedem Wort die entsprechenden Zeichen ein.

Wie sieht die Gesamtbilanz aus? Überwiegen eher positive, negative oder neutrale Assoziationen? Welche Erfahrungen kommen darin zum Ausdruck? Bitte notieren Sie sich diese.

Übung 2: Der Esel ist schlau!!!

Esel gelten bekanntlich als besonders störrische Tiere – und hier geraten sie aneinander:

Phase 1

Phase 2

Phase 3

Phase 4

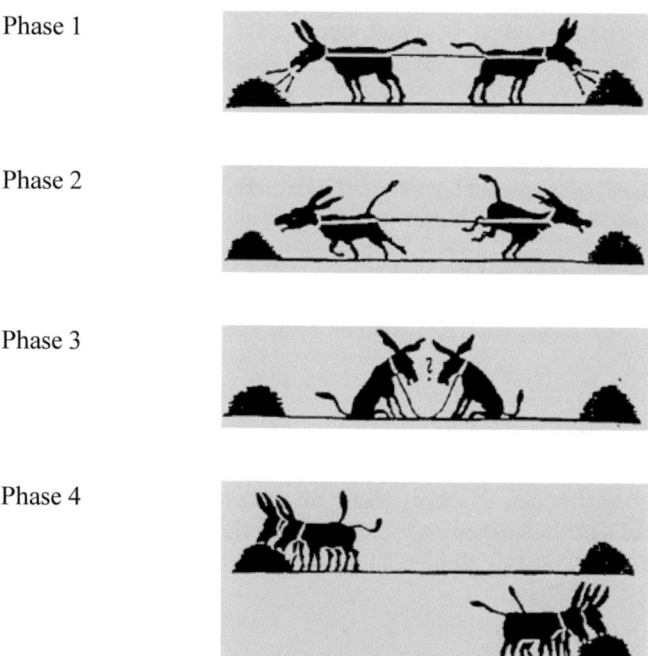

Ein paar Fragen zum Nachdenken:

Was könnte man aus diesen Zeichnungen über die Anlässe, den Verlauf und auch über mögliche Lösungen von Konflikten erfahren? Schreiben Sie dies auf und sehen Sie ggbfs. auch noch einmal im Text nach. Denken Sie sich Situationen aus dem menschlichen Leben aus, in denen es ähnlich zugehen könnte oder nennen Sie einige aus Ihrer Erfahrung.

3.1.2 Konflikttypen

Um einen Konflikt richtig beurteilen zu können, muss man wissen, um welche Konfliktart es sich handelt. Grundsätzlich unterscheidet man die folgenden Konflikttypen, die im Weiteren einzeln beschrieben werden:
- **Innerseelische Konflikte**
- **Sachkonflikte**
- **Beziehungskonflikte**
- **Rollenkonflikte**
- **Verteilungskonflikte**
- **Zielkonflikte**
- **Beurteilungs- bzw. Wahrnehmungskonflikte**

Alle Konfliktarten kann man noch einmal in **Sach- und Persönlichkeitskonflikte** einteilen, wobei z. B. Zielkonflikte oder Verteilungskonflikte usw. je nach Situation sowohl den Sach- als auch den Persönlichkeitskonflikten zugerechnet werden können. **Insgesamt ist allerdings im Konfliktgeschehen die Sach- und die Persönlichkeitsebene oft mit einander verflochten, wie wir sehen werden.**

Nun die Konflikttypen im Einzelnen.

1. Innerseelische Konflikte

Natürlich kann man sagen, dass alle Konflikte, die von außen auf uns zu kommen, etwas mit unserem „Inneren" zu tun haben oder dort Auswirkungen haben, z. B. auf unser Selbstbild (siehe Kapitel 1.8, „Selbstkonzepte und ihre Auswirkungen"), auf Vorstellungen von Beziehungen (siehe Kapitel 2.3, „Beziehungen aufbauen und pflegen: Ein gutes Leben im Beziehungsnetz"), auf unsere innere Befindlichkeit. Ebenso kann man sagen, dass innere Konflikte immer auch etwas mit dem „Außen" zu tun haben, mit unserer Entwicklung, unseren wesentlichen Bezugspersonen, den Umständen unseres Lebens. Es gibt aber typische **Konflikte, die sich weitgehend im Innern entwickeln** und dann nach außen strahlen – die Konflikte der Pubertät oder des Alters etwa, manche Probleme, die man anderen nur schwer mitteilen kann. Wenn diese inneren Konflikte sehr gravierend werden, ist es nötig, Therapeut/innen zur Hilfe und zur Lösung zu konsultieren. Es ist von großer Wichtigkeit, solche Persönlichkeitskonflikte im Auge zu behalten, da sie bei den aktuellen Konflikten mit anderen jeweils von Bedeutung sind oder diese auch erst auslösen. Es wäre also gut, sie zu kennen und möglichst ohne Druck im persönlichen Gespräch mit einem Freund / einer Freundin oder auch mit therapeutischer Hilfe zu ihnen vorzudringen.

Solche Konflikte berühren eine sehr empfindliche Schicht unserer Persönlichkeit und machen unser Verhalten nach außen für die anderen oft unkalkulierbar.

2. Sachkonflikte

Hier geht es schwerpunktmäßig um Konflikte, die sich wirklich um (nur!) eine „Sache" drehen.
- Wie ist in diesem Sommer die Urlaubsregelung?
- Darf mein/e Nachbar/in den Baum so nah an der Grenze pflanzen?
- Wer hat Vorfahrt?
- Wer ist schuld an einem Unfall etc.?

Allerdings sehen wir schon aus unserer Erfahrung und aus der Äußerung zu Punkt 1., dass es kaum „reine" Sachkonflikte gibt. Denn auch hier spielen wieder das Selbstbild und die Beziehungsseite jeglicher Kommunikation mit (mag ich meinen Nachbarn oder möchte ich ihm endlich *„eins auswischen"*). Wenn wir den Urlaub nicht (oder zum gewünschten Zeitpunkt) bekommen, sind wir enttäuscht, fühlen uns zurückgesetzt, vermuten wir vielleicht einen Racheakt.

3. Beziehungskonflikte

Beziehungskonflikte sind uns sehr vertraut – wir geraten mit einer Person in Streit, die wir sowieso eigentlich nicht leiden können, wir fühlen uns von unserem Chef konstant benachteiligt (das kann bis zum Eindruck des „**Mobbing**", siehe Kapitel 3.5, „Entarteter Umgang mit Konflikten: Mobbing", führen), in einer Ehe oder in einer Freundschaft kommt es immer wieder zum Streit. Karl Berkel drückt es so aus: *„Beziehungskonflikte entstehen, wenn eine Partei die andere verletzt, demütigt, missachtet."* (Berkel, 1999, S. 20). Beziehungskonflikte sind fast immer Persönlichkeitskonflikte, sofern es sich nicht um formale Beziehungen (siehe Kapitel 2.3.1, „Bedeutung von Beziehungen") handelt.

4. Rollenkonflikte

Ein **Rollenkonflikt** kann sich ergeben, wenn **Rollen gewechselt** werden (z. B. der / die Mitarbeiter/in wird zum / zur Chef/in), einer die Rolle des anderen nicht akzeptiert (ein/e gute/r Segler/in nicht die Autorität des Skippers / der Skipperin) oder eine Person ihrer Rolle nicht gerecht wird („aus der Rolle fällt") bzw. sie nicht akzeptiert. Es handelt sich meist um Persönlichkeitskonflikte außer in Auseinandersetzungen um formale Rechte, in denen auch Sachinhalte hineinkommen.

Teil 3: Umgang mit Konflikten

5. Verteilungskonflikte

Verteilungskonflikte sind Konflikte über Ressourcen. Güter, Lohn, Macht, Anerkennung, Wertschätzung, Ausstattung und ähnliches, manchmal sind es Sach-, manchmal Persönlichkeitskonflikte, bei denen man das Wort *Verteilung* ungern verwenden mag (Wie ist die Aufmerksamkeit, die Liebe, die Zuwendung verteilt?).

6. Zielkonflikte

Zielkonflikte können Prioritätensetzungen, Ziele und Wege dorthin zum Gegenstand haben. Zielkonflikte gibt es oft in der Politik: „Sparen oder soziale Gerechtigkeit" oder in der Wirtschaft: „Produktion steigern und / oder Personal abbauen" oder privat „Ja, wohin soll die Urlaubsreise denn gehen?".

7. Beurteilungs- oder Wahrnehmungskonflikte

Wenn ich etwas anders sehe als Sie, ist das normal. Wenn ich dann sage, ich hätte recht mit meiner Sichtweise und Sie wären daher notwendigerweise im Irrtum, ist dies die klassische Grundlage für einen Wahrnehmungskonflikt. In gewisser Weise ist nahezu jeder Konflikt ein Wahrnehmungskonflikt: der / die Eine nimmt die / den Andere/n, die Sache und die gesamte Situation auf eine bestimmte Art wahr und reagiert darauf. Diese Reaktion wird vom Gegenüber auf die ebenfalls eigene Art wahrgenommen und nicht unbedingt so verstanden, wie es gemeint war. Wahrnehmungskonflikte zeigen an, dass wir in konstruierten, „selbst gezimmerten" Wirklichkeiten (siehe Kapitel 2.1.4, „Wir leben in verschiedenen konstruierten Wirklichkeiten und es gibt Widersprüche") leben oder dass jede Person von ihrer eigenen Wirklichkeit ausgeht. Auch hier spielen Persönlichkeitsmerkmale und Sachereignisse in der Ausgestaltung des Konflikts zusammen.

Noch einmal: **Sach- und Persönlichkeitsaspekte greifen im Konfliktgeschehen oft ineinander, wobei letztere oft das Konfliktgeschehen problematisch bestimmen** (siehe Kapitel 1.4.2, „Beziehungen sind das Wesentliche in unserem Leben und bestimmen die Inhalte").

Grundsätzlich gilt: Geht ein Sachkonflikt in einen Persönlichkeitskonflikt über, sollte der Konflikt erst einmal „abgebrochen" werden, besser „überschläft" man die Sache oder kehrt in gemeinsamer Verabredung zu dieser zurück.

3.1.3 Konfliktpotential

Überall dort, wo Menschen zusammenkommen und zusammenleben – in Familien, am Arbeitsplatz, in Partnerschaften oder auch im Sportverein – sind Konflikte angelegt, gibt es Konfliktpotential. Die entstehenden Konflikte können von einfachen Meinungsverschiedenheiten bis zum Mobbing oder offener Gewalt reichen. Wir haben bereits gesehen, dass Konflikte nicht immer von vornherein vermeidbar und schon gar nicht immer schlecht sind, dass es aber notwendig ist, ihre Ursachen und Verlaufsformen zu erkennen, um zu einer konstruktiven Lösung zu gelangen. Das gesellschaftliche und private Zusammenleben birgt – das zeigen eigene Beobachtungen, Lebenserfahrung und zahlreiche Untersuchungen – viel Konfliktpotential und dieses scheint heutzutage eher zu- als abzunehmen. In diesem Teil versuchen wir, dieses Konfliktpotential zu beschreiben, in seinen Gründen zu erkennen und auch Möglichkeiten aufzuzeigen und vorzuführen, wie daraus entstehende Konflikte gelöst werden können.

3.1.3.1 Wo liegt Konfliktpotential?

Das Konfliktpotential kann sehr verschieden sein. Genug Konfliktpotential gibt es zwischen Arbeitgebern und Gewerkschaften im Bereich Löhne, Tarifverträge, Mitarbeiterfortbildung usw. Konfliktpotential gibt es zwischen Parteien und Regierung und Opposition im Bereich politischer Ziele und Wege, diese zu erreichen (Gesetzgebungsverfahren, Haushalt...). Konfliktpotential gibt es zwischen Staaten und Wirtschafträumen um Grenzen, Einflussbereiche, Ressourcen, Minderheiten usw. Konfliktpotential gibt es in der Schule zwischen Lehrer/innen und Schüler/innen um Arbeiten, Unterrichtsgestaltung, Noten, aber auch zwischen Schule und Staat (um Rahmenbedingungen wie die Lehrerversorgung / Budget), zwischen Eltern und Lehrer/innen und auch innerhalb des Kollegiums um Unterrichtszeiten, Räume etc. Konfliktpotential gibt es zwischen Nachbarn (Grenzen, Bepflanzung, Lärm) oder zwischen einzelnen Menschen, die in Beziehung leben (ums Geld, um Rollen und Aufgabenverteilung, Aufstehen und Kindererziehung und, und, und). **Die Bewusstheit um die Allgegenwärtigkeit von Konfliktpotential hilft, Konflikte bereits im Ansatz zu erkennen und manchmal zu vermeiden, hilft, sich darauf einzustellen und sie vorausschauend zu „*händeln*" und hilft zu erkennen, dass man in Konflikten nicht etwas Überraschendes, Einmaliges erlebt sondern Lebensalltag.**

Teil 3: Umgang mit Konflikten

3.1.3.2 Konfliktpotential im Kommunikationsverhalten

Diese Bewusstheit schließt auch ein, dass unser **Kommunikationsverhalten manchmal selbst Konfliktpotential schafft**, deshalb noch ein Rückverweis auf Erkenntnisse zur Kommunikation, die wir in den vorangehenden Teilen des Buches dargestellt haben.

Einige dieser Punkte nun in aller Kürze:

- Kommunikationsabläufe sind jeweils von der Position der Kommunikationspartner/innen bestimmt; sie können eher symmetrisch, asymmetrisch oder auch komplementär orientiert sein. (Eine ausführliche Bearbeitung über die Position der Gesprächspartner/innen finden Sie im Teil 1 des Kurses unter 1.4, „Fünf grundsätzliche Annahmen über kommunikatives Handeln und Beziehungen", und unter 1.7, „Der Andere und Ich, Ich und der Andere. Selbstbilder – Fremdbilder".)
- Kommunikation hat, wir wissen es, immer einen Sach- und einen Beziehungsaspekt. Diese einfache Feststellung offenbart sich immer wieder in der Vermischung von Sachlichem und Persönlichem in Konflikten. (Vertiefung dazu im ersten Teil des Kurses unter 1.4, „Fünf grundsätzliche Annahmen über kommunikatives Handeln und Beziehungen", und unter 1.5, „Auf dem falschen Ohr erwischt? Die vier Seiten einer Nachricht".)
- Wie konstruktiv gehen die Partner/innen miteinander um, herrscht z. B. auf Seiten der Eltern oder Lehrer/innen ein eher kooperativer oder eher autoritärer Kommunikations- und Erziehungsstil vor, ist bei den Schüler/innen grundsätzlich eine Lernbereitschaft vorhanden oder hat sich in einer Gruppe, in einem Team eine Atmosphäre herausgebildet, die eher von einer direkten oder indirekten Widerstandshaltung geprägt ist? (Vertiefung unter 1.6, „Kommunikationsstile: Die Mischung ist wichtig".)
- Wir haben zwischen „inneren" und „äußeren" Konflikten unterschieden. In den meisten Fällen finden wir natürlich beides verzahnt, so dass eine Trennung der Konfliktarten schwierig ist.
- Konflikte entwickeln sich innerhalb eines „Systems", das wir bei der Analyse zunächst als mehr oder weniger abgeschlossenes betrachten können. Wir tun also bei der Analyse etwa so, als ob der Konflikt innerhalb einer Gruppe oder Firma nur einer zwischen den unmittelbar Beteiligten sei. Analytisch kann dies angebracht sein, aber wir sind uns darüber klar, dass in Wirklichkeit auch zahlreiche andere, „äußere" Komponenten einwirken, das, was man als „Rahmenbedingungen" bezeichnet.

Nun wollen wir zusammenfassend einige der Bereiche zeigen, in denen sich noch Konfliktpotential befindet.

3.1.3.3 Konfliktpotential in den äußeren Rahmenbedingungen

Jeder, der an konflikthaften Prozessen beteiligt ist, erfährt, dass nicht allein die Konfliktbeteiligten bestimmen, was konkret in der Firma, im Unterricht oder auf der Verkehrswache passiert, sondern auch – und nicht in geringem Maß – **von außen gesetzte Faktoren**:

- **Gesetze**, begründen und steuern z. B. im Verkehr oder Handel oder in gerichtlichen Auseinandersetzungen Konflikte,
- **Sparbeschlüsse** der Regierung oder **Wettbewerb** in der Wirtschaft führen zu Verteilungskonflikten,
- die gute oder mangelhafte **Finanzausstattung** gibt zu Konflikten in Gesellschaft, Betrieb, Familie Anlass,
- die **Veränderung der Umwelt** führt zu Anpassungskonflikten,
- **Arbeitslosigkeit, Partnerverlust** u. a. führen zu inneren (und äußeren) Konflikten,
- die **Lehrpläne und Prüfungsanforderungen** stellen rechtlich Konfliktpotential in Schule und Hochschule bereit.

Auf diese und andere Gegebenheiten haben die unmittelbar Beteiligten keinen oder doch nur einen sehr begrenzten Einfluss. Es ist aber klar, dass diese Faktoren schnell vielfältige Konflikte auslösen können. Alles das bringt letztlich auch **Frustrationen und Unzufriedenheit** hervor und die wiederum **schaffen Konflikte**. Häufig werden diese Konflikte auch verlagert: Nicht oder nicht vorrangig mit der Firma oder Behörde werden sie ausgetragen, sondern auf der Ebene der Familie oder in der Partnerschaft. Zu den „Rahmenbedingungen" im weiteren Sinne gehören natürlich auch veränderte **Sozialisationsbedingungen**: Die traditionelle „Kernfamilie" ist heute oft nicht mehr vorhanden, die Familienstrukturen haben sich insgesamt rapide verändert. **Selbstverwirklichungswünsche** kollidieren mit Pflichten. Auch spielen **massenmediale Instanzen** in der Entwicklung der Kinder eine immer größere Rolle: der Fernsehkonsum, der Computer, das Internet. Wie geht man mit diesen „heimlichen Erziehern" um, sieht man sie hauptsächlich negativ und als Störfaktor oder nimmt man auch Potentiale wahr, mit denen man auch in schulischen Prozessen produktiv arbeiten kann? In jedem Falle: Aus allen diesen Rahmenbedingungen können sich Konflikte entwickeln, deren eigentliche **Ursache oft im Dunkeln** bleibt und die dann auch nicht mehr produktiv angegangen werden können.

3.1.3.4 Das Problem der Differenz: Konfliktpotential zwischen den Geschlechtern und verschiedenen ethnischen Gruppen

Nicht zuletzt gehören schwierige **zwischengeschlechtliche und interkulturelle Kommunikationen** zum typischen Konfliktpotential: Jungen und Mädchen bilden – besonders während der Pubertät – gegnerische Gruppen, die mit den ihnen eigenen Gruppen versuchen, die anderen auszustechen. Oder es entwickeln sich aus Verliebtheit und geschlechtsspezifischen Äußerungsformen Konflikte und Konkurrenzverhältnisse.

Nicht umsonst wird gesagt, dass **Frauen und Männer „in verschiedenen Kulturen leben"** bzw. eine verschiedene Sprache haben (siehe Kapitel 1.6.10, „Weiblicher und männlicher Kommunikationsstil") und in verschiedenen Lebensplänen und Lebensvorstellungen (siehe Kapitel 2.3.3, „Das Beziehungsnetz: Beziehungen eingehen, halten und pflegen") liegt viel **Potential für Partnerschafts- und Beziehungskonflikte**. Für die heutige Situation vielleicht noch gravierender sind die **interkulturellen Problemlagen**, das, was in den letzten Jahren unter dem Schlagwort „Multikulti" und „Integration" heiß diskutiert wird:

- Welches Verhältnis entwickelt sich zwischen Angehörigen verschiedener ethnischer und religiöser Gruppen?
- Wie sind die Phänomene der Ablehnung von Fremdgruppen, überhaupt der Fremdenfeindlichkeit zu lösen?

Sicher ist eine Separation der verschiedenen Gruppen nicht die Lösung, vielmehr die Kooperation und Integration. Aber besonders an den sozialen Brennpunkten, in Großstädten mit einem hohen Ausländer/innenanteil, bleibt das Konfliktpotential und fast jeden Tag lesen wir in der Zeitung von Übergriffen und Akten der Gewalttätigkeit – auch in der Schule. **Soziale Problemfelder** sind ein weiterer Herd für gravierende Konflikte: familiäre Schwierigkeiten, Scheidungen, finanzielle Probleme, Arbeitslosigkeit – all das führt zu Konflikten.

3.1.3.5 Konfliktpotential, Ungleichheit (Asymmetrie) und mangelnde Kooperation der Partner/innen

Wir leben in einer kapitalistischen und hoch arbeitsteiligen Gesellschaft, das heißt die Wirtschaft und zum Teil auch das gesellschaftliche Leben finden nach dem Prinzip der **individuellen Gewinnorientierung**, dem (globalen und innergesellschaftlichen) Wettbewerb, der **Konkurrenz** um Ressourcen, Märkte und Lebensqualität und dem Wunsch nach individueller Selbstverwirklichung statt. Dies geht auf Kosten der Solidarität und Kooperation und bewirkt **Ungleichheiten** in Lebenschancen und Lebenserfolgen.

Teil 3: Umgang mit Konflikten

Der „Kampf aller gegen alle" enthält natürlich außerordentlich viel Konfliktpotential und bewirkt eine Konfliktaustragung nach dem Prinzip von Gewinner/innen und Verlierer/innen. Entsprechend wird das Leben als **(Über-)Lebens-kampf**, die Umwelt als prinzipiell feindlich gesehen. **Die globalisierte Wirtschaft hat dieses Kampf- und Kriegsmodell** nicht nur zu einer wirtschaftswissenschaftlichen Theorie, sondern **zu einer letztlich menschen- und umweltfeindlichen Praxis entwickelt.** Das Ziel des Wirtschaftens ist nicht mehr die Verbesserung der Lebensumstände der an ihr Beteiligten, sondern ein ungehemmtes Gewinnstreben Weniger (vieler, nicht aller Unternehmer/innen, der Konzerne, der Anteilseigner/innen, der Manager/innen), die zum Teil wie Plünderer (*Heuschrecken*) über die Wirtschaftseinheiten (Rekapitalisierung) und die verbliebenen Ressourcen herfallen, das Klima zerstören und sich gegenseitig auf das Heftigste bekämpfen.

Die Sprache verrät das bereits: Von *feindlicher Übernahme, Verdrängungswettbewerb, Heuschrecken, Kriegskassen* und *weißen Rittern* ist die Rede, führende Manager bestätigen, dass sie den meisten Arbeitsaufwand für die Verteidigung ihres Posten mit Strategien, wie in Kapitel 3.6, „Konstruktive Konfliktbearbeitung – keine Gewinner und Verlierer" gezeigt, gegen andere verwenden (siehe Kapitel 2.3, „Beziehungen aufbauen und pflegen: Ein gutes Leben im Beziehungsnetz"). *„Alles für mich"* und *„nach mir die Sintflut"* scheint das Motto nicht weniger Leitend-Beteiligter zu sein, was sich langsam auch auf die Belegschaften, auf die Mitarbeiter/innen übertragen soll, wo manchmal sogar Mobbing (siehe Kapitel 3.5, „Entarteter Umgang mit Konflikten: Mobbing") von der Firmenleitung zugelassen wird. **Was für ein Wirtschaften, was für ein Leben, was für ein „Zusammen-Arbeiten", in dem Krieg und Angst wesentliche Entscheidungen bestimmen!** Und die Politik und schon gar der / die Einzelne erscheinen machtlos.

Wir sehen schon mit Watzlawick u. a.: Starre Asymmetrien verhindern die an sich schon durch die hoch arbeitsteilige Arbeitswelt notwendige **Kooperation** (*Wer produziert eigentlich, erfindet, baut zusammen, und für wen wird es eigentlich gemacht?*) der am Wirtschaftsprozess Beteiligten. Die verschiedenen, am Wirtschaften, an gesellschaftlichen Prozessen beteiligten Institutionen oder Personen haben zwar oft gemeinsame Ziele (oder sollten sie doch haben), zugleich aber sehr egoistische Verhaltensweisen, die geradewegs in Konflikte führen, vor allem dann, wenn es am Willen zu einer positiven Zusammenarbeit mangelt. Dies kann leicht geschehen, Konflikte sind „vorprogrammiert":
- Unternehmer/innen und Gewerkschaften, Vorgesetzte und Mitarbeiter/innen, Lehrer/in und Schüler/innen, ja Völker und Staaten entwi-

ckeln ein **Freund-Feind-Verhältnis und verlieren die gemeinsamen Ziel aus den Augen**,
- notwendige und sinnvolle, aber gemeinsam lösbare Meinungsverschiedenheiten wachsen sich zu grundsätzlichen Konflikten aus,
- die notwenige Kooperation und Solidarität (**„Jede/r bringt das ihm / ihr Mögliche in das gemeinsame Tun ein."**) geht verloren, alles wird viel feindseliger und aufwendiger, und
- (die böse Prophezeiung:) lieber geht man gemeinsam unter (siehe Kapitel 3.4.2, „Eskalation von Konflikten").

Dabei ist Kooperation ein geläufiges Verhalten: es gibt sie faktisch, seit wir auf diesem Planeten leben. Menschen tun Unterschiedliches und sie müssen Unterschiedliches tun, um ein größeres Ganzes zu ermöglichen. Aber um das größere Ganze zu ermöglichen, muss der **Wille und die Kraft zu gemeinsamer Organisation** vorhanden sein, das wird z. B. in der Familie, in einem Handwerksbetrieb, in der Schule oder in der Produktion einer Firma auch ganz selbstverständlich gelebt und geleistet: **die gemeinsamen Kräfte werden gebündelt**. Warum also soll das nicht überall gelten oder glauben wir Menschen, wir könnten allein die Klimaherausforderung bewältigen oder die Aufgaben der Versorgung aller Menschen leisten? Immer dann, wenn Einzelne aus dieser **Kooperationsbereitschaft** im Kleinen wie im Großen aus eigennützigen Gründen ausscheren, kommt es zu Konflikten bis hin zu Krieg und Vergewaltigung. Insofern, nein überhaupt, **gehört der kooperativen Gesellschaft die Zukunft**, will die Menschheit nicht an Konkurrenz und Verteilungskämpfen zugrunde gehen und zutiefst unglücklich werden. Ja, es ist notwendig, sogar mit den Nicht-Menschen, im Mitsein mit Pflanzen und Tieren und auch Dingen kooperativ zu werden. **Und was im Großen gilt, gilt auch im Kleinen: Wenn man in der Partnerschaft, im Betrieb, in der Schule, ja in jedem Konflikt nicht ganz schnell zu kooperativem Verhalten zurückfindet, wird ein großer Schaden für alle und langfristig ein Zerbrechen des gemeinsamen Unternehmens nicht ausbleiben**, dann geht man gemeinsam unter (siehe Kapitel 3.4.2, „Eskalation von Konflikten").

Verwendete Literatur
Glasl, Friedrich: Konfliktmanagement. Ein Handbuch für Führungskräfte und Berater. 4. Auflage Bern: Haupt (u. a.) 1997.
Glasl, Friedrich: Selbsthilfe in Konflikten. Konzepte, Übungen, praktische Methoden. Stuttgart: Freies Geistesleben (u. a.) 1998.
Gugel, Günther; Jäger, Uli: So gewinnst Du jeden Konflikt. Tübingen: Verein für Friedenpädagogik Tübingen e.V. 1999.

Jäger, Uli: Softpower. Wege ziviler Konfliktbearbeitung. 2. Auflage Tübingen: Verein für Friedenpädagogik Tübingen e.V. 1998.

3.2 Konfliktanlässe und Konfliktursachen

Die Ursachen von Konflikten liegen oft tief und ein Zweck dieses Teils unseres Kurses ist es, Konflikte in ihren Ursachen zu erfassen, so dass es auch eher möglich wird, sie für beide Seiten befriedigend zu lösen. Es ist jedoch in jedem Falle hilfreich, sich, und wenn möglich, auch anderen Konfliktbeteiligten jeweils klarzumachen, aus welchem Anlass ein Konflikt entstanden ist. Grundsätzlich sind immer mindestens zwei Parteien beteiligt, wenn ein Konflikt entsteht. Wir können uns also ansehen, was beide Seiten möglicherweise dazu beigetragen haben.

3.2.1 Konfliktanlässe

Konfliktanlässe sind Kleinigkeiten und große Dinge. Es könnte z. B. Folgendes in Ihrem Verhalten ein Anlass für den Konflikt sein:
- eine unbedachte Äußerung,
- ein Witz, den jemand auf sich bezogen hat,
- ein nicht-verbales Zeichen, dass jemand als Kritik, Angriff o. ä. verstanden hat,
- ein nicht gehaltenes Versprechen oder eine nicht erledigte Arbeit,
- ein Wutausbruch, der eigentlich jemand anderem galt,
- schlechte Laune Ihrerseits (warum auch immer),
- Kommunikationsprobleme,
- Rollenprobleme,
- „alte Hüte" (psychologischer Art).

Beim Gegenüber könnte etwa eine Rolle spielen:
- etwas, das anders verstanden wurde, als es gemeint war (siehe Kapitel 1.5, „Auf dem falschen Ohr erwischt? Die vier Seiten einer Nachricht"),
- Streit mit anderen, der übertragen wird,
- Stress und hohe Belastung,
- schlechte Laune (warum auch immer),
- Kommunikationsprobleme,
- Rollenprobleme,
- „alte Hüte" (Interpretationsroutinen, Verhaltensroutinen etc.),
- ungerechte Behandlung.

Teil 3: Umgang mit Konflikten

Hieraus erkennen wir ähnlich wie bei Konflikttypen (siehe Kapitel 3.1.2, „Konflikttypen") die zwei Grundtypen von Konfliktanlässen, die auch vermischt auftreten können:
- den sachveranlassten Konflikt,
- den personenveranlassten Konflikt.

Ein sachveranlasster Konflikt kann sich durchaus zu einem Persönlichkeitskonflikt entwickeln, umgekehrt geht das nicht.

Übung

Um welche Art von Konfliktanlass könnte es in der folgenden Zeichnung gehen?

- Schreiben Sie zunächst auf, was Ihnen spontan zu der Zeichnung einfällt.
- Wie könnten die Gedanken der Person am Schreibtisch sein?
- Welcher Konfliktanlass ist hier anzunehmen?
- Kann sich dieser Konflikt zu einem Sach- und / oder einem Personenkonflikt entwickeln? Geben Sie Bespiele.

3.2.2 Ursachen von Konflikten

Während die Konfliktanlässe oft gut erkennbar sind, liegen die Ursachen für Konflikte, wie schon angemerkt, oft (aber nicht immer) sehr tief und sind dann nur schwer zu entschlüsseln. Hier ist es wie so oft und schon oben behandelt: „*ein >Elend< kommt selten allein*".

Grundsätzlich sind folgende Faktoren ausschlaggebend:
- sachliche oder fachliche Gegensätze,
- unterschiedliche Interessen und Ziele,
- die Sozialisation der oder eines Beteiligten,
- Institutionen und Rollen (Hierarchien, Vorgesetzte, formale versus inhaltliche Qualifikation),

- Zeichensysteme (Bedeutung von Handlungen, Zeichen in verschiedenen Kulturen oder für die Geschlechter)
- Situationen mit Konfliktpotential,
- Personen und ihre Selbstbilder.

1. Sachlich- fachliche Gegensätze

Diese Ursache ist uns geläufig und wird vordergründig auch für die meisten Konflikte als Grund angegeben: unterschiedliche Meinungen über einen Sachverhalt, z. B. Rechnung, Verkehrsverstoß, Kindererziehung, Streit unter Wissenschaftler/innen um eine Theorie...

2. Unterschiedliche Interessen und Ziele

Ebenfalls häufiger Konfliktgrund und Konfliktalltag: Urlaub oder neues Auto, Taschengeld oder Geld als Belohnung, neue Gardinen oder lieber sparen?

3. Sozialisation

Schon eine diffizilere Konfliktursache: Wir alle wissen, dass unsere familiären und gesellschaftlichen Erfahrungen unser Verhalten und unsere Weisen, mit Schwierigkeiten umzugehen, bestimmen. Manche Jugendliche haben z. B. einfach nichts anderes gelernt, als in Konflikten „loszupöbeln" oder gewalttätig zu werden. Gewaltbereite Männer sind eher „arm dran" als stark und mutig. Den Umgang mit Konflikten kann und muss man lernen, in der Familie, im Betrieb und in der Schule.

4. Institutionen und Rollen

Konfliktbearbeitung und -lösung wird in Institutionen durch die Rollen stark geregelt. In einer hierarchisch strukturierten Behörde werden Konflikte, so sie denn von den Beteiligten nicht gelöst werden (können), eben „von oben" entschieden. Der / Die Rollenschwächere weiß oft schon, dass er / sie vielleicht eine Frage stellen darf oder eine Anregung geben, aber „zu seinem / ihrem Recht" kommt er / sie oft nur indirekt.

5. Zeichensysteme

Wir wissen alle, wie sich besonders in der großen Politik, aber oft auch im Betrieb, in der Schule oder Familie die Mächtigen mit „Zeichen von Macht und Einfluss" umgeben, man denke an das erhöhte Pult und die Sitzordnung in der Klasse, an das komplizierte „Protokoll" von Konferenzen, an die „Klosettdeckelhierarchien" in Betrieben, an das Vorzimmer, an Uniformen, Orden und ähnliche „Zeichen". Auch Verhandlungen und Gespräche laufen nach Ritualen und „bezeichnendem" Verhalten ab.

6. Situationen

Situationen und das in ihnen enthaltene Konfliktpotential bestimmen wesentlich das Entstehen und den Verlauf von Konflikten mit, sei es z. B. ein Fahrfehler im Verkehr, das Zusammenspiel auf der Kommandobrücke eines Schiffes bei Aufkommen von Sturm oder der Befehlsnotstand im Militär. Manchmal werden latent vorhandene Konflikte durch „auslösende", konfliktveranlassende Situationen auch erst offenkundig, das berühmte *„Fass läuft über"*.

7. Personen und ihre Selbstbilder

Es ist schon bei den Tieren so: Ängstliche Hunde werden zu Angstbeißern, große Hunde begegnen wütenden kleineren mit großer Gelassenheit. Die innere Befindlichkeit, auch die in einer Beziehung oder Situation entscheidet mit, ob jemand „ausrastet" oder „souverän" mit einem Konflikt umgeht. Innerseelische Konflikte bilden sich in äußeren Konflikten ab und lassen eine Person unberechenbar erscheinen (z. B. narzisstische Kränkung). Unter den Kommunikationsstilen in Kapitel 1.6, „Kommunikationsstile: Die Mischung ist wichtig", und in der Einheit über das Selbstbild (siehe Kapitel 1.7, „Der Andere und Ich, Ich und der Andere. Selbstbilder – Fremdbilder") haben wir bereits wesentliche Elemente des personenbezogenen Verhaltens und seiner seelischen Hintergründe behandelt. Sie können dort weitere Hintergrundinformationen abfragen. Von den Kommunikationsstilen hängen nun ganz wesentlich die Abläufe von Konflikten ab, alles nach der Devise *„Wie man in den Wald hineinruft, so schallt es heraus"*.

3.2.3 Zusammenfassung

Bei der Bearbeitung und Analyse von Konflikten ist es hilfreich, sich den jeweiligen Konfliktanlass und zumindest die möglichen Ursachen eines konkreten Konflikts durch den Kopf gehen zu lassen. Manchmal liegen diese nämlich in, oft aber auch jenseits der eigenen Person oder der konkreten Situation und es bedarf nur einer „Verlagerung" des Konflikts auf den Ort, an dem die Ursache zu suchen ist. Wenn Sie z. B. Streit mit Kollegen/innen haben, weil diesen die angeordnete Arbeitsaufteilung, die Mittelzuteilung oder die Raumverteilung nicht zusagt, ist das eigentlich nicht Ihr Problem. Die „Lösung" ist daher unproblematisch: sobald Sie sich nicht gegen die Kollegen/innen stellen, sondern mit ihnen gemeinsam zum Chef / zur Chefin gehen und das Problem dort ansprechen, sind Sie in Ihrer Umgebung eine „Störung" los, die nicht Sie verursacht haben und an der Sie auch in der Regel nicht viel ändern können.

3.3 Das ist doch kein Konflikt! Scheinkonflikte, Lebenskonflikte

3.3.1 Scheinkonflikte

Um Konflikte richtig beurteilen und konstruktiv angehen zu können, ist es nötig, zu ihrem Kern vorzudringen. Dies aber ist häufig nur schwer zu erreichen. Wir alle haben schon die Erfahrung gemacht, dass Personen oder auch Gruppen lange und intensiv über eine Sache streiten und davon überzeugt sind, dass es tatsächlich um diese Sache geht.

Teil 3: Umgang mit Konflikten

Sieht man aber näher hin, stellt man fest, dass dieses, sich auf der Oberfläche abspielende **Konfliktgeschehen, letztlich nur vorgeschoben oder verschoben** ist. Es handelt sich um einen Scheinkonflikt, und darunter liegt etwas anderes, das dem *Bewusstsein* der Beteiligten gar nicht zugänglich ist, vielleicht weil es als zu persönlich, als peinlich empfunden wird. Man muss sich das so vorstellen wie einen Eisberg, der im Wasser treibt. Von ihm sieht man an der Oberfläche nur ganz wenig, während der größte Teil seiner Gesamtmasse unter der Wasseroberfläche verborgen ist. Von Vielem in unserem Leben kommt nur wenig an die Oberfläche, das Meiste ist sogar den Betreffenden *verborgen*.

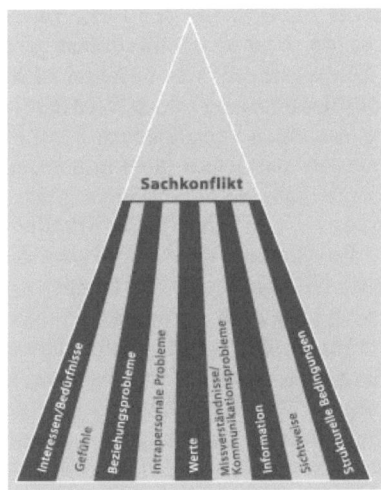

Eisbergmodell nach Christopp Besemer siehe

www.rpi-loccum.de/schstreit.html

Beispiele für ver- oder vorgeschobene Konflikte:

1. Kritik an der Arbeit

Herr Merk kritisiert an seiner Kollegin Frau Müller ständig, dass diese ihre Arbeit nicht korrekt oder zu langsam erledige. Frau Müller verteidigt sich vehement gegen die Vorwürfe, weil sie sich keiner Schuld bewusst ist und sich mit Eifer den ihr gestellten Aufgaben widmet. Wollte man diesen Konflikt näher analysieren, wäre zu fragen, ob die Vorwürfe tatsächlich eine sachliche Basis haben. Ist dies nicht der Fall – wie wir annehmen wollen – wäre festzustellen, was hinter den immer währenden Vorwürfen steckt: Es könnte eine Unvereinbarkeit der Personen – also das bekannte und schwer zu fassende **Gefühl von Antipathie** sein – aber, wie häufig im Berufsleben, auch eine **latente Konkurrenzsituation** direkter oder indirekter Art: wer etwa in der Gunst der Vorgesetzten ganz oben steht oder wer für eine baldige Beförderung in Frage kommt.

Teil 3: Umgang mit Konflikten

2. Das Besserwisser-Syndrom

Der siebzehnjährige Klaus ist in der Schule ausgesprochen konkurrenzorientiert; er muss immer der Beste sein. Also korrigiert er ständig die Antworten, die seine Mitschüler/innen geben, besonders die Beiträge von Monika. Diese versucht sich dagegen zu wehren und es kommt zu immer neuen Konflikten um die Frage: Wer hat recht? Wir nehmen auch hier an, dass es sich um einen verschobenen Konflikt handelt: Monika hat nicht permanent unrecht und Klaus nicht immer recht. Auch hier ergibt sich die Frage: Was steckt dahinter? Das könnte in diesem Falle etwa sein: **Der Charakter von Klaus.** Er ist schon in der Familie immer wieder mit Konkurrenzsituationen konfrontiert worden, musste sich ständig gegen seine Geschwister durchsetzen, wurde von den Eltern zu „Spitzenleistungen" angetrieben. Es kann sich aber auch um latente Minderwertigkeitsgefühle handeln, die ihn dazu nötigen, sich ständig selbst beweisen zu müssen (siehe Kapitel 1.6, „Kommunikationsstile: Die Mischung ist wichtig"). **Oder die spezielle Beziehung zu Monika**: Vielleicht möchte Klaus ihr – unbewusst – imponieren und muss sie dazu zugleich degradieren. Oder aber er lebt versteckte Rachegefühle aus, weil er sich dem Mädchen nähern wollte und dabei eine Abfuhr erlitten hat.

3.3.2 Konflikte und Charaktere: Lebenskonflikte und Personenkonflikte

In seinem Buch „*Konflikt-Management*" schreibt der Autor Gerhard Schwarz, „*persönliche Konflikte sind das >Lebenselixier< der Persönlichkeitsentwicklung*" (Schwarz, 1999, S. 49). Das bedeutet, dass wir alle, besonders in bestimmten Lebenssituationen und **Lebensphasen, Konflikte** durchmachen, zentrale Konflikte in uns haben, die uns zunächst belasten, uns gleichzeitig aber auch dazu motivieren, unsere Persönlichkeit, unseren Charakter in Auseinandersetzung mit uns selbst und mit unserer Umwelt weiter zu entwickeln. Bestimmte **Charaktereigenschaften** haben sich im Verlaufe unserer Entwicklung (etwa mit der Adoleszenz, also mit ca. 18-20 Jahren) verfestigt, sie sind zu Konstanten geworden, die wir in alle späteren Beziehungen einbringen und die auch **die Basis für bestimmte Konflikte** und unser Agieren darin darstellen. Was wir Persönlichkeit oder auch **Charakter** nennen, ist, wie Schwarz meint, „*zu einem Großteil als das Resultat ausgestandener Konflikte zu verstehen*".

Der Psychologe Erik H. Erikson hat in seinem Buch „*Identität und Lebenszyklus*" festgestellt, dass die Art, wie Konflikte in der Kindheit angegangen und gelöst wurden, das spätere Konfliktverhalten entscheidend determiniert. Innerhalb der verschiedenen psychologischen Richtungen, etwa der kognitiven Psychologie, der Verhaltenspsychologie oder der Psychoanalyse, sind **Entwicklungstheorien** formuliert worden, die sich nicht selten widersprechen und von sehr verschiedenen Prämissen ausgehen. Zudem ist bisher von der Wissenschaft nicht zureichend geklärt, inwieweit genetische, also biologisch bedingte Faktoren unsere *Charakter-Entwicklung* beeinflussen und uns so auf bestimmte Denk-, Gefühls- und Verhaltensformen festlegen.

Klar ist auch, dass unser **soziokulturelles Milieu** eine wichtige Rolle spielt: unsere soziale Umgebung, die Familie, der Bildungsstand, die Sitten und Gewohnheiten unserer angestammten Kultur. Wir wollen hier auf eine ausführliche Darstellung dieser Ansätze verzichten und verweisen auf ausgewählte Literatur zum Thema.

Wir wissen in unserem alltäglichen Umgang mit Menschen häufig zunächst fast nichts über deren Entwicklung oder Charakter. Wir nehmen (ebenso wie ihrerseits die andere Person) ein bestimmtes Aussehen, verbales und körpersprachliches Verhalten wahr und **bilden uns** daraus – **meist sehr schnell – einen Eindruck**. Wir wissen aus eigener Erfahrung, wie spontan etwa Verliebtheiten entstehen. Dann sagen wir, es hat „gefunkt", zwei Menschen verlieben sich und wollen zusammen sein, dabei können sie häufig gar nicht genau sagen warum. In den meisten Alltagssituationen geht es um Wahrnehmungen, die sich zwischen den Polen **sympathisch – unsympathisch** fassen lassen.

Manchmal scheint uns allerdings unser unmittelbarer Eindruck auch zu trügen: **Eine Person war uns spontan eher unsympathisch, wir hätten sie nie für eine nähere Verbindung oder gar eine Freundschaft ins Auge gefasst.** Innerhalb einer durch Institutionen aufgenötigten Beziehung – etwa in der Schule oder im Betrieb – verändern wir jedoch im Laufe der Zeit unsere Meinung. Wir stellen z. B. fest, dass diese Person hilfsbereit und nett ist. **Natürlich ist auch das Umgekehrte möglich**: Wir nehmen wahr, dass ein anfangs sehr freundlicher Kollege sich als extrem ehrgeizig und egoistisch „entpuppt". Er hatte sich also – zumindest in unserer subjektiven Wahrnehmung – „verstellt". Es entwickelt sich dann ein so genannter Personenkonflikt. Allerdings kann ein Personenkonflikt auch ohne eine inhaltliche Konfliktgeschichte entstehen. Was ist in diesem Falle passiert? Dies kann so gefasst werden:

> „In der Regel ist der Auslöser dann, dass eine Partei auf die andere Vorannahmen überträgt, die sie aus Beziehungen mit ganz anderen Personen mitgebracht hat, z. B. weil die andere Partei sie an eine Person oder Gruppe erinnert, mit der es auch schon immer Schwierigkeiten gab."
>
> (Müller-Fohrbrodt, 1999, S. 39)

Konflikte, die aus der Wahrnehmung bestimmter Persönlichkeitsmerkmale und Charaktereigenschaften entstehen, sind sehr schwer zu bearbeiten, denn dies berührt eine Schicht unserer Persönlichkeit, die tief liegt und stark von nicht-verbalen, emotionalen Faktoren geprägt ist. Als Erwachsene/r kann man den eigenen Charakter nur noch in sehr engen Grenzen verändern. In solchen Fällen ist es manchmal am besten, den Kontakt mit einer sehr negativ besetzten Person einzustellen. Lehrer/innen setzen Schüler/innen dann auseinander, Angestellte kommen in verschiedene Abteilungen. Wie man dennoch auch mit solchen Konflikten konstruktiv umgehen kann, werden wir u. a. in Kapitel 3.9, „Hilfe in Persönlichkeitskonflikten: Coaching, Selbstcoaching auch durch Orientierung an Literatur", näher beschreiben. In solchen Fällen ist es dann meistens das **Ziel, einen weitgehend funktionalen sachlichen Kontakt zu ermöglichen**, also eine Kooperation zwischen Personen, die sich eigentlich nicht besonders mögen, bei denen, wie wir sagen, die „*Chemie nicht stimmt*".

Verwendete Literatur
Erikson, Erik H.: Identität und Lebenszyklus. 19. Auflage Frankfurt am Main: 2001.
Glasl, Friedrich: Konfliktmanagement. Ein Handbuch zur Diagnose und Behandlung von Konflikten für Organisationen und ihre Berater. Bern: Haupt 1992.
Müller-Fohrbrodt, Gisela: Konflikte konstruktiv bearbeiten lernen. Zielsetzungen und Methodenvorschläge. Opladen: 1999.
Schwarz, Gerhard: Konflikt-Management. Konflikte erkennen, analysieren, lösen. Wiesbaden: 1999.

3.4 Destruktive Konfliktverläufe: Konflikteskalation

3.4.1 Konflikte analysieren und beeinflussen lernen

Konflikte verlaufen nach immer wieder erkennbaren Mustern. Es ist wichtig, solche Abläufe zu kennen, auch um auf die nächste Entwicklung vorbereitet zu sein und um sie gegebenenfalls beeinflussen zu können.

Die folgenden sieben Phasen kennzeichnen den typischen Ablauf eines Konflikts:

Teil 3: Umgang mit Konflikten

1. Anlass und Meinungsverschiedenheit

In dieser Phase haben wir es mit einer bloßen Meinungsverschiedenheit zu tun. Dies ist „normal" und auch produktiv – wie könnte sich etwas weiterentwickeln, wenn wir alle einer Meinung wären? Eine „bloße" Meinungsverschiedenheit ist durch konstruktive Sachkommunikation lösbar.

2. Spannungen entstehen

Die Sachkommunikation hat nicht stattgefunden oder ist gescheitert. Emotionen kommen ins Spiel, es gibt erste Verstimmungen und Reibereien.

3. Der Konflikt wird erkannt

Der Konflikt wird als solcher wahrgenommen und angesprochen. Spätestens von hier ab gibt es mindestens zwei Möglichkeiten:
- Man versucht ihn zu „**verdrängen**" und „unter den Teppich zu kehren"; diese Möglichkeit ist kritisch zu sehen, denn ungelöste Probleme bleiben bestehen, sie tauchen in der einen oder anderen Form – häufig verschärft – wieder auf. Die Standpunkte der Beteiligten verhärten sich von hier ab.
- Die Beteiligten versuchen, auch mit **Meta-, Situations-, Beziehungs-Kommunikation**, zu einer konstruktiven, für alle zufrieden stellenden Lösung zu gelangen

Die letzte Möglichkeit ist selbstverständlich der beste Weg, der, den wir alle wollen. Es ist freilich auch der schwierigste, aber – wie die Lebenserfahrung zeigt – diese Anstrengung lohnt sich.

Wir geben im Folgenden vor allem destruktive Verläufe von Konflikten wieder; **andere haben sich bislang durch Einsicht, Analyse oder Kompromiss gelöst**. Versuchen Sie jedoch, auch weiterhin den „konstruktiven" Weg zu beschreiten, ab jetzt muss deeskaliert werden.

4. Konflikthandeln

Da Worte offensichtlich nichts nützen, gibt man den Gedanken kompromissorientierter Gespräche mit dem Konfliktpartner / der Konfliktpartnerin auf und beginnt den Konflikt anders anzugehen und zwar durch:

5. Polarisierung / Schwarzweißmalerei

„Ich bin gut und der / die ist böse." Dritte müssen Stellung beziehen – wer der Abwertung des Konfliktpartners / der Konfliktpartnerin nicht zustimmt, gehört offensichtlich zur Gegenseite (weiteres Konfliktpotential!).

6. Indirekte Angriffe

Intrigen, Gerüchte und Sabotage.

7. Direkte Angriffe

Provokation, Beleidigung und alles, was dem Ziel dient – das Ziel ist das „Schachmatt" des Gegenübers.

3.4.2 Eskalation von Konflikten

Damit ist der Konflikteskalation das Tor geöffnet. Bedrohlich werden Konflikte, wenn sie sich verhärten, eskalieren. Und dies passiert meistens dann, wenn sie verdrängt werden und man nichts tut, um sie beizulegen.

Die neun Stufen der Konflikteskalation nach Friedrich Glasl:

1. **Verhärtung:**
   Die Standpunkte verhärten sich und prallen aufeinander. Das Bewusstsein bevorstehender Spannungen führt zu Verkrampfungen. Trotzdem besteht noch die Überzeugung, dass die Spannungen durch Gespräche lösbar sind. Noch gibt es keine starren Parteien oder Lager.
2. **Debatte:**
   Es findet eine Polarisation im Denken, Fühlen und Wollen statt, ein Schwarz-Weiß-Denken und eine Sichtweise von Überlegenheit und Unterlegenheit entsteht.
3. **Aktionen:**
   Die Überzeugung, dass *„Reden nichts mehr hilft"*, gewinnt an Bedeutung und man verfolgt eine Strategie der vollendeten Tatsachen. Die Empathie mit der „anderen" Person geht verloren, die Gefahr von Fehlinterpretationen wächst.
4. **Images / Koalitionen:**
   Die **„Gerüchteküche"** kocht, Stereotypen und Klischees werden aufgebaut. Die Konfliktparteien manövrieren sich gegenseitig in negative

Rollen und bekämpfen sich. Es findet eine Werbung um Anhänger/innen statt.

5. **Gesichtsverlust:**
Es kommt zu öffentlichen und direkten (verbotenen) Angriffen, die auf den Gesichtsverlust des Gegners / der Gegnerin abzielen.

6. **Drohstrategien:**
Drohungen und Gegendrohungen nehmen zu. Durch das Aufstellen von Ultimaten wird die Konflikteskalation beschleunigt.

7. **Begrenzte Vernichtungsschläge:**
Der / Die Gegner/in wird nicht mehr als Mensch gesehen. Begrenzte Vernichtungsschläge werden als „passende" Antwort durchgeführt. Es findet eine Umkehrung der Werte statt: ein relativ kleiner eigener Schaden wird bereits als Gewinn bewertet.

8. **Zersplitterung und Zerstörung:**
Die Zerstörung und Auflösung des feindlichen Systems wird als Ziel intensiv verfolgt.

9. **Gemeinsam in den Abgrund:**
Es kommt zur totalen Konfrontation ohne einen Weg zurück. Die Vernichtung des Gegners / der Gegnerin ist das Ziel, auch zum Preis der Selbstvernichtung.

3.4.3 Negative Verhaltensweisen in Konflikten

Zur Konflikteskalation gehören auch destruktive Verhaltensweisen, die man immer wieder im konflikthaften Umgang vorfindet. Dazu zählen **die zehn fatalen Regeln**, die Günther Gugel und Uli Jäger vom Verein für Friedenspädagogik Tübingen e.V. unter dem ironischen Motto „*So gewinnst Du jeden Konflikt*", 1999, zusammengestellt haben. **Leider sind die folgenden Verhaltensweisen manchmal traurige Realität**:

- Beharre unbedingt auf deinem Standpunkt, der / die Andere wird schon nachgeben.
- Mache permanent und lautstark in der Öffentlichkeit bekannt, dass das Recht auf deiner Seite ist und der / die Gegner/in Unrecht begeht.
- Suche nur Lösungen, die deine Interessen maximal befriedigen, schließlich bist du ja im Recht.
- Stelle den / die Gegner/in vor vollendete Tatsachen, das nimmt ihm / ihr den Wind aus den Segeln.
- Suche dir Verbündete, die dir bedingungslos folgen, das schüchtert ein.
- Wenn der / die Gegner/in nicht einlenkt, so drohe ihm / ihr Gewalt an, das zeigt immer Wirkung.

Teil 3: Umgang mit Konflikten

- Akzeptiere auf keinen Fall Vermittlungsversuche Dritter, denn diese wollen nur deine/n Gegner/in unterstützen.
- Ziehe Erkundigungen über das Privatleben deines Gegners / deiner Gegnerin ein und gib diese an die Presse weiter.
- Wenn dies nicht ausreicht, so lasse gezielt folgende Gerüchte in die Öffentlichkeit: geplatzte Schecks, drohende Zahlungsunfähigkeit oder sexuelle Eskapaden deines Gegners / deiner Gegnerin.
- Gemeinsam mit dem / der Gegner/in unterzugehen ist allemal besser, als Zugeständnisse zu machen, schließlich geht es ja um den Sieg der Wahrheit.

Übung 1: Zum Verständnis der Eskalationsstufen

Illustrieren Sie die in der Lektion aufgelisteten Eskalationsstufen durch eigene Zeichnungen oder ausgeschnittene Zeitungsbilder. Versuchen Sie, die Eskalationsstufen in Alltagssprache zu formulieren und Beispiele zu finden.

Übung 2: Auswege aus Konflikten

Schauen Sie sich die folgende Zeichnung an; hier ist offenbar ein Konflikt schon auf einer hohen Eskalationsstufe angelangt:

- Welche Möglichkeiten der Konfliktbearbeitung werden in den verschiedenen außerhalb des dunklen Feldes angelegten Zeichnungen gezeigt?
- Wie sind sie zu beurteilen?

Teil 3: Umgang mit Konflikten

Übung 3: Selbstreflexion eigener Konflikte
Überlegen Sie sich einen Konflikt aus dem eigenen Erfahrungsbereich und vergleichen Sie ihn mit den Stufen der Konflikteskalation von Glasl:
- Auf welcher Stufe befindet sich der Konflikt gerade (was sind die Kennzeichen hierfür?)
- Welche Stufen hat er durchlaufen (oder übersprungen)?
- Wie hätte eine Eskalation vermieden werden können?
- Was wäre, wenn...?

Verwendete Literatur
Glasl, Friedrich: Konfliktmanagement. Ein Handbuch für Führungskräfte und Berater. 4. Auflage Bern: Haupt (u. a.) 1997.
Glasl, Friedrich: Selbsthilfe in Konflikten. Konzepte, Übungen, praktische Methoden. Stuttgart: Freies Geistesleben (u. a.) 1998.
Gugel, Günther; Jäger, Uli: So gewinnst Du jeden Konflikt. Tübingen: Verein für Friedenspädagogik Tübingen e.V. 1999.
Jäger, Uli: Softpower. Wege ziviler Konfliktbearbeitung. 2. Auflage Tübingen: Verein für Friedenspädagogik e.V. Tübingen 1998.
Jefferys-Duden, Karin: Streitschlichter-Programm. Mediatorenausbildung für Schülerinnen und Schüler der Klassen 3 bis 6. Weinheim und Basel: Beltz 1999.

3.5 Entarteter Umgang mit Konflikten: Mobbing

Alle Welt spricht von Mobbing – aber was ist das überhaupt?
Hier zunächst eine allgemeine Definition: Der Begriff Mobbing stammt aus dem Englischen und bedeutet *anpöbeln, fertig machen* (*mob = Pöbel, mobbish = pöbelhaft*). **Mobbing ist eine Form offener und / oder subtiler Gewalt gegen Personen über längere Zeit mit dem Ziel der sozialen Ausgrenzung.** Es kann sich dabei um verbale und / oder physische Gewalt handeln.

Am Arbeitsplatz wird unter Mobbing eine konfliktbeladene Kommunikation unter Kolleg/innen oder zwischen Vorgesetzten und Untergebenen verstanden. Nicht jede Feindseligkeit zwischen Menschen, die zusammen arbeiten müssen, ist Mobbing. **Es geht vielmehr um häufiger und länger anhaltende, systematische und auf eine Person gerichtete Schikane.**

Mobbing richtet enormen Schaden an, sowohl bei dem betroffenen Opfer, als auch auf betriebs- und volkswirtschaftlicher Ebene. Inzwischen gibt es vielerorts Beratungsstellen für Mobbingopfer. Für Führungskräfte und Be-

Teil 3: Umgang mit Konflikten

triebs- bzw. Personalrät/innen werden Schulungen zur Erkennung und Verhinderung von Mobbing angeboten.

3.5.1 Wo gibt es Mobbing?

Mobbing gibt es theoretisch überall dort, wo Menschen zusammen leben und arbeiten: in der Familie, in Betrieben und Verwaltungen, im Studium und in der Schule. Allerdings sind gut organisierte und geführte Betriebe und Verwaltungen mobbingresistent, sofern sie nicht unter hartem (Konkurrenz-, wirtschaftlichem) Druck arbeiten. Häufig ist es im Konfliktgeschehen gar nicht so leicht zu sagen, ob es sich tatsächlich schon um eine so extreme Stufe des Konflikts, das Mobbing, handelt, der Begriff wird heute inflationär (manchmal zu leichtfertig) gebraucht. Wie wir schon erwähnten, gehört dazu die über eine längere Zeit ausgeübte (direkte oder indirekte) Gewalt, die als Ziel die soziale Ausgrenzung hat.

Hier ein authentisches Beispiel, eine Schülerin berichtet:

„Niemand kann sich vorstellen, was für ein enormer Druck auf mir lastet. Ich soll in der Schule gut sein, zu Hause meine Pflichten erfüllen und möglichst gerecht und nett zu allen sein. Das geht nicht. Durch meine wirklich beschissene Klassensituation werden meine Noten immer schlechter. Ich bekomme das Gefühl, auch Lehrer können mich nicht mehr leiden! Wenn über 17 Schüler aus einer Klasse von 25 gegen einen sind, und man bei dem Rest das Gefühl bekommt, sie tun nur so, weil sie einen ausspionieren wollen, wie soll man da noch seine Noten halten?! Wie kann man da noch ein normaler Mensch bleiben?! Ich geh schon nur noch mit großer Angst in die Schule."

Eine mögliche Hilfe zur Verhinderung oder zum Eindämmen des Mobbings ist der Mobbing-Fragebogen für die Schule der durchaus auch woanders gut verwendet werden kann (siehe Kapitel 3.5.4, „Maßnahmen gegen Mobbing").

3.5.2 Mobbing als Gegenstand der Forschung

„Viele Menschen, denen am Arbeitsplatz übel mitgespielt wird, fürchten, sie allein seien davon betroffen. Sie werden von Selbstzweifeln geplagt, verlieren ihr Selbstvertrauen und fragen: >Was habe ich nur falsch gemacht?< Doch Mobbing hat nichts mit der Persönlichkeit des Opfers zu tun. Es geschieht massenhaft, und es kann jeden treffen."

(Leymann, www.mobbing-info.ch)

Als einer der ersten Wissenschaftler untersuchte Heinz Leymann dieses Phänomen in der Arbeitswelt und definierte Mobbing allgemein als **einen Prozess konfliktbelasteter Kommunikation am Arbeitsplatz**.

Dieser findet sowohl zwischen Kolleg/innen als auch zwischen Vorgesetzten und Untergebenen statt, wobei die angegriffene Person unterlegen ist und von der anderen mindestens einmal die Woche über die Dauer von wenigstens einem halben Jahr lang systematisch mit dem Ziel angegriffen wird, sie auszugrenzen. Auch Vorgesetzte können Opfer von Mobbing ihrer ganzen Abteilung werden, was mit dem Unterlaufen jeglicher Arbeitsanweisungen oder ordnenden / planerischen Tätigkeiten beginnt. Die Folgen für die Opfer sind fatal. Sie reichen von schweren psychischen und physischen Störungen bis hin zum Suizid.

Als Gründe für das Entstehen von Mobbing werden überwiegend ungelöste Konflikte am Arbeitsplatz und die Suche nach Sündenböcken angeführt. Mängel in der Personalführung bewirken, befördern ihrerseits die Entwicklung von Mobbing. Manche Firmen, Vorgesetzte sollen bereits Mobbing als Mittel zu Reduktion der Belegschaft eingesetzt haben, ein absolut menschenverachtendes Verhalten.

Betroffene Personen erkennen sehr häufig den Anfang des Ausgrenzungsprozesses nicht und haben keine Erklärung, weshalb sie von Kolleg/innen und Vorgesetzten so feindselig behandelt werden. Die in der Folge durch den fortwährenden Stress ausgelösten körperlichen Beschwerden werden oft auch nicht mit dem Konflikt am Arbeitsplatz in Zusammenhang gebracht und können sich so im Lauf der Zeit zu manifesten Krankheiten ausbilden. Verfestigt sich Mobbing über den auslösenden Konflikt hinaus, hat der / die Betroffene kaum Chancen, diesen Prozess aus eigener Kraft zu beenden. Demzufolge sollten körperliche Beschwerden bei anhaltenden Spannungen am Arbeitsplatz sehr ernst genommen werden. Sollte Mobbing die Ursache sein und dieses bereits in der Frühphase erkannt werden, bestehen größere Chancen, das Mobbing abzustellen und den eigentlich dahinter stehenden Konflikt zu lösen.

3.5.3 Erfahrungen mit Mobbing

Ein Beispiel aus dem Berufsleben – Die Sachbearbeiterin Frau Hertwig: Frau Hertwig ist für einen verantwortungsvollen Posten vorgesehen. Sie hat seit langem darauf hingearbeitet und nun könnte sich ihr Wunsch zu erfüllen – könnte, wenn da nicht einer ihrer Kollegen wäre, der es selbst auf diesen Posten abgesehen hat. Er beginnt damit, Gerüchte über Frau Hertwig in die Welt zu setzen, zieht andere Kolleg/innen auf seine Seite und hält wichtige Informationen von ihr fern.

Wenn es darum geht, einen besseren Posten zu bekommen, spielen manche Menschen mit unfairen Mitteln. Sei es, dass sie sich schlechtere Chancen ausmalen oder sei es, dass sie es einfach gewohnt sind, unsaubere Taktiken anzuwenden. Das wirklich Unangenehme ist, dass der / die Betroffene es selbst nicht einmal merken muss, dass da jemand hinter ihrem / seinem Rücken ihre / seine Karriere sabotiert. Sie merken dann vielleicht nur, dass Erfolge ausbleiben und wissen gar nicht warum.

Versuchen Sie, folgende Fragen zu diesem Beispiel zu beantworten:
- Was könnte Frau Hertwig tun, um das Mobbing abzustellen und keine weiteren Nachteile zu erhalten?
- Wie könnten sich die anderen Kolleg/innen und Vorgesetzten verhalten, um ihr zu helfen?

Ein Beispiel aus der Schule – *Der Schüler Daniel Feininger*: Daniel aus einer neunten Klasse berichtet – seelisch offensichtlich schwer belastet – seinem Schulleiter, er halte es nun nicht mehr aus in seiner Klasse. Die Kameraden schikanierten ihn täglich und versuchten, ihn zu ärgern. Nun habe ihn der Klassenlehrer mit Arrest bestraft, obgleich er gar nichts dafür könne. Er habe ja nur laut gerufen: *„Lasst mich in Ruhe!"* Der Lehrer habe dies als Störung des Unterrichts geahndet. **Was war geschehen?**

Seit Monaten gaben die hinter ihm sitzenden Schüler immer wieder leise und fast nur für ihn hörbare Hundelaute von sich, knurrten und bellten. Nur Daniel und einige wenige Mitschüler wussten, was dies bedeutet: Eines Tages, so berichtet Daniel, hätten die anderen „furchtbar gelacht", nachdem er ihnen erzählt hatte, dass auf der Kommode seines Opas ein Hundebild stand. Auf dem Rand war das Todesdatum des Hundes eingetragen: der 25. Mai 1978. Das ist der gleiche Tag, an dem Daniel geboren wurde. Die anderen lachten und riefen: „Bestimmt ist die Seele von Opa Feinfingers Hund in dich gefahren: Seelenwanderung!" Von diesem Tag an hätten sie mit ihrer „Hundesprache" angefangen, wenn sie ihn ärgern wollten. Neuerdings aber trieben sie es derartig schlimm, dass er es nicht mehr aushalte. Daniel ist am Ende seiner Kräfte. Er hatte bis dahin bereits häufig wegen Krankheit gefehlt, wie der Klassenlehrer besorgt festgestellt hatte. Manchmal ist Daniel aus Angst vor seinen Peinigern morgens nicht in die Schule gegangen. Ein ziemlicher Einbruch seiner ohnehin nicht besonderen Leistungen ist die Folge. Daniels Reaktion ist typisch: Er zieht sich zurück und isoliert sich auf diese Weise noch mehr. Was aber sind die Motive seiner Peiniger, was tun sie und was empfinden sie dabei? Sie wurden befragt. Sehen Sie sich einige Äußerungen an:

Teil 3: Umgang mit Konflikten

Warum habt ihr Daniel zum Opfer gemacht?
Schüler 1: „Weil er so große Ohren hat und man ihn gut ärgern kann."
Schüler 2: „Weil fast alle ihn fertig machen. Ich mache eigentlich nicht so viel."

Wie geht ihr vor?
Schüler 1: „Wir beleidigen ihn mit seinen Ohren und gestalten Witze mit seinem Namen um."
Schüler 2: „Mit seinen Ohren."

Was empfindet ihr dabei?
Schüler 1: „Es ist wie eine Kettenreaktion: Einer fängt an und beleidigt ihn, und dann macht der andere automatisch weiter."
Schüler 2: „Ich empfinde, dass Daniel das fertig macht. Damit möchte ich aufhören, aber wenn die anderen anfangen, mache ich oft mit."

Kasper, 1998, S. 64 ff.

3.5.4 Maßnahmen gegen Mobbing

Was kann man gegen das Mobbing unternehmen? Wie kann man sich wehren? Ein paar Möglichkeiten, die weiterhelfen könnten:
- Suchen Sie sich moralischen und menschlichen Rückhalt und Unterstützung bei Verbündeten in Ihrer Gruppe, der Abteilung, in Ihren Bekanntenkreis, und / oder in Ihrer Beziehung.
- Sprechen Sie Menschen Ihrer Umgebung auf das Problem an.
- Gehen Sie in eine Selbsthilfegruppe oder in die Mobbing-Beratung.
- Protokollieren Sie jede Art von Übergriffen (Mobbing-Tagebuch). Wenn möglich, sichern Sie auch Aussagen von Zeuginnen und Zeugen.
- Fordern Sie Ihre Kolleg/innen oder andere Beteiligte notfalls schriftlich auf, das unerwünschte Verhalten zu unterlassen.
- Geht der Terror weiter, wenden Sie sich an Vorgesetzte oder eine Schiedsstelle (Betriebsrat / Gewerkschaft).
- **Kommen Sie damit nicht klar, holen Sie sich professionelle Hilfe.**

Hinweise für Vorgesetzte: Der Grundsatz ist: Mobbing nicht ignorieren! Wenn in einer Firma, Behörde, Schule ein Konsens zwischen allen Beteiligten besteht, dass es sich bei Mobbing um Gewaltausübung handelt (Aushang), werden Außenstehende solche Prozesse sensibler wahrnehmen und klarer reagieren. Wo immer Mobbing bekannt oder offensichtlich wird, sollten Vorgesetzte klar Standpunkt beziehen und versuchen, zumindest den „zusehenden" Mitläufer/innen, möglichst aber auch den Täter/innen einen Perspektivenwechsel zu ermöglichen und ihnen die psychischen Folgen für die Opfer in einer solchen Situation klar machen.

Information, Rat und Hilfe bei Mobbing: Das Bewusstsein für die Bedeutung und die Gefahren des Mobbings ist seit den 1990er Jahren sehr gestiegen. Inzwischen gibt es eine reichhaltige Literatur zu allen Aspekten des Themas, entsprechende Internetseiten (von öffentlich-rechtlicher Seite wie von privaten Anbietern), Projekte, Programme und Beratungsstellen. **Als Koordinationsstelle der Selbsthilfegruppen fungiert**: Nakos (Nationale Kontaktstelle für Selbsthilfegruppen), Albert-Achilles-Str. 66, 10709 Berlin, Tel. 030 8914019. Informationen finden sich auf entsprechenden Webseiten, z. B. allgemein: www.mobbing-info.ch und für den Bereich der Schule und Bildung: www.schueler-mobbing.de. Ein sehr brauchbares Mobbing-Portal für Lehrer/innen und Schüler/innen im Internet ist das der Gutenbergschule in Riederich: www.mobbing.gutenbergschule.org. **Hier findet sich auch der folgende Mobbingtest, der nicht nur für Schüler/innen geeignet ist, sondern auch auf andere Fälle übertragen werden kann.**

Ob Du bereits Mobbing-Opfer bist, kannst Du leicht mit diesem Test überprüfen.

1. Deine Möglichkeiten, sich frei zu äußern sind stark eingeschränkt. — 20 P.
2. Du gehörst einer anderen Nationalität oder Religion an als die meisten anderen in Deiner Klasse. — 15 P.
3. Du wirst von Deinen Mitschüler/innen nie privat eingeladen. — 5 P.
4. Du wirst mit Telefonterror belästigt. — 20 P.
5. Die Mitschüler/innen verstummen, wenn Du den Raum betrittst. — 10 P.
6. Man lacht über Dich. — 10 P.
7. Man spricht nicht mehr mit Dir. — 20 P.

Teil 3: Umgang mit Konflikten

8.	Du wirst ständig kritisiert.	15 P.
9.	Man verbreitet Gerüchte über Dich.	15 P.
10.	Man greift Deine persönliche Meinung an.	10 P.
11.	Du bist sexuellen Belästigungen verbal oder tätlich ausgesetzt.	20 P.
12.	Man zwingt Dich, Dinge zu tun, die Dein Selbstbewusstsein verletzen.	20 P.
13.	Man stellt Deine Entscheidungen in Frage.	10 P.
14.	Man imitiert Dich, Deinen Gang, Deine Stimme, Dein Lachen…	20 P.
15.	Man gibt Dir Aufgaben weit unter Deinem Können.	15 P.
16.	Man gibt Dir Aufgaben, die Deine Möglichkeiten übersteigen.	10 P.
17.	Man verdächtigt Dich, psychisch krank zu sein.	15 P.
18.	Du hast keine Freund/innen mehr in Deiner Schule.	15 P.
19.	Du warst in letzter Zeit öfter krank.	15 P.
20.	Du warst in letzter Zeit gereizt.	10 P.
21.	Du gehst nicht zu Klassenfesten oder sonstigen freiwilligen Veranstaltungen in der Schule.	10 P.
22.	Dir wurde schon einmal körperliche Gewalt angedroht.	15 P.
23.	Deine persönlichen Dinge werden beschädigt (Schulranzen, Bücher, Mäppchen…).	10 P.
24.	Du gehst weniger aus als früher.	10 P.
25.	Mitschüler/innen werden gegen Dich aufgestachelt.	20 P.
26.	Man macht Witze auf Deine Kosten.	20 P.
27.	Mitschüler/innen, zu denen Du früher engeren Kontakt hattest, ziehen sich zurück.	15 P.
28.	Du leidest an Schlafstörungen.	10 P.
	Gesamtpunktzahl	

Die anschließende Testauswertung:
- Gesamtpunktzahl unter 40 Punkten:
  Du brauchst dir keine Sorgen zu machen.
- Gesamtpunktzahl 40-80 Punkte:
  Es kann der Anfang von einem Mobbing sein, kann aber auch andere Ursachen haben, wie Konflikte zu Hause oder im Freundeskreis.
- Gesamtpunktzahl 80-165 Punkte:
  Du bist einem Mobbing ausgesetzt, musst aber nicht „das Handtuch werfen". Durch selbstbewusstes Auftreten und mutiges Ansprechen der Situation könntest du das Schiff noch wenden.
- Gesamtpunktzahl über 165 Punkten:
  Du bist Opfer von Mobbing. Die Situation ist für dich unerträglich und du solltest dich nicht scheuen, Hilfe von außen zu holen.

Verwendete Literatur
Bachheibl, Petra: Handlungsmöglichkeiten bei Gewalt. (9 HAG) In: Handbuch der Schulberatung. Landsberg/L.: mvg-Verlag 2000.
Dambach, Karl E.: Mobbing in der Schulklasse. München (u. a.): Reinhardt 1998.
Jefferys-Duden, Karin: Mobbing/Bullying in der Schule. In: Schulverwaltung 12 (1993). S. 246-248.
Kasper, Horst: Mobbing in der Schule. Probleme annehmen – Konflikte lösen. Lichtenau: AOL (u. a.) 1998.

3.6 Konstruktive Konfliktbearbeitung – keine Gewinner und Verlierer

Unsere Gesellschaft ist stark konkurrenz- und wenig kooperationsorientiert (siehe Kapitel 3.3, „Das ist doch kein Konflikt! Scheinkonflikte, Lebenskonflikte"). Nicht nur im Sport zeigt sich, dass wir häufig spontan in Kategorien von Gewinnen und Verlieren denken. **Dies bestimmt oft auch das Verhalten in Konflikten. Es geht darum, sich durchzusetzen und oft auch, den anderen „klein zu machen".**

Nur sehr selten mag es richtig sein, kompromisslos auf seinem Standpunkt zu beharren und diesen offensiv zu vertreten, etwa, wenn wirklich unzumutbare Forderungen gestellt werden oder die Position der anderen Person offensichtlich schädlich ist. Eigentlich nur aus dem Bereich des Militärs und aus wenigen Sachsituationen sind uns Situationen bekannt, die kompromissloses Handeln erfordern: Muss ein/e Soldat/in einen Befehl ausführen, auch wenn er / sie weiß, dass dadurch ungerechtfertigt großes Leid oder Unrecht geschieht? Dieser so genannte „**Befehlsnotstand**" ist meist ein innerer Konflikt, der eine folgenschwere persönliche Entscheidung erfordert. Oder es gibt Situationen, in denen nur ein Handeln notwendig ist: Die Lenkung eines Flugzeugs im Gewitter oder eines Schiffes im Sturm oder ein in der Wissenschaft und durch Erfahrung eindeutig abgeklärtes Verhalten.

Im alltäglichen Leben wirkt sich das kompromisslose Beharren auf der eigenen Position dagegen oft schädlich aus: **Meistens sehen vier oder mehr Augen besser als zwei** und so ist es in der Regel sinnvoll zu verhandeln. In einer demokratischen Gesellschaft, die durch Gleichberechtigung und das **Aushandeln in fast allen Situationen und Beziehungen** gekennzeichnet ist, sind wir immer wieder aufgefordert, unsere eigene Position zu relativieren und Vereinbarungen mit anderen zu treffen, was beinhaltet, Abstriche von unserer ursprünglichen Position zu machen. Natürlich kann auch ein Konflikt durch Überzeugungsarbeit (siehe Kapitel 2.2, „Von der Bewusstheit für gute Kommunikation. Konkrete Regeln guter Kommunikation miteinander verabreden") gelöst werden, aber auch hier sind Vereinbarungen zu treffen.

Auch in der großen Politik sehen wir immer wieder wenig kreative Umgänge mit Konflikten, oft nach dem Prinzip: *„Auge um Auge, Zahn um Zahn"*.

Muss z. B. im Konflikt zwischen Israel und den Palästinensern der Konflikt wirklich erst „ausbrennen" (= fortbestehen, bis ein Volk nicht mehr kann?), ehe es zu einer Kompromisslösung kommt? **Keiner kann den Konflikt wirklich gewinnen**, die meisten internationalen Konflikte endeten destruktiv im Krieg und konstruktiv im Kompromiss ohne Sieger und Verlierer, was ist besser? Man denke an die Mühe mit Europa...

Irgendwann, und das gilt auch in unserem Leben, **muss man in einem Konflikt verhandeln**, je eher, je besser, man spart sich die äußerst aufwendige Deeskalation.

Im Folgenden wird zunächst **konflikthaftes Verhalten**, ausgelöst durch die beschriebenen Konkurrenzgefühle, **in kleinen Übungen und Beispielen deutlich gemacht**, die zum Teil auch mit jüngeren Kindern durchgeführt werden können. Überraschende, **kreative Lösungen der Konflikte** können hier sogar von jüngeren Kindern, Schüler/innen gefunden werden. In der Schüler/innen- oder Erwachsenengruppe wird es um **Metakommunikation, Erörterung von Möglichkeiten der Konfliktlösung und Rollenspiel** gehen. Die folgenden Übungen sind für Konflikttrainings in Seminaren / Gruppen oder im konkreten Schulunterricht / Kindergarten gedacht: Gewinner/innen und Verlierer/innen werden festgestellt, anschließend werden

Überlegungen angestellt, ob es nicht auch zwei Gewinner/innen geben könnte.

Armdrücken

Zwei Teilnehmer/innen / Kinder bilden eine Gruppe und setzen sich an einen Tisch, um die klassische „Armdrücken"-Position einzunehmen. Der Auftrag lautet: *„Ihr habt eine Minute Zeit. Zählt bitte, wie oft ihr es schafft, den Arm runterzudrücken. Die Gruppe hat gewonnen, die am meisten schafft."*

Hintergrund: Es gewinnt nur die Gruppe, in der die Partner/innen sich kooperativ verhalten und gegenseitig abwechselnd ohne Widerstand immer wieder den Arm des Gegenübers runterdrücken. In den 60 Sekunden sind so ohne weiteres über 100 Wiederholungen möglich!

Diamant

Zwei Teilnehmer/innen / Kinder bilden eine Gruppe. Einer erhält einen schönen Stein (Murmel, Nuss, Kugel, was auch immer...). Der Auftrag lautet: *„Einer von euch hat einen wunderschönen Diamanten. Es ist ganz besonders wertvoll und kostet eine Millionen Euro. Der andere hat jetzt zwei Minuten Zeit, um an den Diamanten zu kommen. Alles ist erlaubt!"*

Hintergrund: Hier muss man die Nerven behalten und wirklich erst einschreiten, wenn Blut zu fließen droht (oder die Einrichtung leidet). Vor allem Kinder toben sofort los, rangeln, jagen sich, es wird laut und hektisch. Aber am zufriedensten sind diejenigen, die verhandeln und z. B. eine 50/50-Lösung finden. Das sind die beiden Gewinner/innen! Die anderen schaffen es entweder, den Stein abzujagen oder zu ihn behalten. Es gibt also eine/n Gewinner/in und eine/n Verlierer/in. Nach der ersten Auswertungsrunde findet das gleiche Spiel mit der gleichen Anleitung noch einmal statt. Vielleicht ist der Lernerfolg einer kreativen Konfliktlösung sichtbar... oder wird etwa Rache geübt...?

Malen

Zwei Teilnehmer/innen / Kinder bilden eine Gruppe und sitzen am Tisch mit einem Blatt Papier. Beide fassen einen Stift gemeinsam an. Es ist verboten, zu reden oder sich miteinander zu verständigen. Die erste Person erhält – getrennt von der anderen und so, dass es kein anderer hört – den Auftrag, *einen Baum zu malen*. Die zweite erhält, ebenfalls getrennt von der anderen, den gleichen Auftrag. In der zweiten Runde wird wieder an jeden ein weiterer Auftrag erteilt, z. B. *jetzt ein Haus zu malen*. In der dritten

Teil 3: Umgang mit Konflikten

Runde erhalten beide unterschiedliche Aufträge: *Male ein Auto! Und: Male eine Katze!*

Hintergrund: Sehr leicht lässt sich feststellen, welche/r Teilnehmer/in den Stift führt und wer nachgibt. Wenn unterschiedliche Aufträge ausgeführt werden müssen, ist es sehr interessant, welche Lösungen herauskommen! Folgende Möglichkeiten wurden beobachtet: Eine Autokatze, zwei Bilder oder auch nur eines sind möglich (der / die andere Teilnehmer/in / das andere Kind konnte seinen / ihren Auftrag nicht verwirklichen!) **Die weitere Bearbeitung der Situation sollte Metakommunikation sein**: Wer setzt sich durch oder kann man durch kooperatives Verhalten jedem zum „Recht" verhelfen?

Zwei Beispiele, jetzt eher für Erwachsene und ältere Schüler/innen – zur Erörterung und zum Rollenspiel.

Es geht um das Aufzeigen verschiedener Konfliktbearbeitungsmöglichkeiten und um deren Abwägung. Man kann einfach die Beispiele in den Raum stellen und dann verschiedene Bearbeitungsmöglichkeiten des Konflikts jeweils suchen lassen oder man kann diese Möglichkeiten anbieten und wie gezeigt bearbeiten.

Beispiel 1: Zwei Nachbarn

Herr M. und Herr L. sind zwei Nachbarn und mögen sich eigentlich ganz gern. Sie haben immer wieder über den Gartenzaun geplaudert und einmal hat der eine dem anderen Starthilfe fürs Auto gegeben. Auch Gartengeräte haben sie sich gegenseitig ausgeliehen. Heute ist alles anders: Nachbar M. hat Besuch, es wird laut im Garten gefeiert und ein Feuer angezündet. Dem Nachbarn L. wird das zuviel, er holt die Polizei.

Mögliche Formen der Konfliktbearbeitung:

Lösung 1: Negative Konfliktbearbeitung, Eskalation

Die Nachbarn reden nicht mehr miteinander. M schaltet einen Rechtsanwalt wegen eines nahe an der Grenze gepflanzten Baumes ein. Es geht vor Gericht. *Erzählen Sie die Geschichte weiter.*

Lösung 2: Aufwändige Konfliktlösung, Deeskalation

Die Nachbarn beschließen auf Vorschlag des Gerichts in ein Mediationsverfahren (siehe Kapitel 3.8, „Professionelle Konfliktbearbeitung: Streitschlichter und Mediation") einzutreten. Es kommt in mehreren Gesprächen vieles ans Licht, am Ende wird aber eine außergerichtliche Einigung über künftige Feiern und Umgang mit dem Baum erzielt. *Spielen Sie die Einigung als Rollenspiel.*

Lösung 3: Pragmatische Lösung

Beide Nachbarn treffen sich am nächsten Tag am Zaun. Herr M. spricht Herrn L. an und drückt sein Bedauern aus. Die Nachbarn verständigen sich, wie zukünftig vorgegangen werden soll. *Schreiben Sie auf, wie die Geschichte weitergeht oder spielen Sie ein Rollenspiel.*

Beispiel 2: An der Kasse im Supermarkt

Es ist Samstagnachmittag und eine lange Menschenschlange steht an der Kasse im Supermarkt. Viele Menschen sind ungeduldig, ein Mann ganz besonders: er drängelt sich an drei Kunden vorbei, schiebt eine Frau zur Seite und strebt zur Kasse. Die Frau ist sauer, sie schubst den Mann und schimpft auf ihn. Der lässt sich das nicht gefallen und schubst zurück, ihr Einkaufswagen fällt um, eine Weinflasche zerbricht. Der Fluss an der Kasse stockt, andere Kunden mischen sich ein.

Mögliche Formen der Konfliktbearbeitung: Hier handelt es sich um einen rasch eskalierenden Konflikt, vielleicht sogar zwischen den Geschlechtern. Es ist bereits zu Gewalt (zwischen den Beteiligten) und Zerstörung (der Flasche) gekommen.

Lösung 1: Negative Konfliktbearbeitung

Die Eskalation könnte in Richtung weiterer Gewaltanwendung fortschreiten. *Erzählen Sie die Geschichte mit dieser Variante weiter.* Besonders schlimm ist das hier, weil man eventuell davon ausgehen kann, dass es zwischen den Kontrahent/innen keine „Symmetrie" gibt, weil die Frau womöglich körperlich schwächer ist als der Mann.

Lösung 2: Deeskalation, konstruktive Konfliktbearbeitung

Die anderen Wartenden greifen ein und trennen die Streitenden zunächst einmal. Dann wird verbal nach einer Lösung gesucht. *Spielen Sie diese Szene als Rollenspiel.*

Lösung 3: Heilsame Schrecksekunde, konstruktive Konfliktlösung

Der Mann könnte sich auf die vielleicht etwas altmodische männliche Haltung der „Ritterlichkeit" besinnen, die Gewaltanwendung gegen Frauen und Mädchen ausschließt und lässt von der Frau ab, entschuldigt sich und hilft ihr, den Einkaufswagen wieder aufzurichten. *Die weitere Konfliktlösung erfolgt dann verbal, machen Sie hierzu ein Rollenspiel.*

Teil 3: Umgang mit Konflikten

3.7 Was kann ich selbst zur Konfliktlösung beitragen?

Um zur Lösung von Konflikten zu gelangen bzw. um destruktive Konflikte zu vermeiden, kann der / die Einzelne einen Beitrag leisten. Wir geben Ihnen hier in kurzer Form einige Hinweise. **Von Nutzen sind etwa folgende Verhaltensweisen:**

1. **Versuchen Sie, die eigene Position und die Position anderer wahrzunehmen.**
   Probieren Sie Positionen aus, fördern Sie gegenseitiges Kennenlernen und akzeptieren Sie konträre Positionen. Dies lässt sich dadurch üben, dass man die eigene Rollenfixierung durchbricht und bewusst für eine gewisse Zeit die Position der Gegenseite übernimmt – etwa bei Streitgesprächen. In der Schule kann dies durch Rollenspiel- oder Konfliktprotokolle geschehen, die anschließend gemeinsam erörtert werden.

2. **Versuchen Sie weiter, für das eigene Konfliktverhalten sensibel zu werden!**
   Auch hier gilt es, zunächst in sich selbst hineinzuhorchen, gewissermaßen die Außenposition einzunehmen:
   - Welches Muster haben meine eigenen Konfliktstrategien?
   - Wie agiere und reagiere ich typischerweise in Konfliktsituationen?
   - Welche möglichen (positiven) Verhaltensweisen, die ich bei anderen beobachte, lasse ich vielleicht nicht zu?

3. **Überprüfen Sie eigene und fremde Stereotypen und Vorurteile über andere Personen oder Gruppen!**
   Jeder Mensch hat solche Vorurteile in sich – gefährlich ist aber die Resistenz gegen das Aufbrechen von Vorurteilsstrukturen. Habe ich das Problem erkannt, kann ich sie bis zu einem gewissen Grade überwinden und andere, produktive Positionen gewinnen. Solche Vorurteile finden sich bei Schüler/innen in der Pubertät besonders ausgeprägt, zum Beispiel:
   - *Alle Ausländer sind kriminell.*
   - *Frauen sind irrational und subjektiv.*
   - *BMW-Fahrer sind aggressiv.*
   - *Mercedes-Fahrer sind stur.*

   Es lohnt sich hier, genaue Erörterungen über das Zustandekommen von Stereotypen und Vorurteilen anzustellen: Inwieweit hat das Image des Fahrers / der Fahrerin mit der Charakteristik des Fahrzeugs zu tun, inwieweit die Perspektivlosigkeit von Asylant/innen mit Kriminalität?

4. **Versuchen Sie zu lernen, Grenzen wahrzunehmen und Grenzen zu setzen.**
Auch hier geht es um eine bestimmte Form von Selbsterkenntnis: Konflikte haben die Tendenz, sich auszuweiten und Grenzen zu sprengen, und dann kommt es leicht zur Konflikteskalation. Dies ist nicht nur bei der Selbstüberschätzung der Fall, die zum Konflikt führen kann. Dies kann auch dann eintreten, wenn ich es nicht schaffe, anderen gegenüber Grenzen zu setzen, mich unwohl oder ausgebeutet fühle und dann eruptiv einen Konflikt heraufbeschwöre. Die Erörterung dieses Themas geht am besten über die Reflexion von selbst erlebten Konflikten, dabei auch von gewalttätigen Auseinandersetzungen, die immer Grenzüberschreitungen darstellen.
5. **Überprüfung Sie das eigene Verhalten in einer Gruppe.**
Immer wieder agieren wir in Gruppenzusammenhängen. Ob als Leiter/in oder Mitglied eines Teams, ob als Lehrer/in oder Schüler/in – immer ist man Teil eines größeren Verbandes. Hier ist es notwendig, die eigene Stellung in der Gruppe, in einer eventuellen Hierarchie oder Rangordnung zu erkennen, und nicht zuletzt auch das eingeschliffene Kommunikationsverhalten.
6. **Unterscheiden Sie die Sach- und Beziehungsebene** (siehe Teilkapitel 1.4.2, „Beziehungen sind das Wesentliche in unserem Leben und bestimmen die Inhalte").
Habe ich erst einmal erkannt, dass in jedem Falle beide Ebenen bei der Kommunikation und auch im Falle von Konflikten beteiligt sind, kann ich versuchen, zu einer adäquaten Lösung zu gelangen: Mir wird dann etwa bewusst, dass ein Konflikt sich oft keineswegs primär auf der Sach- sondern eher auf der Beziehungsebene bewegt und ich ihn – in Kooperation mit anderen – auch auf dieser Ebene bewältigen muss. Watzlawick u. a. geben hier die Empfehlung, entweder beim Wechseln des Konfliktes von der Sach- auf die Beziehungsebene auszusteigen, oder aber wenigstens diesen Wechsel klar zu markieren und zu konstatieren: *„Wir verlassen jetzt die Sachebene, es wird jetzt persönlich, das hat hier nichts zu suchen."*

Kurz zusammengefasst: Wie etwa kann mein eigener Beitrag zur Konfliktlösung aussehen?
1. Der / Die Andere ist grundsätzlich ein/e Partner/in, dem / der ich **Achtung entgegenbringe** und auch Achtung von ihm / ihr erwarte.
2. Ich suche – auch im Falle des Konflikts – nach einem „**gemeinsamen Nenner**".
3. Ich werde mir über meiner eigenen **Bedürfnisse, Wünsche und Sorgen** bewusst.

Teil 3: Umgang mit Konflikten

4. Ich suche nach **alternativen Lösungen** und Positionen, damit sich die Situation nicht festfährt: Funktioniert ein Weg nicht, suche ich einen neuen.
5. Ich versuche mitzuhelfen, eine dialogische Kommunikationssituation aufzubauen und **Verhärtungen abzubauen**.
6. Ich überlege mir, wie und in welche Richtung ich die Situation verändern kann und wie ich meine Ziele erreichen will. Ich bin dabei auch **bereit, zu Kompromissen** zu gelangen und selbst Abstriche zu machen. Ich setze Prioritäten: Was ist mir wirklich wichtig, auf was kann ich unter gar keinen Umständen verzichten? Was ist mir weniger wichtig, wo kann ich eher nachgeben?
7. Ich versuche, mich möglichst **klar** auszudrücken, Gefühle auszusprechen, denn nur so lassen sich konfliktvertiefende Missverständnisse vermeiden.
8. Ich **bekenne mich zu meinem Selbst**, meinen Ängsten, Hoffnungen, Bedürfnissen. Dies äußert sich auch in der Sprache: Ich rede von „Ich", wenn ich mich meine und vermeide unklare, unpersönliche Formulierungen wie *„Man sollte..."*, *„Es ist doch so, dass..."*.

Solche oder ähnliche, einfachere Konflikthilferegeln sollten in der Firma, der Gruppe, im Team, in der Familie, in der Klasse gemeinsam erarbeitet und öffentlich ausgehängt werden. Alle Konfliktpartner/innen oder Streitschlichter/innen sollten auf diese Regeln bei (vermutetem) Verstoß immer wieder hinweisen dürfen: Störungen haben Vorrang (siehe Kapitel 2.5.2, „Störungen haben Vorrang! Das Konzept der Themenzentrierten Interaktion (TZI) von Ruth Cohn").

Ein Beispiel für Konflikthilferegeln, aufgestellt von einer achten Klasse Realschule – zur Nachahmung und Übertragung empfohlen: Die Schüler/innen hatten mit ihrer Lehrerin nach dem Konzept von Hans Klippert den Baustein „Nachdenken über Kommunikation" in mehreren Projekttagen durchgearbeitet und erkannten für sich aufgrund mehrerer Konfliktabläufe in der Klasse sehr schnell, dass Konflikte wie alle Kommunikation eine Sach- und eine Beziehungsebene haben. Unter diesen Grundkategorien wurden Stichworte gesammelt und noch während des Unterrichtsgesprächs mit der Lehrerin in mehreren Revisionen an der Tafel ausgearbeitet.

Diese Konflikthilferegeln wurden konkret erarbeitet:

Auf der Sachebene waren es folgende „Leitsätze":
- Aufräumen mit sachfremden Behauptungen, die Sache selbst erkennen.
- Eigene Interessenlage und die des / der Anderen erkennen.
- Konflikt analysieren und einordnen.
- Konfliktverlauf und -eskalation beschreiben.

Teil 3: Umgang mit Konflikten

- Regeln für die Konfliktbearbeitung erarbeiten.
- Missverständnisse erwarten und korrigieren bzw. korrigieren lassen.
- Zielorientiert verhandeln, nicht herumstreiten. Ziel ist die gemeinsam als sachgerecht erkannte Lösung.
- Eventuell Fachberatung oder Streitschlichter/in heranziehen.
- Einigung auf „Nichteinigung" ist auch möglich.
- Vertragliche Abmachungen aushandeln.
- Verträge sind einzuhalten.

Interessant war für die Schüler/innen die Erkenntnis,
- dass in der Reihung der Sachhilferegeln bereits schon mögliche Abläufe der Konfliktbearbeitung enthalten waren,
- dass man zuerst mal überhaupt erkennen muss, was los ist und was nicht dazu gehört,
- dass man sich auch um die Interessen des / der Anderen kümmern muss und erwägen muss, wieweit der Konflikt sich schon von seinem ursprünglichen Anlass weg entwickelt hat,
- dass am Ende Verabredungen und Verträge stehen, die man einhalten muss.

Auf der Beziehungsebene wurden folgende Stichworte gesammelt und anschließend an der Tafel ausgearbeitet:
- Beziehungsseite berücksichtigen, sie ist manchmal wichtiger als die Sache.
- Distanz von sich selbst und dem / der Anderen nehmen und Überflutung vermeiden (die Schüler/innen hatten sich mit dem Begriff emotionale Intelligenz bereits auseinandergesetzt).
- Konflikt begrenzen, aber die Beziehungsproblematik im Blick behalten.
- Auch die Beziehung kann die Sache sein.
- Nicht hinreißen lassen oder aus der Rolle fallen.
- Positives Denken kann Berge versetzen.
- Ich-Botschaften senden, aber gegenüber den Anderen nicht persönlich werden.
- Nachsichtig sein, kein Prinzipienreiten.
- Nicht um den Sieg um jeden Preis kämpfen, man braucht den / die Andere/n jetzt zur Konfliktlösung und auch später noch.
- „Vertrauensbildende Maßnahmen" einleiten. Vielleicht Vertrauensbeziehung aufbauen.

Die Schüler/innen arbeiteten hier eher systematisch nach dem Prinzip: **„Was kann ich immer wieder bei der Konfliktlösung gebrauchen?"**.

Das ist insgesamt ein schönes Ergebnis, das öffentlich ausgehängt werden sollte.

3.8 Professionelle Konfliktbearbeitung: Streitschlichter und Mediation

3.8.1 Die Bedeutung der Mediation in gesellschaftlichen Prozessen

Gibt es in einem Konflikt – besonders in einer persönlichen Auseinandersetzung, die vor allem auf der Beziehungsebene gelagert ist – überhaupt „Recht" und „Unrecht"? So könnte man fragen, denn wie wir gesehen haben, sind in irgendeiner Form immer alle involviert.

Dennoch ist es in vielen Konflikten zumindest teilweise möglich, eine solche Beurteilung vorzunehmen, was ja auch Gerichte und Streitschlichter/innen tun. Apropos Streitschlichter/innen: In unserer hoch differenzierten, komplexen Gesellschaft scheint es immer notwendiger zu werden, nicht nur Gerichte mit der Schlichtung von Konflikten zu beauftragen, sondern auch andere Instanzen gewissermaßen vorzuschalten. Das tun bei rechtlichen Auseinadersetzungen bereits Rechtsanwälte und Gerichte häufig.

So entstehen neue Kommunikationsberufe, etwa der des Mediators / der Mediatorin, der z. B. bei Scheidungen und Trennungen oder Erbschaften versucht, den Betroffenen zu helfen, für alle Seiten tragfähige Lösungen zu erreichen. Die Umweltmediation, mit der z. B. Bauplaner/innen und Umweltinitiativen zusammengeführt werden, ist mittlerweile fester Bestandteil in allen größeren Bau- und Entwicklungsvorhaben, seien es Verkehrsprojekte (z. B. Bau einer Autobahn), seien es der Bau von Kanälen und Wasserstraßen. Besondere Bedeutung haben daneben Schiedsstellen in der Wirtschaft und im Handwerk und Streitschlichterprogramme für den Bereich der Schule, der ja auch immer konfliktanfälliger wird. Dazu kommen wir später ausführlicher.

3.8.2 Was ist Mediation? Grundideen und Prinzipien

Mediation ist eine Form der professionellen, selbst bestimmten Streitschlichtung.

Stehen zwei oder mehr Beteiligte in einem länger andauernden, tieferen Konflikt, so ist es in der Regel schwierig, den Konflikt zu durchschauen und konstruktiv zu lösen. Zu sehr sind sie im Konfliktablauf und in ihren jeweiligen Sichtweisen gefangen. Leichter wird es, wenn eine dritte Person den Beteiligten hilft, die Grundregeln des Umgangs miteinander zu beach-

Teil 3: Umgang mit Konflikten

ten, die Kommunikation zu sichern und nach Lösungen zu suchen. Dafür gibt es eine gute Instanz und Methode, die Mediation. Dies ist ein Verfahren für konstruktive Konfliktlösung, das in den 1960er und 70er Jahren in den USA entwickelt wurde und dort mit Erfolg in vielen Lebensbereichen angewendet wird. **Wörtlich übersetzt bedeutet Mediation „Vermittlung".**

Gemeint ist die **Vermittlung in Konflikten durch unparteiische, neutrale, gut ausgebildete Dritte**, die von allen Seiten akzeptiert werden. Sie kann immer da eingesetzt werden, wo widerstreitende Positionen einvernehmlich zum Ausgleich gebracht werden sollen. Die Mediator/innen führen die Konfliktparteien durch einen Klärungsprozess, der die Kontrahent/innen dazu befähigt,
- die eigenen Interessen und Gefühle zu erkennen,
- diejenigen der anderen Seite zu verstehen und
- gemeinsam eine einvernehmliche Konfliktlösung zu finden.

In Deutschland wurde das Mediationsverfahren erst in den 1980er Jahren bekannt, obwohl schon vorher ähnliche Ansätze zur Konfliktlösung entwickelt wurden. Das Interesse an diesem Verfahren wird mittlerweile auch bei uns immer größer. So wird **Mediation** inzwischen erfolgreich im Bereich der **Jugendkriminalität**, bei **Scheidungen** sowie in **Umweltkonflikten** und der **Politik** angewendet. In den letzten Jahren hat das Verfahren der **Mediation** besonders **auch in der Wirtschaft** (Management, Personalentwicklung) und in den Schulen großen Anklang gefunden. Es werden Fortbildungen und Seminare für Manager/innen und Führungskräfte und Ausbilder/innen, heute auch Schüler/innen und Lehrer/innen angeboten, um die Kompetenzen zu erlernen, die für eine konstruktive Konfliktlösung nötig sind.

3.8.3 Phasen der Mediation

Um eine konstruktive Konfliktregelung durch Mediation zu erreichen, teilt sich der Ablauf in wichtige Phasen auf. Jede dieser Phasen hat ihre Berechtigung und sollte daher auch Beachtung finden.

Vorphase

Diese Phase findet vor der eigentlichen Mediation statt und dient der ersten Kontaktaufnahme. Eine günstige Ausgangssituation ist geschaffen, wenn alle Konfliktparteien eine Vermittlung wünschen und sich an eine/n Mediator/in wenden. Häufig geht aber die Aktivität nur von einer Konfliktpartei aus. Es ist dann die Aufgabe des Mediators / der Mediatorin, die anderen

Konfliktbeteiligten zur Teilnahme einzuladen und zu motivieren. Ebenfalls ist es möglich, dass die Vermittlung in einem Konflikt von einer dritten Person angeregt wird. Diese Situation ist weniger günstig, da nicht unbedingt davon ausgegangen werden kann, dass die Konfliktbeteiligten eine Mediation wirklich wünschen. Es ist von großer Wichtigkeit, dass der Mediator / die Mediatorin eine vertrauenswürdige Person ist und er / sie den Sinn sowie Ablauf und Vorzüge des Mediationsverfahrens in verständlicher Weise darstellt.

Die Vermittlung in einem Konflikt kann letztlich nur stattfinden, wenn die Parteien diese auch wünschen. Diese Voraussetzung ist der erste Schritt für eine konstruktive Konfliktlösung. Ist die **Bereitschaft für eine Vermittlung** geschaffen, benötigt der / die Mediator/in häufig noch Vorabinformationen, um sich gegebenenfalls richtig vorzubereiten. Wenn es bei Konflikten verschiedene Gruppierungen gibt, ist es notwendig, geeignete **Repräsentant/innen für die Vermittlung** zu benennen. Sie vertreten den Konsens ihrer Gruppe und sollten auch Entscheidungskompetenz haben.

Sind in der Vorphase alle wichtigen Details geklärt und die Bereitschaft der Konfliktparteien, an einer Mediation teilzunehmen, vorhanden, kann ein erstes Mediationsverfahren, das meist aus einer Serie von Gesprächen besteht, stattfinden. Manchmal, wenn entsprechende Vorkenntnisse und Vorerfahrungen vorhanden sind, kann die Vorphase entfallen.

Phase 1: Rahmen

Das Ziel der Phase 1 ist es, eine vertrauensvolle Atmosphäre zu schaffen und das Verfahren zu erklären. Diese Einleitung der Mediationsgespräche ist von großer Bedeutung, da sie den weiteren Verlauf bestimmt und somit das Fundament des Gesprächs gelegt wird. **Die Mediation** sollte an einem **neutralen Ort** stattfinden, der ruhig und für alle Beteiligten angenehm ist. Eine zugewandte Sitzordnung ist ebenso von Bedeutung und ermöglicht dem Mediator / der Mediatorin, auch die nonverbale Kommunikation zu beobachten. Der / Die Mediator/in stellt sich den Konfliktbeteiligten vor, z. B. indem er / sie den Namen, Beruf sowie die eigene fachliche Qualifikation nennt. Die Anerkennung der Gesprächsbereitschaft und des damit verbundenen ersten Schrittes für eine konstruktive Konfliktlösung sollte den Konfliktbeteiligten daher unbedingt mitgeteilt werden.

Der / Die Mediator/in erklärt seine / ihre „Rolle", indem er / sie auf folgende Punkte aufmerksam macht: **Er / Sie unterstützt bei der Suche nach Einigung. Den Konflikt zu lösen, ist die Aufgabe der Konfliktparteien.** Der / Die Mediator/in sichert eine neutrale Gesprächsleitung zu, indem er / sie nicht wertet, urteilt oder Partei ergreift. Falls nicht anders vereinbart, geht er / sie mit den Äußerungen der Gesprächsteilnehmer/innen vertraulich um. Er / Sie weist darauf hin, dass er / sie nicht für den Inhalt des Konfliktgesprächs verantwortlich ist, wohl aber für das Verfahren. Der Ablauf der Mediation wird in groben Zügen erklärt und dient zur Orientierung. Der / Die Mediator/in weist auch auf unverzichtbare Grundregeln hin, die eine Voraussetzung für eine erfolgreiche Mediation sind:

- Die Konfliktbeteiligten gehen respektvoll miteinander um und bringen einander Toleranz entgegen, indem sie einander ausreden lassen und die Würde der anderen Person achten.
- Die **Freiwilligkeit** der Konfliktbeteiligten, an einer Mediation teilzunehmen, sowie ihre Zusammenarbeit ist eine weitere Voraussetzung.
- Durch **Kooperationsbereitschaft** und Eigenverantwortlichkeit verpflichten sich die Beteiligten, aktiv mitzuwirken und sich an die Grundregeln zu halten.
- Die Konfliktparteien erklären sich bereit, die Gespräche während der Mediation vertraulich zu behandeln.
- Sie versuchen, ihre **Gefühle in Offenheit und Ehrlichkeit** auszudrücken, und sich gegenseitig zuzuhören sowie die sprechende Person nicht zu unterbrechen.
- Beleidigungen und Handgreiflichkeiten werden nicht toleriert.
- Für die Mediationsgespräche sollten alle Beteiligten **ausreichend Zeit** zur Verfügung stellen.

Abschließend ist es wichtig, dass die Konfliktbeteiligten sich bereit erklären, das beschriebene **Verfahren und die Regeln zu akzeptieren**. Der / Die Mediator/in befragt dazu die Anwesenden einzeln und fördert durch die persönliche Ansprache die Verbindlichkeit und somit auch die Einhaltung der Regeln. Sollten dann noch die Konfliktbeteiligten Bedenken äußern, so müssen diese ernst genommen werden. Zuletzt werden die organisatorischen Aspekte geregelt. Diese beinhalten den Zeitrahmen sowie Anzahl und Termine der Sitzungen. Ebenfalls ist es wichtig zu erwähnen, dass das Aufschreiben von Notizen nur als Hilfe zur Erinnerung und Nachbereitung des Mediators / der Mediatorin dient und nichts davon an die Öffentlichkeit gelangt. Der / Die Mediator/in erzählt dann den bisherigen Kenntnisstand über den Konflikt und über Vorgespräche, die er / sie eventuell schon mit den Beteiligten hatte.

Teil 3: Umgang mit Konflikten

Phase 2: Sich Mitteilen

In dieser Phase beginnt die eigentliche Konfliktbearbeitung. **Die Konfliktbeteiligten sprechen abwechselnd zum Mediator / zur Mediatorin, um ihr Anliegen vorzubringen.** Um ihre Sichtweise zusammenhängend darzustellen, ist es wichtig, dass die Beteiligten noch nicht direkt miteinander reden (was sie meistens auch noch gar nicht wollen). Ein wichtiges Ziel in dieser Phase ist das „Dampfablassen". Der / Die Mediator/in hört dem / der Mitteilenden aufmerksam und aktiv zu und vermittelt ihm / ihr, dass er / sie gehört und verstanden wird. Unterstützend kann der / die Mediator/in offene Fragen stellen. Die Fragen regen den / die Erzählende/n an und ermutigen, über Gefühle zu reden.

Im Anschluss fasst der Mediator /die Mediatorin die Aussagen zusammen und fragt nach, ob die Zusammenfassung richtig war. Bei diesem „**Spiegeln**" ist es wichtig, dass wertende Aussagen in neutrale, nicht wertende Aussagen von dem Mediator / der Mediatorin umformuliert werden. So wird die Aufmerksamkeit mehr auf die Probleme gelenkt und die Schärfe der Aussagen gemindert, da beleidigende und verletzende Worte nicht vom Mediator / von der Mediatorin wiederholt werden. Die zweite Person hat ebenfalls die Möglichkeit, unter denselben Voraussetzungen ihre Sichtweise mitzuteilen.

Welche Person als erstes **das Wort hat, ist vom Mediator / von der Mediatorin individuell zu entscheiden.** Häufig ist es die Person, welche zu einem Mediationsgespräch angeregt hat. Ebenso ist es möglich, der Person das Wort zu erteilen, die sehr erregt und ungeduldig ist. In dieser Gemütsverfassung ist es für sie schwer, eine längere Zeit zuzuhören. Besteht der deutliche Eindruck, dass eine Partei wesentlich schwächer ist als die andere, ist ihr der Vortritt zu gewähren. Sie hat die Möglichkeit, ihre Sichtweise in Ruhe darzustellen, ohne gleich von einem Redeschwall der stärkeren Person erdrückt zu werden. Dieses sollte im gegenseitigen Einverständnis geschehen. Können sich die Beteiligten überhaupt nicht einigen, wer von ihnen anfängt, muss das Los entscheiden.

Phase 3: Konfliktklärung

Das Ziel der Phase 3 ist es, das Interesse der Konfliktbeteiligten herauszustellen und die Hintergründe des Konfliktes offen zu legen. Dieses wurde uns durch das Eisberg-Modell (siehe Kapitel 3.2, „Konfliktanlässe und Konfliktursachen") veranschaulicht, dessen Spitze herausragt, aber der größte Teil des Berges unter Wasser, für uns nicht sichtbar, im Verborgenen liegt.

Phase A: Bedürfnisse und Interessen

Die Aufgabe des Mediators / der Mediatorin ist es nun, das Interesse und die Bedürfnisse sowie Gefühle der Beteiligten sichtbar werden zu lassen. Mit geeigneten Methoden, wie zum Beispiel dem „Umformulieren" und „konkretisierenden Fragestellungen" werden wichtige Hintergründe des Problems erforscht. Dieses kann auch erreicht werden, indem der / die Mediator/in „Wie"- oder „Was"-, statt „Warum"-Fragen stellt. Offene Fragen regen die Erzählenden an und treiben sie nicht in die Enge. Beispiele: *„Was ist Ihnen wichtig?", „Was brauchen Sie?", „Wie wäre diese Situation besser gelaufen?"*. Die Beteiligten können ihre Wünsche und Gefühle äußern, und der Kontakt zur anderen Partei wird dadurch auch schrittweise wieder hergestellt.

Phase B: Perspektivenwechsel

Nachdem die Bedürfnisse und Interessen der Konfliktbeteiligten transparent geworden sind, ist es wichtig, einen Perspektivenwechsel einzuleiten und die Parteien wieder in einen stärkeren Austausch treten zu lassen. **Ziel** dieser Phase ist es, die **Aufmerksamkeit auf die Situation des / der Anderen zu lenken** und somit gegenseitiges Verständnis zu wecken. Die Betroffenen werden gefragt, ob sie sich in die Lage des / der Anderen hineinversetzen können. Beispiel: *„Was meinen Sie, wie war das für..., wie hat er / sie wohl die Situation empfunden?"*. Durch solche Fragestellungen werden die Konfliktbeteiligten herausgefordert, **den Konflikt aus einem anderen Blickwinkel zu betrachten**. Es ist wichtig, dass die Gegenpartei die andere Sichtweise mit ihren eigenen Worten zusammenfasst. **Wenn Menschen sich in eine andere Lage versetzen können und der Gegenseite zeigen, dass sie den / die Andere/n verstehen, erhalten sie häufig eine gleich geartete Erwiderung. Oft leitet eine solche Äußerung den Wendepunkt in der Mediation ein und ist daher von großer Bedeutung.** Falls dieses Verständnis noch nicht erlangt ist, können weitere, noch nicht genannte Interessen und Bedürfnisse im Verborgenen liegen, die sichtbar gemacht werden müssen. Es ist daher von großer Bedeutung, dass alle Beteiligten sich genügend Zeit für diese Phase nehmen, bevor nach Lösungsmöglichkeiten gesucht werden kann.

Phase 4: Gemeinsam Lösungen erarbeiten

In dieser Phase kommt es darauf an, dass die Konfliktbeteiligten gemeinsam eine einvernehmliche Lösung erarbeiten. Es ist wichtig, die **gemeinsamen Interessen und Wünsche der beiden Konfliktparteien** herauszustellen und zusammenzufassen. Hilfreich ist es, wenn diese **Zusammenfassung** visualisiert wird, damit alle Beteiligten sie vor Augen haben und sich daran orientieren können. Das Anliegen sollte von den Konfliktparteien jetzt nicht mehr als (Konkurrenz-)Kampf betrachtet werden, sondern als ein **gemeinsames Problem**. Durch die Berücksichtigung des Anliegens der Gegenseite kann auch ein Entgegenkommen der anderen Seite erwartet werden. So können die Bedürfnisse und Interessen beider / aller Seiten berücksichtigt werden. Der Mediator / die Mediatorin hält sich während dieser Phase weitgehend zurück und moderiert das Gespräch.

Um eine große **Vielfalt von Lösungsmöglichkeiten** zu erlangen, ist das „Brainstorming" eine hilfreiche Methode. Die Frage für das Brainstorming kann allgemein lauten: *„Welche Ideen für eine Lösung sehe ich?"* oder spezieller *„Welche Schritte bin ich bereit zu tun, um zu einer Lösung zu kommen?"*. Wichtig ist, dass diese Ideen zunächst nicht bewertet und auf Brauchbarkeit überprüft werden, sondern sie einfach strömen zu lassen. Diese **Lösungsideen** werden z. B. auf einer Wandzeitung **zusammen getragen**, um sie dann gemeinsam zu besprechen. Wichtig ist, dass die Beteiligten genügend Zeit bekommen, ihre Ideen zu sammeln. Wenn der / die Mediator/in das Gefühl hat, dass wichtige Lösungsmöglichkeiten fehlen, sollte er / sie diese erst am Ende in einer sehr unaufdringlichen Weise vorschlagen: *„Was wäre, wenn...?"*. Eine solche Formulierung bedeutet eine geringere Einflussnahme auf den Entscheidungsprozess als eine Formulierung wie *„Ich schlage Ihnen vor..."*.

Die Lösungsvorschläge werden dann gemeinsam sortiert und bewertet, indem sich die Beteiligten über die Tauglichkeit und Umsetzung der Ideen unterhalten. Es kann von Vorteil sein, dass zuerst die **Verpflichtungen** behandelt werden, die beide Parteien eingehen müssen und dann die Verpflichtungen die nur einzelne betreffen. Wichtig ist, dass keine/r der Beteiligten das Gefühl bekommt, er / sie gehe als Verlierer/in aus der Verhandlung und müsse mehr Verpflichtungen eingehen als sein / ihr/e Kontrahent/in. Die Ideensammlung muss ausgewogen sein, damit die Konfliktbeteiligten sich als Partner/innen sehen können, deren Aufgabe es ist, gemeinsam ein Problem zu lösen. **Sind** diese Voraussetzungen gegeben und **Lösungen gefunden, kann es zu einer Vereinbarung kommen.**

Phase 5: Vereinbarung

Die Phase der Vereinbarung schließt sich der vorigen Phase nahtlos an. Das Ziel ist es, die Lösungen zu kontrollieren, um dann in **Form einer schriftlichen Vereinbarung** die Einigung zu bekräftigen. Besonders bei einer sehr raschen Lösung ist es sinnvoll, dass der / die Mediator/in Kontrollfragen stellt:

- Sind andere Möglichkeiten ausreichend geprüft worden?
- Werden dadurch wirklich die Probleme gelöst?

- Wurden die Konsequenzen des Lösungsvorschlags ausreichend bedacht?
- Wird die Lösung in der Realität funktionieren?
- Wollen alle auch wirklich diesen Plan ausführen?

Wenn diese Fragen geklärt sind, wird gemeinsam mit den Beteiligten eine schriftliche Vereinbarung formuliert. Es ist wichtig, dass die Vereinbarung in einer klaren, einfachen Sprache geschrieben wird und keine schwammigen Begriffe wie z. B.: *„bald"*, *„vernünftig"* oder *„oft"* verwendet werden. Spezifische Formulierungen, die Details angeben, sind sinnvoll (*Wo? Wie groß? Wie viel?...*). Genaue Zeitangaben müssen ebenfalls in der Vereinbarung berücksichtigt werden. Durch „positive" Formulierungen (nicht „B muss...", sondern „B ist bereit, ... zu tun."), wird der Wille der Beteiligten zur gemeinsamen Einigung bestärkt.

Sind alle Beteiligten mit der Formulierung der Vereinbarung einverstanden, wird sie von ihnen unterschrieben und jede/r bekommt ein Exemplar ausgehändigt. Der / Die Mediator/in gratuliert den Beteiligten zu ihrer Konfliktlösung und bietet ihnen seine / ihre weitere Hilfe für deren Umsetzung an. Als Abschluss einer erfolgreichen Konfliktbewältigung können versöhnliche Worte oder ein Händedruck als Geste dienen. Um die Umsetzungsphase zu betreuen, wird bei Bedarf ein weiterer Termin vereinbart. Die Beteiligten berichten von dem weiteren Verlauf. Falls erneute Probleme aufgetreten sind, wird entweder ein neuer Mediationstermin vereinbart oder eine Veränderung in der Vereinbarung vorgenommen.

3.8.4 Grenzen der Mediation

Jeder Konflikt stellt den Mediator / die Mediatorin wieder vor eine neue Herausforderung und zeigt auch Grenzen auf. Die dargestellten Phasen der Mediation haben ihre Berechtigung und sind eine wichtige Orientierung, deren Einhaltung aber noch keine erfolgreiche Konfliktlösung verspricht. Wichtige Kompetenzen, über die ein/e Mediator/in verfügen sollte, können erlernt werden.

> „Nur bei der Verknüpfung von Wissen, Handeln, Können und Üben, Üben, Probieren, Reflektieren und wieder Üben kann ich lernen, mit Herz, Kopf und Seele meinen geeigneten Stil als Mediator/in zu finden."

Für den Mediator / die Mediatorin gibt es auch **Grenzen und Aspekte, die es erlauben, ein Verfahren abzulehnen**. Entsprechende Beispiele wären:

- Massive Bedrohung und Gewalt, die von einem / einer Konfliktbeteiligten ausgehen.
- Ein/e Beteiligte/r wird gezwungen, an einem Verfahren teilzunehmen.
- Die Beteiligten sind nicht artikulationsfähig.
- Aber auch persönliche Kriterien können den Mediator / die Mediatorin veranlassen, ein Verfahren abzulehnen (z. B. bei Missbrauchsgeschichten).

3.8.5 Mediation in der Schule

Mediation in der Schule ist in den letzten Jahren immer wichtiger geworden, da, wie zahlreiche Untersuchungen belegen, die **strukturellen Konflikte** innerhalb des Schulalltags zugenommen haben, bedingt durch hohe Schülerzahlen, den Notendruck, aber auch außerschulische Faktoren, etwa die tief greifenden Veränderungen der Familie, Konsumdruck, wirtschaftliche Schwierigkeiten und Spannungen, möglicherweise auch durch den gestiegenen medialen Einfluss. Dies führt offensichtlich häufig zu einem Aggressionsstau, der sich in destruktiven Aktionen zeigt, die verbal wie körperlich ausgetragen werden. Hier kann die **Schulmediation** Lösungswege aufzeigen. Weitere Informationen zur Schulmediation finden Sie im Internet: www.rpi-loccum.de/schstreit.html. Ein Sonderfall der Schulmediation ist die **Ausbildung und Beteiligung von Schüler/innen als Mediator/innen**, die unter dem Namen **Konfliktlotsen** oder Streitschlichtung bekannt geworden ist.

Verwendete Literatur
Faller, Kurt u. a.: Konflikte selber lösen. Ein Trainingsbuch für Mediation und Konfliktmanagement in Schule und Jugendarbeit. Mühlheim an der Ruhr: Verlag an der Ruhr 1996.
Jefferys-Duden, Karin: Konfliktlösung und Streitschlichtung. Das Sekundarstufen-Programm. Weinheim/Basel: Beltz 2000.
Jefferys-Duden, Karin: Streitschlichter-Programm. Mediatorenausbildung für Schülerinnen und Schüler der Klassen 3 bis 6. Weinheim und Basel: Beltz 1999.
Jefferys-Duden, Karin; Noack, Ute: Ein Streit-Schlichter-Programm für Schülerinnen und Schüler. Informationen zur Schulberatung, H. 17 u. H. 18 (1993). Soest: Landesinstitut für Schule und Weiterbildung.
Lissmann, Urban: Lehrer-Schüler-Konflikte in der Sekundarstufe. Bericht 12. Zentrum für empirische Pädagogik. Landau: Empirische Pädagogik e.V. 1995.

Müller-Fohrbrodt, Gisela: Konflikte konstruktiv bearbeiten lernen: Zielsetzungen und Methodenvorschläge. Opladen 1999.

3.9 Hilfe in Persönlichkeitskonflikten: Coaching, Selbstcoaching auch durch Orientierung an Literatur

3.9.1 Was ist Coaching?

Den Coach kennen wir vor allem als Trainer/in im Sport. Er / Sie macht die Spieler/innen fit für den Wettkampf. Coaching und Coach sind jedoch auch Begriffe, die im Bereich der persönlichen Entwicklung und der Verbesserung der Selbstdarstellung Anwendung finden – vor allem innerhalb des Berufslebens. **Coaching ist ein interaktiver, personenzentrierter Beratungs- und Betreuungsprozess, der berufliche wie private Inhalte umfassen kann.** Es geht immer um eine individuelle personenzentrierte Beratung und Betreuung auf der Prozessebene. Ziel ist die Verbesserung der Selbstregulationsfähigkeiten („Hilfe zur Selbsthilfe") durch die Förderung von Selbstreflexion und -wahrnehmung, Bewusstsein und Fähigkeit zur Verantwortung. **Coaching ist eine lösungsorientierte Beratungsform und dient der Leistungssteigerung und dem langfristigen Leistungserhalt einer Person.** Coaching heißt nicht Manipulation oder Indoktrination, denn immer kommt es auf die Eigenaktivität des / der „Gecoachten" an; der Coach liefert keine direkten Lösungsvorschläge, sondern begleitet den Klienten / die Klientin und regt dabei an, wie eigene Lösungen entwickelt werden können.

3.9.2 Wann und warum kann Coaching sinnvoll sein?

Viele Menschen leiden an einem Mangel an fundiertem Feedback, auch an einem unrealistischen Selbstbild, was zu beruflichen Orientierungsschwierigkeiten und allen darauf aufbauenden Problemen (Führungsprobleme, Karrierestillstand, Motivationsdefizit, Burn-out, Leistungsabfall etc.) führt. Die Trainingsformen des **Coaching** wurden **vor allem für Führungskräfte** der Wirtschaft entwickelt, sie können aber in modifizierter Form auch für andere Berufsgruppen (etwa Ausbilder/innen, Lehrer/innen) angewendet werden. Coaching kann helfen, wenn Probleme beruflicher oder auch anderer Art (etwa in der Schule) akut werden und nicht – oder nur schwer – allein gelöst werden können. **Der Coach ist ein/e diskrete/r Berater/in** und unterliegt keinen Interessen Dritter. Er / Sie ist kein/e Psychotherapeut/in, sondern gibt das begründete und ungeschönte Feedback, welches von Kolleg/innen, Mitarbeiter/innen oder Freund/innen kaum zu erwarten ist. *„Blinde Flecken"* (z. B. im Umgang mit Mitarbeiter/innen), Führungsprobleme oder Betriebsblindheit können so reduziert werden. Durch die in der Beratung gewonnenen Erkenntnisse ergeben sich für die gecoachte Person oft neue Ziele und Arbeitsweisen.

3.9.3 Die Abgrenzung zur (Psycho-)Therapie

Das Coaching beschäftigt sich in erster Linie mit der beruflichen Situation des Klienten / der Klientin, die Berufsrolle steht im Mittelpunkt. **Der / Die Klient/in wird nicht als Patient/in betrachtet.** Das Coaching ist zeitlich eng begrenzt, **im besten Fall ist der Coach nach wenigen Sitzungen überflüssig** und der / die Klient/in kann sich selbst coachen. Der Coach arbeitet auf der Grundlage eines Konzepts, das für die Klient/innen transparent und zugänglich ist. Als erstes erfolgen eine Bestandsaufnahme mit ausführlicher Analyse der Fähigkeiten der gecoachten Person sowie eine Zielsetzung. Der Coach gibt im Rahmen des zu erarbeitenden „Aktionsplans" von Sitzung zu Sitzung Aufgaben, deren Erfüllung ein wichtiger Teil des Veränderungsprozesses ist. Initiative und Handlungsfähigkeit des Coaches werden durch diesen Transfer in die Praxis gefordert.

Eine **Therapie** ist angebracht, wenn die Persönlichkeitsprobleme tiefer liegen, sich verfestigt haben und nicht mehr im direkten Feedback aufgeklärt werden können und der / die Klient/in großem Leidensdruck ausgesetzt ist. Die Therapie kann sich auf eine behutsame Änderung des Verhaltens (*Verhaltenstherapie*), auf eine tiefer gehende Analyse (z. B. *Psychoanalyse*) oder / und geeignete *Medikation* beziehen.

3.9.4 Ziele des Coachings

Ein Grundziel des Coachings ist, wie bereits angedeutet, die Hilfe zur Selbsthilfe und die Förderung von Verantwortung, Bewusstsein und Selbstreflexionsvermögen. Der Coach hilft seinem / ihren Klient/innen dabei, Möglichkeiten zu erkennen und zu nutzen. Die vorhandenen Fähigkeiten und Kenntnisse der gecoachten Person werden eingesetzt und entwickelt. **Ziel eines Coaching-Prozesses ist somit immer, Wahrnehmung, Erleben und Verhalten des Gecoachten zu verbessern bzw. zu erweitern.** Der Coach arbeitet als Feedbackgeber/in mit dem Ziel, sich letztendlich überflüssig zu machen.

3.9.5 Wichtige Begriffe im Umfeld des Coaching

Coaching wird immer wieder mit bestimmten Begriffen, mit Phänomenen, die vor allem im Berufsleben auftreten, und Begriffen, die neue Techniken beinhalten, in Verbindung gebracht. Die wichtigsten seien kurz erklärt:

Burn-out

Syndrom, das den vollständigen und für die Betroffenen zunächst unerklärlichen Motivationsverlust beschreibt. Das „Ausbrennen" geschieht nicht schlagartig, sondern geht schleichend voran. Zentrale Faktoren bei der Entstehung von Burn-out sind oft mit großem Ehrgeiz verfolgte Ziele und Bedürfnisse, die nicht oder nur mit großen Opfern erreicht werden können. Daraus können dann bei Nichterreichen der Ziele Verzweiflungsgefühle und bei Erreichen Erschöpfungszustände resultieren. Dies geht meist mit einem Rückzug aus dem gewohnten sozialen Umfeld einher. Das Endstadium des Burn-out (Melt-down) ist durch chronische Hilflosigkeitsgefühle und Suizidgedanken geprägt.

Coping

Bewältigungsstrategien, mit denen Probleme, Herausforderungen, Belastungen usw. gelöst werden (sollen). **Mögliche Formen des Coping sind z. B. das Sammeln von Informationen über ein Problem, die genaue Vorbereitung auf eine kommende Herausforderung, das Erlernen von Entspannungstechniken, aber auch das Verdrängen von Belastungen.** Generell sind die Bewältigungsstrategien sehr unterschiedlich und ihre Auswahl hängt von den persönlichen Lernerfahrungen des Individuums, seinem Umfeld, seiner Art der Wahrnehmung und Informationsverarbeitung und zahlreichen weiteren Faktoren ab.

Emotionale Intelligenz

meint den intelligenten Umgang mit den eigenen Gefühlen. Zeichen einer mit Intelligenz gepaarten Emotionalität sind der angemessene und wirksame Ausdruck der eigenen Gefühle und das relativ reibungslose, soziale Zusammenwirken von Menschen. Zentrale Fähigkeiten emotionaler Intelligenz sind das Erkennen der eigenen Emotionen in Prozessen, der Umgang mit den eigenen und fremden Emotionen, die Fähigkeit, Emotionen für Ziele einsetzen zu können, Empathie zu leben und der emphatische Umgang mit Beziehungen.

Feedback

Verhaltensnahe und konkrete Rückmeldung der Stärken und Schwächen einer Person. Durch die klärende Erläuterung, wie ein Verhalten nach außen wirkt, kann der / die Empfänger/in des Feedbacks die Konsequenzen des eigenen Verhaltens besser einschätzen und verändern.

Prozessberatung

Beratende Unterstützung eines Klienten / einer Klientin in dem Vorhaben, die eigenen Aufgabenkomplexe eigenständig zu bewältigen. Der Coach liefert hier keine direkten Lösungsvorschläge, sondern begleitet die gecoachte Person in dem Prozess und regt dabei an, dass und wie eigene Lösungen entwickelt werden können und welche Faktoren dabei zu berücksichtigen sind. Die Verantwortung für die Aufgabenbewältigung verbleibt daher beim Klienten / bei der Klientin. Das Coaching ist eine Form der Prozessberatung.

3.9.6 Grundsätze des Selbstcoachings, mit denen man die eigene Persönlichkeit entwickeln und die Leistung steigern kann

Portofolio für Stärken und Kompetenzen:

Achten Sie auf das, was Sie gut können. Sammeln Sie über sich Informationen, die auf Kompetenz und Können hinweisen. Dokumentieren Sie Ihre positiven Seiten in Ihrem persönlichen Portofolio. Unterscheiden Sie zwischen fachlichen, sozial-kommunikativen und persönlichen Kompetenzen.

Die „big-points" analysieren:

- Notieren Sie Leistungen, die Ihnen besonders gut gelungen sind.
- Gehen Sie in einem ruhigen Moment die Situation noch einmal genau durch und analysieren Sie so sorgfältig wie möglich die Ursachen für Ihren Erfolg.
- Finden Sie heraus, wie es Ihnen gelungen ist, dann doch noch weiterzumachen, als Sie eigentlich schon aufgeben wollten.
- Wie haben Sie Ihre Kräfte noch einmal mobilisiert, wie haben Sie sich motiviert, durchzuhalten?
- Analysieren Sie auch, was Sie konkret gedacht und getan haben, um das Problem zu lösen.

- Überlegen Sie in einem zweiten Schritt, wie weit Sie Ihre Kompetenzen wiederholen und auf andere Anforderungsbereiche übertragen können.

Auf Gedanken setzen, die stark machen:

Gedanken können ermutigen und aufbauen, aber auch lähmen. Mit Hilfe autosuggestiver Aufträge können Sie sich auf Sie zugeschnittene Gedanken konstruieren, die Ihre Kraft und Energie fördern. Autosuggestive Aufträge sind Anweisungen, die man sich in entspanntem Zustand, wie er durch Entspannungstraining entsteht, selbst gibt, um ein bestimmtes Verhalten, Emotionen oder Gedanken im Wachzustand zu unterstützen. z. B.:
- Wenn ich mich wirklich darum bemühe, komme ich weiter.
- Je schwieriger eine Situation, je mehr lerne ich daraus.
- Ein Fehler ist ein Zeichen dafür, dass ich noch nicht genügend vorbereitet bin, und kein Beweis meiner Unfähigkeit.
- Ich will weiterkommen. Deshalb werde ich etwas dafür tun (beschreiben Sie hier möglichst konkret, was Sie tun werden).

Entwerfen Sie für sich ähnliche Sätze, die für Sie stimmig sind. Konzentrieren Sie sich in entspanntem Zustand auf jeweils einen oder zwei dieser Sätze.

Das eigene Engagement würdigen:

Entwicklungsprozesse verlaufen nicht als kontinuierlich aufsteigende Linie in Richtung Ziel. Im Gegenteil: Nach einer Phase der Entwicklung zeigt sich bald eine Plateaubildung oder ein Rückschritt, da eingeschliffene Verhaltensmuster oder persönliche Denkstile nicht von heute auf morgen zu verändern sind. Engagement verdient Anerkennung und Respekt, unabhängig vom erzielten Resultat. Gönnen Sie sich deshalb in regelmäßigen Abständen eine echte Anerkennung dafür, dass Sie an sich arbeiten.

Sich respektvoll behandeln:

Arbeiten Sie mit autosuggestiven Aufträgen, die leistungsunabhängige Anerkennung und Respekt für Sie als Mensch beinhalten, wie:
- Ich behandle mich mit Respekt und Würde.
- Ich nehme eigene Schwächen gelassen an.
- Auch wenn mir Fehler unterlaufen, bleibe ich ein wertvoller Mensch.
- Ich muss nicht immer perfekt sein und kann gleichzeitig gut mit mir umgehen.

Teil 3: Umgang mit Konflikten

Das „innere Team" coachen:
Überprüfen Sie die Stimmen Ihres inneren Teams:
- Helfen die Stimmen des inneren Teams mir dabei, anstehende Herausforderungen zu bewältigen?
- Welche helfen mir besonders?
- Unterstützen sie mich auf meinem Weg zum Ziel?
- Helfen sie mir dabei, mich so fühlen, wie ich es gerne hätte?

3.9.7 Umgang mit Literatur als Selbstcoaching

Eine wenig beachtete aber oft stillschweigend genutzte Form des Selbstcoachings ist der Umgang mit guter Literatur. Die so genannte **„Beraterliteratur" für alle Lebensfragen** ist Legion geworden, man kann hier durchaus etwas für sich Geeignetes finden, vieles verspricht aber mehr als gehalten werden kann, denn das beste **Beratungsbuch ersetzt nicht die Eigenaktivität und Selbstreflexion**, die für ein Selbstcoaching Voraussetzung ist. Darüber täuschen viele Beratungsbücher und -kurse leider hinweg und lassen mehr Ratlosigkeit zurück als sie beseitigen helfen. Ein Beratungsbuch / einen Kurs arbeitet man am besten mit einer Gruppe oder auch mit einem Freund / einer Freundin durch und lässt sich gegebenenfalls den Spiegel vorhalten, das notwendige Feedback geben. Fragen und Aufgaben, wie sie das oben beschriebene Selbstcoaching nahe legt, sollten sich anschließen und immer dabei sein.

Der Umgang mit poetischer Literatur, mit Dichtung setzt eine reflexive, zugleich identifizierende und distanzierende Aktivität schon von sich aus voraus, da sie sich sonst nicht erschließt. In gewisser Weise ist Dichtung ja auch *verdichtete Wirklichkeit* und kann so helfen, eigene Erfahrungen und Probleme mit verdichtet Gestaltetem und poetisch Modelliertem zu vergleichen und sich **so nicht nur mit den Figuren sondern auch mit sich selbst auseinanderzusetzen.**

Nur einige Beispiele
Die Auseinandersetzung mit dem Frühwerk von Thomas Mann, z. B. mit *„Tonio Kröger"* kann empfindsamen Personen helfen, zwischen ihrer adoleszenten Empfindsamkeit (Künstlertum bei Mann) und der Alltags- und Gefühlsrealität (*„Wonnen der Gewöhnlichkeit"*) zu vermitteln. Auch Goethes „Werther" hat (nicht nur zu seiner Zeit) Anlass zu intensiver Auseinandersetzung gegeben: *Empfindsamkeit und Empathie ja; Nachleben besser nein.* **Die moderne, problemorientierte Kinder- und Jugendliteratur** verschreibt sich auch und mehr und mehr **der Konfrontation des**

jugendlichen Leser/innen-Ich's mit der modernen Wirklichkeit, wobei manche ältere Mädchenbücher oder moderne Liebesromane und Abenteuerbücher allerdings schlechte Ratgeber sind, weil sie Klischees verbreiten oder evasorischen Bestrebungen (aus der Wirklichkeit in eine Scheinwelt zu fliehen) Vorschub leisten. Nicht wenige bekannte Personen geben auf Befragen gern zu, dass sie sich in ihrer Persönlichkeitsentwicklung und in persönlichen Konfliktsituationen mit poetischen Figuren auseinandergesetzt und daran geschult haben. Insofern sind lesenahe Haushalte nicht nur erst seit PISA die beste Basis für eine gute Persönlichkeitsentwicklung und ein gutes Selbstcoaching.